江苏省高等学校重点教材
（编号：2021-2-044）

业院校新形态通识教育系列教材

大学生

DAXUESHENG

创业理论与实践

CHUANGYE LILUN YU SHIJIAN

钟名湖 谢鑫建 ⊙主编

人民邮电出版社
北 京

图书在版编目（ＣＩＰ）数据

大学生创业理论与实践 / 钟名湖，谢鑫建主编． ——
北京 ： 人民邮电出版社，2022.1（2023.8重印）
高等职业院校新形态通识教育系列教材
ISBN 978-7-115-57479-4

Ⅰ．①大… Ⅱ．①钟… ②谢… Ⅲ．①大学生—创业
—高等职业教育—教材 Ⅳ．①G647.38

中国版本图书馆CIP数据核字(2021)第225703号

内 容 提 要

　　本书以大学生创业需要具备的知识、能力和素养为基础进行编写，对有志于自主创业的高校学生具有较强的指导意义。本书分为 11 个项目，包括认识创新创业、把握创业扶持政策、寻找创业机会和创业项目、打造创业团队、撰写创业计划书、融资与股权设计、产品定位与品牌建设、建立分销渠道、设立与管理新创企业、新创企业风险应对、产品与企业生命周期管理，内容涵盖了从了解创业到管理企业的全过程。每个项目提供了明确的学习目标、学习重点与难点，并穿插大量小故事、拓展阅读和案例等阅读材料，还设计了实践训练和课后练习，帮助大学生理解、巩固和运用所学知识。

　　本书知识讲解全面，集创业理论与实践于一体，案例丰富，有利于引导大学生树立正确的创新创业意识，培养大学生创业及管理企业的能力，可作为高等职业院校创新创业课程的教材，也可供有志于创业的广大青年和社会人士参考。

◆ 主　　编　钟名湖　谢鑫建
　　责任编辑　崔　伟
　　责任印制　王　郁　焦志炜
◆ 人民邮电出版社出版发行　　北京市丰台区成寿寺路 11 号
　　邮编　100164　电子邮件　315@ptpress.com.cn
　　网址　https://www.ptpress.com.cn
　　北京天宇星印刷厂印刷
◆ 开本：787×1092　1/16
　　印张：14　　　　　　　　　2022 年 1 月第 1 版
　　字数：383 千字　　　　　　2023 年 8 月北京第 5 次印刷

定价：49.80 元

读者服务热线：(010)81055256　印装质量热线：(010)81055316
反盗版热线：(010)81055315
广告经营许可证：京东市监广登字 20170147 号

前　言

创业是现代社会中的重要经济活动，能够创造社会财富，促进社会资源的合理配置，最终推动社会发展进步。对于创业者而言，创业是其获得财富、实现人生价值的重要途径。近年来，在"大众创业、万众创新"的背景下，各高校都在大力推进创新创业教育，不断深化创新创业教育改革，大学生创业逐渐成为社会热点话题，越来越多的大学生在毕业后投身创业的浪潮，并取得了骄人的成果。目前，各高校都开设了大学生创新创业的课程，为了更好地帮助大学生走进社会，开创事业，实现创业梦想，我们编写了此书。

一、本书内容

本书旨在帮助大学生了解创业的相关知识，把握创业的相关政策，切实提高自身的创业素养与能力。本书主要设计了以下内容。

● **项目一（认识创新创业）**：主要介绍了创新、创业、创业胜任力、创业规划等相关知识，帮助大学生初步建立创业意识，指导大学生主动进行创业规划。

● **项目二（把握创业扶持政策）**：主要介绍了大学生创业政策保障、大学生创业支持平台，以及大学生创业资金支持等内容，帮助大学生了解相关政策，并正确地寻求相关平台的支持。

● **项目三（寻找创业机会和创业项目）**：主要介绍了创业机会和创业项目的相关知识，帮助大学生认识、了解、识别与评估创业机会，最终选择可行的创业项目。

● **项目四（打造创业团队）**：主要介绍了创业团队及其组建和管理的相关知识，帮助大学生正确认识创业团队，并选择合适的人员组成可靠的创业团队，最后对团队施行有效管理，带领团队开展创业活动。

● **项目五（撰写创业计划书）**：主要介绍了创业计划书的相关知识，帮助大学生正确认识创业计划书，并能够撰写出合格的创业计划书，引导大学生借助撰写创业计划书的过程梳理自己的创业思路。

● **项目六（融资与股权设计）**：主要介绍了预估企业所需资金、创业融资和股权设计方面的知识，帮助大学生合理规划创业资金，补齐创业的资金缺口，并通过股权设计实现对企业控制权的掌握，消除可能出现的股权争端。

● **项目七（产品定位与品牌建设）**：主要介绍了产品营销环境分析、产品市场的选择与定位，以及品牌建设的相关知识，帮助大学生实现有效的产品营销，建立自主品牌。

● **项目八（建立分销渠道）**：主要介绍了分销渠道的相关知识，帮助大学生认识并建立有效的分销渠道，实现"线上""线下"渠道的整合。

● **项目九（设立与管理新创企业）**：主要介绍了设立企业的前期准备、新创企业的设立流程和新创企业管理的相关知识，帮助大学生成功设立企业并对企业实施有效管理。

● **项目十（新创企业风险应对）**：主要介绍了新创企业风险识别、评估和管理的相关知识，帮助大学生合理应对和管理企业风险。

● **项目十一（产品与企业生命周期管理）**：主要介绍了产品和企业的生命周期理论与管理知识，帮助大学生正确了解产品和企业的发展规律，进而通过有效管理延长产品和企业的寿命，实现长足发展。

二、本书特色

作为大学生创新创业的指导教材，与目前市场上的其他同类教材相比，本书具有以下特点。

（1）切合大学生创业实际。本书是在我国大力推进高校创新创业教育的背景下，基于大学生创业的现状、创业活动的基本逻辑和基本商业原理编写的，对大学生创业的全过程进行了系统的介绍，具有现实意义和可操作性，能帮助大学生客观、全面、系统地认识创业并提升创业能力。

（2）知识内容全面，体系科学。本书内容安排合理且条理性强，全书共11个项目，对认识创新创业、了解创业政策、寻找创业项目、打造创业团队、撰写创业计划书、创业融资、产品的营销与分销、创建企业并实施管理的创业全过程进行了讲解，与大学生创业的一般过程紧密贴合，方便大学生学以致用。

（3）案例材料丰富，典型示范。本书提供了大量案例材料，包括富含哲理的小故事、大学生创业案例、知名企业和优秀创业者的创业故事等。这些案例材料融入课程思政元素，具有很强的可读性和参考性，大学生可以从中获得感悟和经验教训。

（4）实践练习结合，强化技能。本书每个项目后都附有实践训练和课后练习，鼓励学生开展"微创新""微创业"等实践训练活动，两者的结合，既能保证大学生对知识点的掌握，又能有效促进大学生对知识的应用。

三、本书编写分工及致谢

本书由钟名湖、谢鑫建担任主编，具体编写分工如下：项目一由蔡昕卓、钟名湖编写，项目二、五、六由谢鑫建编写，项目三、十一由唐丽媛编写，项目四由盛莹编写，项目七由孙婷编写，项目八由李晟编写，项目九由尚骁原编写，项目十由秦蔚蔚、谢鑫建编写。钟名湖、谢鑫建负责本书编写大纲的制订和统稿。编者在编写过程中参考了大量教材、论文及其他资料等，在此谨向这些文献的作者致以诚挚的谢意。

由于编者水平有限，书中难免存在疏漏与不足之处，欢迎广大读者批评指正。

编者

2021年10月

目　录

CHAPTER 01

项目一

认识创新创业

学习目标

- 了解创新的含义和创新思维的特征。
- 了解创业的含义和创业精神的含义、表现。
- 掌握创业精神的培养途径和大学生创业准备的内容。
- 掌握创业胜任力的概念及测评方法。
- 了解职业生涯发展与创业规划的关系。

学习重点与难点

- 创新能力的提高和创业精神的培养。
- 创业胜任力的测评和创业规划。

任务一

创新与创新思维

▶▶【名人名言】

对企业来讲，要么创新，要么死亡。

——彼得·德鲁克（Peter Drucker，现代管理学之父）

一、创新的含义

创新是一个民族进步的灵魂，是一个国家兴旺发达的不竭动力。现如今，不管是个人层面、群体层面还是社会层面，都在提倡创新。"创新"一词起源于拉丁语，其原意有三层含义：一是更新；二是创造新的事物；三是改变。由此可见，创新就是创造新事物，这些新事物可以是具体的，也可以是抽象的。

简单来说，创新就是人根据一定的目的（理想化需要或满足社会需求），利用现有资源，运用新的知识或方法，创造出新颖的、有价值的、前所未有的事物，或者在已有事物的基础上，提出新的见解，做出某些改进，并能获得一定有益效果的行为。例如，张衡发明浑天仪是创新，孔子提出"有教无类"也是创新。

值得注意的是，创新不一定是创造出全新的东西，也可以是将旧的作品与新的形式相结合，如蔡伦改进造纸术、瓦特改良蒸汽机等。

小故事——不要浪费

某地政府曾通过一项法案，将原来高速公路上的黄色指示牌一律改为橘色。由于将黄色指示牌涂改成橘色成本太高，所以政府决定丢弃所有的黄色指示牌，生产新的橘色指示牌来替换。

就在这时，该地高速公路监管处的一名员工想出了一个办法：只要在原来的黄色指示牌上罩一层高透明度的红色塑料壳，黄色指示牌就可以变成橘色。这个创意被当地政府采纳，一下节省了数十万元费用。

故事感悟：即将被淘汰的事物，在经过局部变革创新后，或许还能够重新焕发价值。

二、创新的内容和特征

创新是人类主观能动性的高级表现，是一项复杂的活动。大学生要想进行创新活动，首先需要了解创新的内容和特征。

（一）创新的内容

创新的主体、创新的客体、创新的过程、创新的核心、创新的结果和创新的作用等共同构成了创新的内容，如图1-1所示。

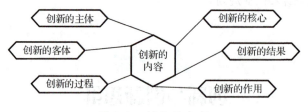

图1-1　创新的内容

（1）创新的主体。创新的主体即创新活动的实施者，指具有创新能力并实际从事创新活动的个人或组织。

（2）创新的客体。创新的客体即创新活动指向的对象，即整个客观世界，包括自然环境、社会环境及生活环境等。

（3）创新的过程。创新的过程是指创新主体不断拓展和改变对创新客体及客观世界的相关认知与行为的动态活动，即创新活动中所有行为的集合。

（4）创新的核心。创新的核心是创新思维，创新思维指导着创新的过程。

（5）创新的结果。创新的结果分为两种：一种是物质的，如新设备、新材料等；另一种是非物质的，如新思想、新理论和新经验等。

（6）创新的作用。通俗地说，创新的作用就是创新结果如何改变人们的生活，如何满足个体或组织生存与发展的需要，产出了哪些新的社会利益和经济利益。

例如，"屠呦呦团队对200多种中药开展实验研究，利用现代医学方法进行分析研究，不断改进提取方法，经过不懈努力，最终提取出了抗疟疾药物青蒿素。该药物能有效杀死疟疾的病原体疟原虫，治疗疟疾。"从这段文字中便可看出创新的6项内容及其关系。其中，创新的主体是"屠呦呦团队"，创新的客体是"200多种中药"，创新的过程是"利用现代医学方法进行分析研究，不断改进提取方法，最终提取出青蒿素"，创新的核心是"现代医学方法"和"改进提取方法"，创新的结果是"青蒿素"，创新的作用是"杀死疟原虫，治疗疟疾"。

（二）创新的特征

相较于其他的人类活动，创新的特征主要体现在以下6个方面。

（1）动态性。创新是一个动态的过程。在当前经济条件下，知识经验的层次越高，创新思维的水平也越高。任何创新活动都不可能是一劳永逸的，只有不断地变革，与时俱进，才能适应时代的发展需求。

（2）普遍性。创新存在于人类活动的所有领域，并且贯穿于人类活动的各个阶段。同时，创新能力是人人都具备的。

（3）目的性。创新活动总是围绕着需要解决的问题、需要完成的任务而进行的，这就是创新的目的性，这一特征贯穿于整个创新过程。例如，发明手机的目的是使人们的联络更加方便；发明电灯泡的目的是在夜晚照亮暗处；发明计算机的目的是提高计算的效率和准确性等。

（4）新颖性。创新的本质是求异、求新，即创新将摒弃现有不合理的事物，革除过时的部分，然后确立新事物。用新颖性来判断创新成果时，要注意区分绝对新颖性和相对新颖性。例如，电话被首次发明，属于前所未有的成果，因此体现的是创新的绝对新颖性；电话在原有基础上实现了更好的通话效果，体现的是创新的相对新颖性。目前，大学生们的发明、创新，绝大部分体现的是创新的相对新颖性。

（5）价值性。创新的价值性可以从创新成果带来的社会价值、经济价值和学术价值3个方面来判断。一般来说，创新成果满足人类社会需要的程度越大，其带来的价值就越大。

（6）高风险性。创新的高风险性是由创新自身的不确定性所决定的。这种不确定性一般包括市场的不确定性、技术的不确定性和经济的不确定性等。一般而言，不确定性越大，风险就越高。

👁 案例1-1——"歪打正着"的尼龙

1928年，当时美国最大的化工企业杜邦公司建立了基础化学研究所。卡罗瑟斯博士担任有机化学部门的负责人，主要从事聚合反应方面的研究。很快，卡罗瑟斯博士的团队就在制备线性聚合物方面取得了很大的进展。

1930年的一天，卡罗瑟斯博士的一个助手在清理实验残渣时无意中发现，一些丝状聚合物具有很强的弹性，哪怕被拉得很长，一松手就会回弹恢复原状。卡罗瑟斯博士对这种丝状聚合物很感兴趣，经过研究，他发现这是一种高聚酯纤维。重复之前的实验后，卡罗瑟斯博士再次制造出了这种细丝，他果断决定转变研究方向，专心研制这种物质。经过几年的探索和试验，卡罗瑟斯团队在1935年发明了人造纤维聚酰胺66。这种纤维具有天然丝的外观和光泽，在结构和性质上也接近天然丝，其耐磨性超过当时任何一种纤维，被命名为"尼龙（Nylon）"。之后，卡罗瑟斯团队又解决了生产聚酰胺66所需原料的工业来源问题，使得尼龙能够实现规模化的工业生产。

杜邦公司很快发现这种人造纤维的巨大商业价值，并开始大力推广尼龙制品，如既透明又比传统丝袜耐穿的尼龙丝袜。该丝袜在1939年首次公开销售时便引起轰动，被争相抢购，有女士形容它"像蛛丝一样细，像钢丝一样强，像绢丝一样美"。之后，尼龙凭借其优异的特性被应用到了多种纺织品上，使纺织品的质地大为改观。

课堂思考与讨论

（1）谈一谈卡罗瑟斯团队研制尼龙这项创新活动是否具有目的性？

（2）如果卡罗瑟斯团队研制尼龙的创新活动具有目的性，那么其目的性是如何体现的？

三、创新思维与创新能力

纵观历史上的创新活动，创新者出人意料的"点子"或"思路"总会令人眼前一亮。在创新的内容中，创新思维居于核心位置。事实上，创新思维是推动创新活动开展并取得成果的重要因素，也是创新能力的基础。

（一）创新思维的概念与特征

创新思维是相对常规思维而言的思维形式，是指以超常规、反常规的方法或视角思考问题，突破常规思维的局限，另辟蹊径提出新的解决方案，最终产出新颖独到并有实际意义的思维成果。人们通常会借助创新思维突破环境和经历的限制，去认识、想象和预测以前没有接触过或经历过的事物，从而实现创新。

在创新实践中，创新思维往往体现出以下特征。

1. 新颖性

新颖性是指创新思维一定与常见的、固有的思维有所不同，只有新的、不同的、打破常规的思维才能实现对原有观念、事物的突破和改进。

2. 求异性

求异性是指对司空见惯的、似乎已成定论的事物或观点采用多种不同的方法进行思考，换言之，就是从多个方面进行深入探索，以求找到问题的解决方法，从而树立新思想，创立新形象。

求异性指在实事求是的基础上，基于客观事实提出疑问或否定。要想有所创新，就不应拘泥于常规，不应轻信权威，而要以怀疑和批判的态度看待一切事物和现象。

小故事——源于质疑的自由落体定律

公元前4世纪，生活在希腊的伟大思想家亚里士多德认为物体下落的速度与其重量成正比，即物体越重，下落速度越快。这一理论与人们日常的体验相同，在近两千年里都被奉为真理。16世纪，意大利的科学家伽利略对亚里士多德的理论提出疑问，在当时的社会引起轩然大波。伽利略很快便通过实验推翻了亚里士多德的观点，创立了自由落体定律：一切物体如果不计空气阻力，在同一地点自由下落的速度是相同的。

故事感悟： 亚里士多德的理论长期被奉为圭臬，直到伽利略勇于质疑，才更正了流行近两千年的错误，可见创新思维的求异性对创新活动有巨大作用。

3. 灵活性

灵活性指思维灵活多变，思路及时转换，能从多角度、多方位、多学科、多层次进行立体思考。其具体表现为及时放弃旧的思路而转向新思路，及时放弃无效的方法而采用新方法。

4. 突发性

所谓突发性，是指在极短的时间内，以一种突发的形式，迸发出创造性的思想火花，产生新的概念。创新思维或许是在长期构思酝酿后自然爆发而来的，也可能是受某一偶然因素的触发而产生的。

5. 综合性

综合性思维不是简单地把事物各个部分、侧面和属性的认识，随意地、主观地拼凑在一起，也不是机械地相加，而是按照它们内在或必然的联系进行系统认知的一种思维方法。

6. 逆向性

逆向性就是有意识地采用"反常规"的思路思考问题。如果把传统观念、常规经验、权威言论当作金科玉律，那么就会阻碍创新思维的发散。因此，为实现某一创新或解决某一复杂问题时，不要习惯于用固有的模式思考问题，而应从相反的方向寻找解决办法。只有奇思妙想，才能避免"构思平庸""与人雷同"的尴尬境地。

（二）创新思维的形式

创新思维的形式多种多样，常见的包括逻辑思维、联想思维、发散思维、求同思维、形象思维、直觉思维、逆向思维等。

1. 逻辑思维

逻辑思维也称抽象思维，是人们在认识活动中运用概念、判断、推理等思维方法，对客观现实进行间接的、概括的反应的过程。逻辑思维的基本单元是概念，基本思维方法是抽象，基本表达工具是语言和符号。逻辑思维具有规范、严密、确定和可重复的特点。

逻辑思维是人脑的一种理性活动，思维主体把感性认识阶段获得的对于事物认识的信息抽象成概念，运用概念进行判断，并按照一定的逻辑关系进行推理，从而产生新的认识。也就是说，要想创新，要想找出复杂问题的解决方案，就必须运用逻辑思维。

小故事——被算出来的行星

1781年，科学家首次发现了天王星，但是随之产生了巨大的疑问，因为天王星的运行轨迹并不符合开普勒第二定律。1845年，数学家奥本·勒维耶（Urbain Le Verrier）着手研究天王星的轨道问题，他认为天王星附近有一个未知的巨大行星，其对天王星施加的引力导致天王星的运行轨迹发生变化。通过缜密的计算，奥本·勒维耶预测了"新行星"的位置。柏林天文台很快在离奥本·勒维耶预测位置不到1°的地方发现了这颗"新行星"——海王星。海王星也由此被称为"被算出来的行星"，是仅有的利用数学预测而非观测意外发现的行星。

故事感悟： 规律是逻辑思维的"武器"，根据规律进行缜密的逻辑推理与计算，或许能帮助人们发现新的事物。

2. 联想思维

联想思维是指人脑的记忆表象系统中，由于某种诱因导致不同表象之间发生联系的一种思维活动。通过联想思维，人们可以从他人的发明创造中获得灵感，并进行创新。

例如，时下流行的无线充电蓝牙静音鼠标，实际上就是在原来有线鼠标的基础上，创新融合了无线、蓝牙、充电等新技术，属于联想思维的创新成果。

> ↟ **小故事——小虫启发了"盾构施工法"**
>
> 19世纪20年代，英国决定修筑一条穿越泰晤士河的地下隧道。很快，工程就遇到了问题，传统的支护开掘法无法应对泰晤士河下方松软的岩层，很容易塌方。工程师一筹莫展，直到一天他无意中观察到小虫钻进橡树皮的过程。工程师注意到小虫是在其硬壳保护下"工作"的。此情此景使工程师恍然大悟——河下施工为什么不能采用小虫的掘进技术呢？循着这条思路，"盾构施工法"诞生了，该方法是先将一个空心钢柱打入岩层中，而后在这个"盾构"保护下进行施工。采用这种方法后，泰晤士河地下隧道松软岩层的施工很快就顺利地完成了。
>
> **故事感悟：** 钻树和河下施工的场景具有相似之处，工程师发现了在小虫钻树过程中发挥重要作用的"壳"，并借由"壳"展开了联想，最终发明了"盾构施工法"。

3. 发散思维

发散思维又称扩散性思维、辐射性思维，是指从多种角度、方向去设想、探求答案，最终使问题获得圆满解决的思维方法。

发散思维是创新思维的核心。发散性的思维活动不受任何限制和禁锢，可以提出大量可供选择的方法、方案或建议，也可以提出一些别出心裁、出乎意料的见解，使看似无法解决的问题迎刃而解。图1-2所示为发散思维的例子。

图 1-2　发散思维

4. 求同思维

求同思维也称聚合思维、辐合思维、集中思维，是一种有方向、有范围、有条理的收敛性思维方式。在创新思维活动中，人们运用求同思维做出的发明创造处处可见。例如，手机是人们最常使用的工具之一，于是越来越多的功能被集成到手机上，如拍照、摄影、播放音视频、访问互联网等。可以说，现在的手机产品早已超越了"移动电话"的范畴。

人们要创新，就必须善于从复杂多变的事物中发现其中包含的共性因素，即找出事物间的结合点。一般情况下，组合事物并不是将原来几种事物简单相加，而是产生具有新的性质和功能的事物。

5. 形象思维

形象思维是以直观形象和表象为支柱的思维过程，是人的一种本能思维，具有普遍性。在日常生活、学习和生产活动中，形象思维一直起着重要作用。例如，著名物理学家爱因斯坦在 16 岁时就喜欢思考一些新奇的问题：假如追着光线跑，会发生什么情况呢？假如骑上光束，又会怎样呢？这种思维虽然无法通过实验的方式加以证实，但无疑启发了爱因斯坦，为他后续创造相对论提供了契机。

6. 直觉思维

直觉思维是指不受某种固定的逻辑规则约束而直接领悟事物本质的一种思维形式。人脑的长处是创造智慧。在复杂的情况下，人脑可以在几秒内把经验和预测从不同的记忆中枢汇集起来并提出因果关系，进行判断，这就是"直觉"。突然对某一问题有"灵感"和"顿悟"，甚至对未来事物的结果有"预感"或"预言"等，都是直觉思维的表现。

例如，物理学家丁肇中谈及自己的研究时这样说："1972 年，我感到很可能存在许多有光的特性而又有比较重的质量的粒子，然而，理论上并没有预言这些粒子的存在。我直观上感到没有任何理由认为重光子一定要比质子的质量轻。"在这种直觉的驱使下，丁肇中选择了研究重光子，终于发现了基本粒子——J 粒子，并因此获得了诺贝尔物理学奖。

7. 逆向思维

逆向思维即"反其道而行之"，是对常见的已成定论的事物或观点反过来思考的一种思维方式，因为出发点不同，很容易得到新的思维成果。逆向思维分为 4 种类型，都对创新有重大价值。

（1）结构逆向思维。结构逆向思维是指从已有事物的逆向结构形式方面去设想，以寻求新途径解决问题的思维方法。例如，一种不粘锅炊具将电发热部件从锅底移到了锅盖上，从上面加热食物可避免糊锅。

（2）功能逆向思维。功能逆向思维是指从原有事物相反功能方面去设想，以寻求新途径解决问题的思维方法。例如，日本纸张缺乏，于是有人发明了反复印机。复印过的纸张通过这种反复印机后可以重新复原为白纸，既经济又环保。

（3）状态逆向思维。状态逆向思维是指人们根据事物的某一状态的逆向方面来认识事物，引导思维创新的方法。例如，司马光砸缸就是将"救人离水"的理念改为"让水离人"。

（4）因果逆向思维。因果逆向思维是指对已有的有关事物之间因果关系的认识进行交换性思考，由结果推导原因的思维方法。例如，说话声音高低能引起金属片的相应振动，反过来，金属片的振动也能引起声音高低的变化。由此，爱迪生改进了电话机，发明了留声机。

（三）创新能力的培养

创新思维是人们突破旧格局、开辟新道路的根本，而创新能力则是创新主体在创新思维的基础上认识世界、改造世界，完成创新活动的能力，因此，个体只有将二者相互联系、相互渗透、相互统一，才能顺利开展创新实践。为适应复杂多变的创新形势与环境，大学生需要有意识地对自己的行为和认知进行调整、更新、完善，并提高创新能力。创新能力本身是由多种能力构成的综合能力，因此大学生也需要提高自身的多种能力，来培养自己的创新能力。

1. 提高发现问题的能力

创新能力很多时候直接表现为发现问题的能力。大学生若能够在日常生活中做到多听、多看、多问、多想，就能够发现很多常人容易忽略的问题，并找到解决问题的方法。例如，达尔文从小就喜欢观察动物和植物，这个习惯让他在后来的研究中积累了大量的第一手资料，帮助他发现了很多

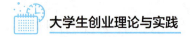

问题，为他创立进化论提供了可靠的依据。

2. 提高信息处理的能力

当今社会是一个信息化的社会，具备较强信息处理能力的人往往更容易找准关键信息，及时获取重要信息，从而找到创新的机会。面对"信息爆炸"的现代社会，大学生应该有意识地锻炼自己识别信息、筛选信息、归纳信息、提炼信息的能力。同时，由于信息往往具有时效性，大学生还应该着力提高自己处理信息的效率。

3. 掌握灵活变通的能力

在创新实践的过程中，大学生会遇到各种问题，这就需要大学生具备灵活变通的能力，能够根据问题及其变化情况立即采取不同的应对措施。例如，"田忌赛马"的故事中，在身处劣势的情况下，孙膑采用"下等马对上等马，上等马对中等马，中等马对下等马"的策略，最终帮助田忌赢得了比赛。

为掌握灵活变通的能力，大学生必须充分锻炼认识能力、判断能力、决断能力，让自己能够针对不同的环境、对象，在最短的时间里提出解决方案并付诸实践，从而避免因决策延误或决策失误而错失良机。

4. 具备制订方案的能力

要想将创新想法变成创新成果，大学生需要制订创新实践方案，将创新想法落实成具体的创新计划，所以制订方案的能力也是创新能力不可分割的一部分。因此，大学生必须具备制订方案的能力。这种能力具体表现为能够明确创新计划实施的内容，构思完整的创新流程，及时发现问题，对问题的现状及解决方法进行全面的分析和评估，确定解决问题的最优办法，判断和论证整个方案的合理性。

5. 具备评价复盘的能力

对自己的创新实践活动进行事后评估和分析是很重要的。很多科学家在实验后会总结经验教训，通过成百上千次实验才得以产出研究成果，大学生创新也是如此。因此，大学生应该具备评价复盘的能力，评价创新活动的成果是否符合最初的预期，是否达成了最初的目标，并深入分析创新过程中出现的问题、遇到的困难等，总结经验，以推动下一次创新活动的顺利开展。

创业与创业准备

▶▶【名人名言】

成功根本没有秘诀，如果有的话，就只有两个：一是坚持到底，永不放弃；二是当你想放弃的时候，回过头来按照第一个秘诀去做。

——温斯顿·丘吉尔（Winston Churchill，英国前首相）

一、创业的含义

通俗地说，创业就是在商业领域开创事业。现代管理学将创业描述为创业者对自己拥有的资源（信息、资源、技术等）或通过努力能够拥有的资源进行优化整合，从而创造出新颖的产品或服务，获取更大经济或社会价值的过程。

大学生可以从以下4个方面来理解创业的含义。

（1）创业是一个复杂的创造过程。创业活动需要产出某种有价值的新事物，这种新事物不仅要对创业者本身有价值，而且要对社会有价值。价值属性是创业的重要社会属性，同时也是创业活动的意义。

（2）创业要求大量时间、精力投入。创业过程中，创业者必须投入大量的时间和精力，付出极大的努力。很多创业活动在创业初期处于非常艰苦的环境下，即使条件优越，创业者也往往需要数年才能使企业走上正轨。

（3）创业要承担必然的风险。创业风险来自创业活动有关因素的不确定性。在创业过程中，创业者要投入大量的人力、物力和财力，引入和采用各种新的生产要素与市场资源，建立组织结构、管理体制、业务流程、工作方法，或者对现有的进行变革。在这一过程中，创业者必然会遇到各种意想不到的情况和困难，从而有可能使结果偏离创业的预期目标。

（4）创业将为创业者带来回报。创业预期回报是创业的动力，创业活动为创业者带来的回报是多方面的，包括扩展交际范围、增长见识和阅历、获得财富、实现社会效益乃至实现人生理想等。

拓展阅读

创新与创业的关系

创新与创业是两个不同的概念，却存在着本质上的契合、内涵上的相互包容和实践过程中的互动发展。创新与创业的关系可以归纳为以下4点。

（1）创新是创业的基础。一方面，科学技术和思想观念不断推陈出新，推动着社会物质生产和生活方式不断变革，进而不断地为整个社会提供新的消费需求。这是创业活动之所以源源不断的根本动因。另一方面，无论是何种性质、类型的创业活动，本质上都是创业者的一种能动的、开创性的实践活动，是一种高度的自主行为。在创业实践的过程中，创业者的主观能动性得到充分的发挥。这种主观能动性充分体现了创业的创新性。

（2）创新是创业的本质与源泉。约瑟夫·熊彼特（Joseph Schumpeter）提出："创业包括创新和未曾尝试过的技术。"创业者只有在创业的过程中具备持续不断的创新思维和创新意识，才可能产生新的富有创意的想法和方案，才可能不断寻求新的模式、思路，最终获得创业的成功。没有创新，创业就会沦为单纯"复制"已有企业，无法建立自己独特的竞争优势，也就无法取得成功。

（3）创新的价值在于创业。创新的价值在一定程度上表现为将潜在的知识、技术和市场机会转变为现实的生产力，为社会提供新的产品和服务，获得更高的社会效益。创业正是实现这种转化的根本途径，因此创业能够实现创新的价值。

（4）创业推动并深化创新。创业可以推动新发明、新产品或新服务的不断涌现，创造出新的市场需求，从而进一步推动和深化各方面的创新，因而也就提高了企业甚至是全社会的创新能力，推动了经济的增长。

创新是社会进步的动力，创业是推进经济社会发展、改善民生的重要途径。创新和创业相连一体、共生共存。

二、创业精神的培养

要从无到有，一步步地创建并发展自己的企业，应对创业过程中的各种风险和危机，创业者需要拥有强大的精神力量作为支撑。对于大学生创业者来说，只有具备创业精神，才能在创业路上走得更稳。

（一）创业精神的含义

创业精神是指创业者在创业过程中所表现出的主观思想，它是创业的心理基础。成功的创业者往往具有不同于常人的精神特质，如拼搏进取、坚持不懈、精益求精、大胆突破等，这些精神特质的总和就是创业精神。

研究者认为，创业精神有3个层次的内涵：在哲学层次上，创业精神表现为创业思想和创业观念，是人们对于创业的理性认识；在心理学层次上，创业精神表现为创业个性和创业意志，是人们创业的心理基础；在行为学层次上，创业精神表现为创业作风和创业品质，是人们创业的行为模式。

（二）创业精神的表现

在创业活动中，创业精神往往表现为理想主义情怀、坚定的信念和坚持不懈的精神、敢为人先的冒险精神以及出色的合作精神。大学生创业者应该具备这些精神。

（1）理想主义情怀。很多成功的创业者身上体现出强烈的理想主义情怀。例如，稻盛和夫在京都陶瓷株式会社还不到百人规模时，就不断强调"京瓷要放眼全球，向着全世界的京瓷前进"，并秉承这样的理念带领京瓷发展成为世界精密陶瓷行业的"领头羊"。事实上，一个没有理想、没有抱负的人，是不会选择成为创业者的，更遑论做出成绩。

（2）坚定的信念和坚持不懈的精神。创业是一个漫长且高风险的过程，如果想创业成功，创业者就必须有坚定的信念和坚持不懈的精神。例如，华为公司曾经面临困境，如果任正非同意以75亿美元的价格将其出售给摩托罗拉，那么也就没有现在的华为了。可见，坚持对于创业者和企业而言具有重大意义。

（3）敢为人先的冒险精神。创业者在意识到社会经济中的缺憾及需求后，需要敢为人先，迎接挑战。例如，比尔·盖茨看准计算机软件行业的前景，便退学创办了微软公司，及时在计算机软件这一价值巨大的新兴市场中占据了优势地位，取得先机。创业者如果缺乏冒险精神，一味观望，那么只能眼睁睁地看着机会流逝。

↱ 小故事——外科消毒法的创立

19世纪初，欧洲许多医院的患者在做完外科手术后死亡，这被归咎于"瘴气"。一位名叫李斯特的医生并不认同"瘴气论"，他发现皮肤完好的骨折病人一般不易发生感染，于是提出设想，认为感染是外部因素造成的。通过观察研究，李斯特指出手术后导致病人伤口化脓的病毒来自外界的传播，特别是医生不注意卫生，并提出了外科消毒法。这些观点在医学界遭到了强烈的反对，因为这相当于宣布"医生是导致成千上万病人死亡的元凶"。李斯特医生被赶出了医院。

李斯特换了医院后坚持使用自己的外科消毒法，不到10年，他所在医院的手术后死亡率从45%降到15%。医学界在事实的面前终于醒悟，外科消毒法迅速在欧洲推广开来。

故事感悟：面对强大的外部压力时，不屈不挠，敢于发声并一直坚持，这样才能获得成功。

（4）出色的合作精神。个人的力量是有限的，单打独斗难以成功创业，只有具备合作精神才能够充分发挥团队的力量。同时，积极进行外部合作可以获得更多的商业机会和创业资源。

（三）创业精神的培养途径

大学生创业者可通过模仿、实践和培训这 3 种途径来培养自己的创业精神。

（1）模仿。模仿是培养创业精神最便捷的途径。创业者可以选择一个学习的榜样，揣摩他的行为，分析他的言论，从而向他靠拢。很多成功的创业者有这样一个感受：他们在创业过程中会有一个"偶像"，并会不自觉地按这个"偶像"的言行来要求自己、鞭策自己。

（2）实践。实践是培养创业精神最直接的途径。积极参与实践能够带来及时有效的反馈，实践经验的积累能够让创业者对创业逐渐形成更深入、更清醒的认识。当然，大学生由于时间和资金等条件的限制，无法开展全职的商业活动，但可以积极参与社会实践，磨炼意志、增长见识、积累社会经验，进而促进创业精神的培养。

（3）培训。学习他人的智慧与经验也是培养创业精神的重要途径。目前，许多高校开设了创新创业相关课程，大学生应该专心学习。同时，有关部门和一些社会团体也会组织相关的培训、讲座等活动，这些活动往往会邀请成功的企业家或经验丰富的职业经理人出席，为大学生提供直接接触商业人士的机会。

三、大学生创业准备

机会总是留给有准备的人，创业也是如此。大学生如果有创业的打算，就需要未雨绸缪，提前进行创业准备。

（一）创业知识的储备

当前，仅凭某一突出优点获得成功的企业凤毛麟角。这样的背景对大学生创业者提出了更高的要求，因此，大学生创业者需要储备更多的知识。

（1）专业知识。专业知识是指与创业项目的产品或服务直接相关的知识。例如，房地产企业的设计、施工、审批等，如果创业者本身不具备相关的专业知识，就会出现"外行领导内行"的情况，对企业的发展极为不利。

（2）管理知识。在移动互联网时代，市场竞争日益激烈，大学生创业者不能仅凭经验和直觉来管理企业，而要用专业的管理知识来武装自己，科学、规范地管理企业，从而让企业发挥出更大的能量，创造出更多的财富。

（3）金融知识。金融是货币融通的活动，资金是企业经营发展的重要资源。大学生创业者应该学习并掌握相关的金融知识，为企业的经营和发展寻找更多的资金，并有效利用这些资金。

（4）商务交往知识。创业不是孤立的活动，创业者在创业过程中必然会与各种机构（如供应商、经销商、银行等）发生各种商业关系。这就需要大学生创业者掌握相关的商务交往知识，以便能够顺利开展商业活动，与其他组织进行良好的合作，从而达成降低企业成本、扩大产品销路、获得资金支持等目的。

（5）税收知识。税收是指国家为了向社会提供公共产品、满足社会公共需要，按照法律规定参与社会产品的分配，强制、无偿取得财政收入的一种规范形式。企业开展经营活动必然需要纳税。税费是企业经营的一项重要成本，依法纳税是企业应尽的义务。大学生创业者应该了解相关的税收知识，做好税收筹划，避免税收风险。

（6）法律知识。和企业经营相关的法律主要包括《中华人民共和国公司法》（以下简称《公司法》）、《中华人民共和国劳动合同法》和《中华人民共和国反不正当竞争法》等。此外，

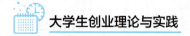
企业经营还会涉及《中华人民共和国商标法》（以下简称《商标法》）、《中华人民共和国专利法》（以下简称《专利法》）等。大学生创业者学习法律知识，不仅可以防范自己的经营活动触及法律红线，还能够在自身合法权益被侵犯的情况下使用法律武器维护自身权益。

（二）创业信息的搜集

大学生创业者在创业前应该广泛搜集创业信息。创业信息包括一切对创业活动有帮助的信息，主要包括以下几个方面。

（1）行业信息。行业信息是指描述行业整体情况的信息，其中包括行业当前发展状况、行业市场细分、行业中的领先企业及其市场份额、行业未来的发展趋势等。行业信息展示了该行业当前的基本态势，是大学生创业者的重要参考信息。

（2）政策信息。我国的经济环境在很大程度上会受政府政策的影响，政策的变动会产生无数的机会，也会使一些行业受到打击，大学生创业者应该留意政策的更新。例如，2021年7月，中共中央办公厅、国务院办公厅印发了《关于进一步减轻义务教育阶段学生作业负担和校外培训负担的意见》，提出"坚持从严治理，全面规范校外培训行为"，要求各地区、各部门结合实际认真贯彻落实。校外培训行业因此受到巨大影响。

（3）金融信息。创业企业离不开金融行业，因此大学生创业者应时刻关注金融信息，如中国人民银行、财政部等政府部门发布的政策，银行、券商等金融机构发布的信息等。

（4）市场信息。市场信息是指描述市场供求变化的信息，包括商品的价格变化、销量变化、货源变化等。商品的供求关系变化频繁，且商品价格互相作用，会对企业经营产生巨大影响。例如，燃油价格的变化会对商品的生产及运输成本产生影响。

任务三

创业胜任力

▶▶▶【名人名言】

为政以德，譬如北辰，居其所而众星共之。

——《论语·为政》

一、创业胜任力概述

"胜任力（Competence）"一词具有技能、才干和能力的含义，一般用来衡量个人具备的能力与所处环境的匹配程度，即个人与环境越匹配，胜任力越高。在工作上，胜任力常用于描述创造出高绩效者所具备的特质。

（一）胜任力与创业胜任力

早在古罗马时代，人们就试图通过描述胜任力图谱来说明"一位好战士"应该具备的素质。工业革命带来社会化分工，这使得具体岗位的专业化程度不断提高，岗位工作人员的工作效率引起了研究者们的广泛关注，由此管理学界开始了对胜任力的正式研究。理论界公认，哈佛大学戴维·麦克利兰（David McClelland）教授是胜任力理论的创始人，他在文章《测量胜任力而不是智力》一文中指出"胜任力是能够区分特定工作岗位绩效优异者与一般者的个人特征"，并提出对胜任力的测量能更加有效地评估人们在工作过程中所取得的绩效。

虽然目前学界关于胜任力的概念界定仍未统一，但大部分研究者强调胜任力对绩效的影响。因此，我们可以这样理解：胜任力是在一个组织中绩效优异的成员所具备的能够胜任工作要求的个体综合特质（知识、技能、能力、素养和精神等）；胜任力能够辨别高绩效者与一般绩效者所具备的不同特征，同时可以有效地预测某人在工作中所创造的绩效。

1993年，一些研究者将胜任力引入创业领域，提出了"创业胜任力"概念，认为创业胜任力是"识别、预见并利用机会的能力"。随着创业者对市场的了解不断加深，这种能力也会不断加强。综合创业者的个性特征、技能特征、知识特征和群体特征，可以将创业胜任力视为创业者在创业过程中，根据工作角色需要，实现创业目标和达成优异绩效的综合能力，其中包括进行创业所需要的具体知识和技能，还包括创业者的动机、自我形象、社会角色、价值观等潜在特质。

（二）胜任力的构成模型

管理学、工业与组织心理学、人力资源管理、教育学等学科领域对胜任力进行了研究，产出了一系列胜任力模型，其中最具代表性的是胜任力冰山模型和洋葱模型，分别如图1-3和图1-4所示。

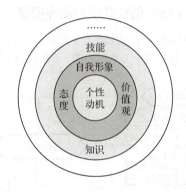

图1-3　冰山模型　　　　　　　图1-4　洋葱模型

（1）冰山模型。冰山模型认为胜任力就像是漂浮在水面上的一座冰山。"水面以上部分"是显性能力，包括知识和技能。这是胜任力的外在表现，容易被了解与测量，相对而言也比较容易通过培训来改变和发展。"水面以下部分"则是隐性能力，包括责任心、动机、团队精神、沟通能力、创新能力等，这些特征是潜在的，难以直接观测，但是在胜任力中的重要性远高于显性能力，真正决定着主体在工作中的表现。

（2）洋葱模型。洋葱模型把胜任力包含的各种因素概括为由内到外、层层包裹的结构，最核心的是个性与动机，然后向外依次展开为自我形象、价值观、态度，再到知识、技能等。在所有因素中，越向外层，越易于评价和培养；越向内层，越难以评价和习得。

（三）创业胜任力的特征

从创业胜任力的定义来看，其具有综合性、预测性、区分性和可度量性4个方面的特征。

（1）综合性。不同于技能、个性、价值观等独立特征，创业胜任力是一个包含知识、技能、态度、动机等显性和隐性特征的综合体。这些特征密不可分，具有不同的功能和作用，共同构成胜任力，并且可以通过主体的行为表现出来。

（2）预测性。创业胜任力与主体在创业情境中的表现具有因果关系，因此能预测主体在实际创业工作中的行为表现和绩效。创业者可以使用相关工具对自己的创业胜任力进行测评，从而预测自己在创业活动中的表现。

（3）区分性。不同行业的创业胜任力要求不同，同行业不同企业的创业胜任力要求也各有不同。由于资源、财力、社会关系、市场环境、商业计划的差异，创业活动会对创业者提出不同的要求，所以创业者需要根据自己的创业胜任力来区分创业机会。

（4）可度量性。胜任力包含的各项特征都可以测量和评估。所以，创业者应该了解自己的创业胜任力水平，并据此规划自己的工作。需要指出的是，有些胜任力特征易于测量和评估，如知识和技能，可以通过纸笔测验或实际操作来测量和评估；有些胜任力特征则需要借助相对复杂的测量和评估方式，如深层次的价值观和动机，就要使用内隐测试。

二、创业胜任力测评

在学界对创业胜任力的研究中，人力资本理论、蒂蒙斯创业过程理论、布鲁斯·塔克曼（Bruce Tuckman）的团队发展阶段理论、胜任力内隐学习理论等为创业胜任力的测评提供了理论依据。大体而言，创业者可以通过确定创业胜任力测评要素、确定创业胜任力测评要素权重和确定创业胜任力测评方法 3 步来进行创业胜任力测评。

（一）确定创业胜任力测评要素

根据相关理论，创业胜任力可以分为显性胜任力和隐性胜任力两部分，进一步细分可得出 18 个要素，即为创业胜任力测评要素，如图 1-5 所示。

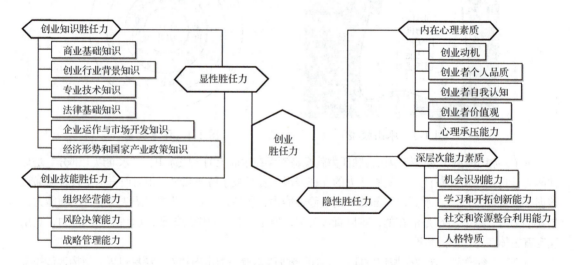

图 1-5　创业胜任力测评要素

（二）确定创业胜任力测评要素权重

所有测评要素共同决定了创业者的创业胜任力，但各个测评要素所起到的作用显然是不同的，因此要想准确地测评创业者的创业胜任力，就需要合理地为每一个测评要素赋予不同的权重。

不同条件下的创业活动对创业者提出的要求不同，各个研究者在权重分配上也未能达成统一，此处引用江苏大学毛翠云教授《创业者胜任力模型构建及综合测评研究》一文中的权重（见表 1-1）作为参考。

表 1-1　创业胜任力测评要素权重

序号	测评项目	权重	测评要素	权重
1	创业知识胜任力	98	商业基础知识	3
2			创业行业背景知识	51
3			专业技术知识	11
4			法律基础知识	1
5			企业运作和市场开发知识	11
6			经济形势和国家产业政策知识	21
7	创业技能胜任力	122	组织经营能力	82
8			风险决策能力	34
9			战略管理能力	6
10	内在心理素质	598	创业动机	98
11			创业者个人品质	196
12			创业者自我认知	201
13			创业者价值观	74
14			心理承压能力	29
15	深层次能力素质	182	机会识别能力	32
16			学习和开拓创新能力	84
17			社交和资源整合利用能力	55
18			人格特质（身体素质、真诚、敏感等）	11
合计		1 000		1 000

由表 1-1 可知，在创业胜任力的各项测评要素中，隐性胜任力占据绝对优势的地位，其中又以内在心理素质这一测评项目最为重要，权重接近六成。

（三）确定创业胜任力测评方法

创业者可以通过书面测试或面谈评价的方式对自己的创业胜任力进行测评。测评的一般方法如下。

（1）针对 18 个测评要素，提炼出创业者易于理解、评价的问题。例如，就"商业基础知识"来说，可提出"你认为自己掌握商业基础知识的程度如何？请根据实际情况为自己打分"的问题，然后将所有问题集中起来，做成一份问卷或面谈材料。

（2）为所有问题赋予相同的分数，如有 18 个问题，每个 10 分，总分 180 分。

（3）通过书面作答或面谈获取创业者对问题的答案，并根据其答案打出相应的分数。

（4）将每道题的分数与其对应测评要素的权重相乘，得到加权分数，然后将所有题目的加权分数相加，即得到最终的创业胜任力分数。

（5）根据创业胜任力分数评价被测试者的创业胜任力水平。得分达到总分75%及以上的被测试者，即具备创业胜任力要求的各项素质，通过进一步的工作历练和经验积累，很有可能成为成功的创业者。

三、创业胜任力培养

大学生创业者要想在市场上成功立足，必须具备卓越的创业胜任力。大学生可以通过以下方式提高自己的创业胜任力。

（一）树立正确的创业观，提升创新创业品质

《论语·为政》中的第一章就是"为政以德，譬如北辰，居其所而众星共之"。"为政以德"，无论是在处理国家政务方面，还是在管理企业方面，都有着同样积极的意义。作为一个领导者，创业者得先从"德"入手。现代企业的优秀创业者大都是严以律己之人，对自身的品德修养极为重视。领导者除了要具备创新意识和合作精神外，还要有强烈的使命感和社会责任心。大学生要树立正确的创业观，全面提升创新创业品质，通过多种渠道完善自己的创业品质，塑造优秀大学生形象，领悟"工匠精神"的内涵，遵守职业道德，做到诚实守信，发挥新时代企业家精神，以坚定的创业品质助力未来创业成功。

（二）优化自身知识结构，提升创业知识胜任力

大学生想要提高自身的创业胜任力，首先要做好知识积累，不仅要学好自己的专业课程，还应该广泛地学习并掌握通识课程，这样才能在创业活动中游刃有余。

（三）积累社会实践经验，提升创业技能胜任力

大学生活的课余时间通常比较充足，大学生应该积极利用这些课余时间，多参与社会实践活动及课外活动，如志愿者服务、创新创业大赛、假期实践活动等，以此来锻炼自身能力，磨炼自身意志，积累人脉资源，扩展获取信息的渠道，为今后创业奠定坚实的社会基础。此外，大学生要时刻保持对外部环境的创业警觉性和商业敏感性，从而在不断发展变化的市场中发掘和捕捉创业机遇。

（四）提高风险环境预判能力

创业涉及的人、组织、事务较多，关系较为复杂。要想尽快适应市场竞争环境，大学生创业者不仅需要全面掌握管理、营销及技术创新等多方面的技能知识，还需要提高自身的风险预估能力，时刻保持警惕，在努力挖掘商机的前提下，预防可能发生的风险；学会洞察市场变化，进而准确预判市场中存在的商机及风险；及时制订风险应对措施，降低创业过程中风险发生的可能性及风险发生后的损失。

大学生创业应该充分运用专业知识与技能

从创业的维度来看，不同类型的人才具备不同类型创业的基础。研究型人才拥有较好的科学知识和技术能力，因此具备开展各种类型创业包括高新科技创业的基础；应用型人才在知识能力素质结构方面具备技术推广性创业和一般性科技创业的基础，少数优秀的学生可能具备高新科技创业的基础；职业技能型人才只具备一般性科技创业的基础。当然，3种类型的人才均具备普通创业的基础。

从创业所需职业素质视角而言，技术推广性创业是一件十分复杂的事情，除了要求具备专业技术知识，同时对创业者的组织领导能力、市场研判能力、企业经营能力、社会经验与阅历、吃苦耐劳与抗挫折能力等均提出了较高的要求，这些要求不是所有大学生在毕业时都能够具备的。即使是领导型创业，难度和复杂性也不亚于技术推广性创业，需要更加敏锐的市场意识、更强的市场研判与决策能力，以及更加突出的敢为人先精神。因此，在大学毕业时就能具备创业所需各方面素质的人不多。

从经济社会发展需求的视角而言，大学生创业应该主要依靠自己的学业专长、专业知识与技能。研究型人才更应该充分学以致用，因为研究型人才决定着国家的创新水平，培养周期长、培养成本高。应用型人才包括少数优秀职业技能型人才的创业应定位于技术推广性创业，这一方面是源于应用型人才的知识能力素质结构，另一方面是基于目前社会所需，这是推动产业转型升级发展的主力。

资料来源：赵庆年. 以大学生创业的恰当定位提升就业质量 [N]. 南方日报，2020-12-28（17）.

任务四
职业生涯发展与创业规划

▶▶【名人名言】

成就一番伟业的唯一途径就是热爱自己的事业。如果你还没能找到让自己热爱的事业，继续寻找，不要放弃，跟随自己的心，总有一天你会找到的。

——史蒂夫·乔布斯（Steve Jobs，苹果公司联合创始人）

一、大学生职业生涯概述与规划

职业生涯是一个人一生所有与职业相关的行为与活动，以及相关的态度、愿望、价值观等连续性经历的过程。企业创始人可以算作一种特殊的职业，因此大学生创业者同样需要规划自己的职业生涯。

（一）职业生涯的内涵

根据表现方式的不同，职业生涯被分为外职业生涯和内职业生涯。内职业生涯是外职业生涯发展的前提，内职业生涯的发展会带动外职业生涯的发展，外职业生涯的发展也会促进内职业生涯的发展。内职业生涯的发展以外职业生涯的发展或成果来展示，内职业生涯的匮乏以外职业生涯的停滞或失败呈现。

1. 外职业生涯

外职业生涯是指个体从事职业时的工作单位、工作地点、工作内容、工作职务、工作环境、收入待遇等因素的组合及其变化过程。外职业生涯往往受限于很多外部因素，且会因为外部条件的变动而发生巨大改变。大学生创业者在创业初期，往往面临着较为恶劣的外职业生涯，如办公环境差、工作内容繁重、收入低等。

2. 内职业生涯

内职业生涯是指个体从事一项职业时所具备的知识、观念、心理素质、能力等因素的组合及其变化过程。内职业生涯的各项因素主要靠自己努力追求才能获得，且一旦获得就具有较高的稳定性，通常不会发生巨大改变。

职业生涯成功的内涵

通常情况下，成功的职业生涯指个人追求和人生目标的实现。然而，职业生涯成功的含义是因人、因时、因势而异的，即使是同一个人，在不同的人生阶段对成功也有着不同的定义。但每个人又对各自的职业生涯有着明确的成功界定，包括成功的意义、成功的时间、成功的范围、成功与身体健康的平衡、被认可的方式和社会地位等。由此可见，职业生涯的成功是一个抽象的、不能量化的概念。按照评判角度和人际关系来看，职业生涯成功的界定包括个人、家庭、企业和社会4个方面。若一个人在这4个方面都能得到肯定的评价，其职业生涯无疑是成功的。当我们把职业生涯的成功结合个人、家庭、企业和社会进行综合分析和考量时，便能更好地对职业生涯进行经营和把控。

对于个人、家庭、企业和社会来说，职业生涯成功的判定标准存在或多或少的差异，所以，判定职业生涯成功的方式具有多样性。从现实来看，成功的职业生涯能使人产生自我满足和自我实现感，从而有利于促进个人素质的提高和潜能的发挥。目前，大众共识的职业生涯成功类型有以下5种。

（1）进取型：成为某一集团或系统的最高领导。

（2）安全型：追求社会认可、工作安稳和受人尊敬。

（3）自由型：在工作过程中能有最大的自由，没有牵绊与控制。

（4）攀登型：满足刺激、挑战和冒险的心理需要。

（5）综合型：兼顾个人、家庭和社会的评判，希望工作愉快、家庭幸福和社会认可。

每个人的价值观念和实际需要以及所面临的现实情况不同，对于职业生涯成功的评判方式也不相同。职业生涯的成功并非偶然，无论对成功的标准持何种态度，每个人都应记住以下8点忠告。

（1）敬业是前提：无论你现在或将来从事的职业是什么，最重要的是对自己的职位负责，包括严肃认真、勇挑重担、兢兢业业和恪守职责等。

（2）交际能力很重要：优秀的交际能力可大幅提高工作效率和成功概率。

（3）融洽的人际关系非常重要：融洽和谐的同事关系会使工作效率倍增。

（4）要善于观察和分析：不管周围环境或人生发生何种变化，都应该善于观察和分析，发现并抓住其中的各种机遇。

（5）灵活：未来时代的工作者可能需要经常转换职业角色，也就是说，你必须善于灵活地从一个角色迅速转换为另一个角色，才能更好地适应时代环境的变化。

（6）善于学习：在当今时代，你必须不断地学习并掌握新知识、新技能，如具备计算机文字处理能力、良好的打字能力，以及精通一门以上的外语等，这样才有更多机会获得成功。

（7）善于汲取有用的知识，摒弃各种错误观念：当你在考虑新领域、新问题时，观点一定要清晰，防止被错误的思维误导。

（8）要不断开拓进取，全面武装自己：一个复合型的社会不仅需要专业型人才，更需要通用型的复合人才。专业工作者需要借助专业知识及通用技能综合武装自己，在"低头拉车"的同时，也要多"抬头看路"，这样才能更好地适应即将到来的挑战和竞争。一般来说，以长远目光看问题，多掌握几种技能会更有前景和保障。

资料来源：涂雯雯，魏超. 大学生职业生涯规划 [M]. 北京：人民邮电出版社，2019.

（二）大学生职业生涯规划

职业生涯规划又叫职业生涯设计，简称生涯规划，是指个人对职业生涯和人生的发展进行的系统而持续的计划。职业生涯规划可表述为个人通过与外部环境结合，对职业环境等外在因素进行测定、分析和总结，再结合个人的兴趣、爱好、能力和个性等内在因素进行综合分析与权衡，然后根据个人的职业倾向和时代特点，确定最佳的职业定位和人生目标，并为实现这一目标做出行之有效的安排和规划。

对大学生而言，职业生涯规划就像是一座灯塔，为自己追求人生目标的道路指明了方向。大学生职业生涯规划的意义，可从以下角度来分析。

（1）职业生涯规划有助于大学生明确职业发展方向。大学生可以通过细致的职业生涯规划厘清自身职业生涯发展的方向，形成较明确的职业意向。

（2）职业生涯规划有助于大学生形成积极向上的人生观。从心理学上说，职业生涯规划代表着人"自我实现"的需求，是一种高层次的人生需要，大学生通过职业生涯规划确定自己的职业目标并积极追求职业目标有助于形成积极向上的人生观。

（3）职业生涯规划有助于促进大学生学习实践的自主性。有了明确的职业生涯目标后，大学生就有了明确的努力方向，进而激励大学生主动学习、积极提高自身能力，不断充实自我、完善自我。

（4）职业生涯规划有助于大学生取得职业成功。大学生通过职业生涯规划可以对自己的现状进行全面认识，并树立起职业目标，然后制订达成目标的规划。这使得大学生能够运用科学的方法、采取可行的步骤和措施，不断提高自己，一步步走向职业成功。

小故事——"亚洲飞人"苏炳添

32岁的苏炳添，在东京奥运会男子百米半决赛中跑出9秒83的成绩，创造了新的亚洲纪录，成为电子计时器时代首位晋级奥运会百米决赛的黄种人，被不少亚洲媒体誉为"亚洲之光"；第四次参加全运会终夺男子"百米飞人"大战首金，成为史上最高龄的全运会男子"百米飞人"；正式比赛第十次突破10秒大关，留下运动生涯"十全十美"的注脚。从2007年刚出道时的毛头小伙，到如今成为短跑界的"亚洲之光"，苏炳添创造的"中国速度"令人称奇。

　　苏炳添成为迄今为止第一个年过30岁仍处于全盛状态的中国短跑运动员。14年的职业生涯中，他在2009年和2019年两次遭受腰伤的困扰，2019年的伤势最为严重，当时国家田径队和教练都对他的职业前景感到悲观，而立之年的苏炳添遭遇了运动生涯的低潮。这一年，他饱受腰部肌肉伤病困扰，竞技成绩开始下滑，在全年共比了17场，除了室内赛拿到3个冠军，最看重的室外百米仅在瑞士赛夺冠，成绩为10秒34。毕竟已经30岁了，外界很多声音认为他的成绩很难再有突破，体育生涯也接近尽头。2021年第一次参加比赛时，外界也开始质疑，"500多天没有比赛，他还能跑出成绩吗？"面对诸多的质疑，他依然坚守自己的职业初心，坚持不懈地练习。"一分辛劳，一分收获"，正是他的这份努力，才使得那条"百米飞人"赛道上罕有地出现了黄皮肤。这不仅是中国人的胜利，更是亚洲人的胜利！苏炳添说："正是自己不忘初心，对田径事业的坚守和热爱，让我熬过了最艰难的时光，这也是到了32岁我依然能维持状态的关键。"

　　故事感悟： 只有不忘职业初心，方能成就生涯巅峰。

二、创业能力对创业者实现职业目标的重要意义

　　创业能力是指创业者发现或创造一个新的领域，致力于理解和创造新事物（新产品、新市场、新生产过程或原材料、组织现有技术的新方法）的能力。创业能力分为"硬件"和"软件"两种，其中"硬件"主要是指创业者拥有的人力、资金、物料、场地等资源，"软件"则是创业者个人的创业胜任力。

　　如今，创业已成为大学生职业生涯中的重要选择，很多大学生将创业成功作为自己的奋斗目标，而创业成功需要创业者具备足够的创业能力。因此，大学生在选择自主创业之前，应该进行创业实践训练，向成功的企业家学习，在实践中提高自己的组织管理能力、开拓创新能力、人际关系协调能力、决策能力，以及发现问题与解决问题的能力等，当自己的创业能力达到一定水平后再开展实际的创业活动，这样可以大大提高创业的成功率。

案例1-2 ——"90后"脸萌郭列的逆袭

　　你可能不知道郭列，但你一定在微信朋友圈见过众多好友不约而同地换上了风格一致的卡通头像。那些乍看一样呆萌，细看各有特点，甚至跟好友本人还有几分相似的头像，正是出自郭列团队开发的一款手机App——脸萌。用户可以从各种各样的卡通元素中选择脸型、五官、发型、衣物饰品等，拼凑出独一无二的卡通头像。

　　2014年6月，脸萌在没有推广的情况下，从苹果App Store数百万个应用中脱颖而出，登上了排行榜首位，一度单日新增用户超过500万人，可谓一夜爆红。在国内风靡一时后，脸萌海外版"Face Q"上线，半个月后，在英国、委内瑞拉、西班牙拿到了App Store排行榜第一；在最难打开的美国市场上紧跟在Facebook的Messenger应用之后，暂居第二；同时在美国、英国等多个国家登顶娱乐下载榜。

　　脸萌的成功让创始人郭列以创业新锐的身份进入公众视野。这个消瘦的年轻人中学时成绩并不理想，却在高三时努力拼搏，考上华中科技大学，实现逆袭。毕业后，他想做"最棒"的产品，所以进入了做互联网产品最好的公司之一——腾讯；最终他又选择离开腾讯去创业，目标是做有千万人、亿万人使用的产品。郭列所期待的创业就像《海贼王》一样，和小伙伴

一起实现理想的热血青春，但现实是，他耗光了所有积蓄做的第一个项目惨遭失败。直到后来脸萌的爆发式增长，才让郭列体会到梦想实现的快感。

郭列说："我觉得创业是世界上最美好的事情，可以跟小伙伴一起做热爱的事，实现一个又一个梦想。这个过程会让我觉得非常开心。实现梦想，就像爬山一样，爬山的过程会很艰苦，旁边也有很多的风景，爬到山顶之后看到的风景是最漂亮的，看完之后怎么办？这个时候需要下山，去爬另外一座山。所以创业是一个过程，不是结果。我们现在连自己玩脸萌的时间都已经越来越少了，它已经不能让我们兴奋了，我们希望做更好玩、更令人兴奋的事情。我把整个创业当作一个过程，无论成功还是失败，我们都非常享受这个过程，和一群人做一件不平凡的事。"

课堂思考与讨论

（1）郭列说创业是世界上最美好的事情，你是怎样看待创业的呢？

（2）郭列身上体现出了怎样的创业能力？这对他创业成功产生了什么作用？

三、大学生创业规划

对于立志于创业的大学生来说，职业生涯规划可以等同于创业规划。大学生在进行创业规划时可以按照客观认识自我、评估创业环境、设定创业目标、制订行动计划、评估与修订 5 个步骤进行。

（一）客观认识自我

"知人者智，自知者明；胜人者有力，自胜者强。"大学生要做好创业规划，首先要有科学的自我认知。自我认知是主观自我对客观自我的评价，是对个体自身的一些特质所进行的客观探索，认清自己的性格、能力、兴趣、需要、人生观和价值观等，弄清楚自己的优势和不足，明确"我是一个什么样的人？""我将来想做什么？""我能干什么？"等一系列问题。

自我认知能够影响大学生的创业目标、创业策略以及创业心理，是创业选择和发展的前提和基础。只有经过全面的自我分析，客观地认识自我，才能做到扬长避短，找准创业方向，给自己的创业生涯准确定位。

（二）评估创业环境

创业环境是指对于创业活动有影响的外部因素的总和，评估创业环境即是评估各种环境因素对创业活动的影响程度，具体内容包括环境的发展变化情况、企业与环境的关系、企业在环境中的地位以及环境对企业提出的要求等。只有充分地了解这些环境因素，大学生创业者才能在复杂的职业环境中避害趋利，使自己的创业规划具有实际意义。通常来说，创业环境评估涉及以下方面。

（1）现有哪些产业、哪些行业，当下哪些行业比较热门。

（2）准备进入的行业中各种资源（人才、原料、设备等）的供需关系如何。

（3）准备进入的行业中有哪些头部企业，他们的发展趋势如何，剩余的市场份额情况如何。

（4）准备进入的行业有哪些相关的法律法规、政策与行业标准。

（三）设定创业目标

设定创业目标是创业规划的核心环节。创业活动的成功与否很大程度上取决于大学生创业者有无正确、适当的目标。大学生的创业目标通常可以按时间维度和创业活动的进程来设定，通常近期的目标详细具体，而远期的目标简略。

（四）制订行动计划

行动是指落实目标的具体措施，主要包括工作、训练、教育、实践等方面活动的措施。创业规划需要依靠行动来实现，因此制订完备的行动计划就成了大学生创业规划中不可缺少的一环。行动计划应当具有针对性、明确性与可行性。

（五）评估与修订

影响创业规划的因素有很多，有的变化因素是可以预测的，而有的变化因素则难以预测。例如，10年的创业规划在实现过程中很容易遇到不可控的变化，在此情况下，要使创业规划行之有效，大学生就必须对创业规划进行评估与修订。一般修订的内容包括细分市场重新选择、企业经营目标的修正、实施措施与计划的变更等，但一切都应符合客观现实的需要。

实践训练

1. 创新思维训练

请同学们准备好纸和笔，在笔不离开纸的情况下，将图1-6所示的9个点，用4条直线连接起来。

图1-6　九点连线

2. 创业素质简评

以下每题都有4个选项：A. 经常；B. 有时；C. 很少；D. 从不。请根据自己的实际情况作答。

（1）在急需决策时，你是否会想"再让我考虑一下吧"？（　　）

（2）你是否为自己的优柔寡断找借口说"得慎重，怎能轻易下结论呢"？（　　）

（3）你是否为避免冒犯某个有实力的客户而有意回避一些关键性的问题，甚至有意迎合客户？

（　　）

（4）你是否无论遇到什么紧急任务都先处理日常的琐碎事务？（　　）

（5）你是否只会在承受巨大压力时才肯承担重任？（　　）

（6）面对妨碍你完成重要任务的干扰和危机，你是否无力抵御？（　　）

（7）你是否在决策重要的行动和计划时，常忽视其后果？（　　）

（8）当你认为自己做出的决策会招致普遍反对时，是否会找借口逃避？（　　）

（9）你是否总是在晚上休息时才发现今天有要紧的事没做？（　　）

（10）你是否因不愿接受艰巨的任务而寻找各种借口？（　　）

（11）你是否常来不及躲避或避免困难情形的出现？（　　）

（12）对于有可能得罪他人的决定，你是否总是拐弯抹角地宣布？（　　）

（13）对于自己不愿做而又不得不做的事，你是否常寄希望于别人替你做？（　　）

每道题目，选A得4分，选B得3分，选C得2分，选D得1分。总分越低，创业素质越高。总分在29分及以下，说明被测试者是一个高效率的决策者和管理者，有望成为成功的创业者。

课后练习

1．名词解释

创新　　创业　　创新思维　　创业精神　　创业胜任力

2．判断题

（1）创新就是创造新的具体事物。 　　　　　　　　　　　　　　　　　　（　　）

（2）创新的内容包括创新的主体、客体、过程、核心、结果与作用。 　　（　　）

（3）新颖性是创新性思维的直接体现和标志。 　　　　　　　　　　　　（　　）

（4）创业将有可能不会给创业者带来任何回报。 　　　　　　　　　　　（　　）

（5）在心理学层次上，创业精神表现为创业思想和创业观念，是人们创业的心理基础。（　　）

（6）早在古罗马时代，人们就提出了"创业胜任力"概念。 　　　　　　（　　）

（7）创业胜任力可以分为显性胜任力和隐性胜任力两部分，再细分为18个要素。（　　）

（8）创业胜任力测评中，各个测评要素所起到的作用是相同的。 　　　　（　　）

（9）内职业生涯的发展会带动外职业生涯的发展。 　　　　　　　　　　（　　）

（10）职业生涯规划是指个人对职业生涯和人生的发展进行的系统而持续的计划。（　　）

3．单选题

（1）以下关于创新含义的说法，错误的是（　　　）。

A．改变　　　　　　　B．更新　　　　　　C．突破　　　　　　D．创造新的事物

（2）创新的核心是指（　　　）。

A．创新活动的实施者　　　　　　　　　　B．创新活动指向的对象

C．创新思维　　　　　　　　　　　　　　D．新设备、新材料

（3）下列不属于创新思维形式的是（　　　）。

A．跳脱思维　　　　　B．逻辑思维　　　　　C．联想思维　　　　D．求同思维

（4）下列关于创业的说法正确的是（　　　）。

A．创业是一个复杂的改良过程　　　　　　B．创业只要求大量时间投入

C．创业要承担必然的风险　　　　　　　　D．创业只给创业者带来物质回报

（5）创业精神的表现不包括（　　　）。

A．理想主义情怀　　　　　　　　　　　　B．全身心投入创业活动的热忱

C．坚定的信念和坚持不懈的精神　　　　　D．敢为人先的冒险精神

（6）下列关于胜任力的说法，错误的是（　　　）。

A．戴维·麦克利兰认为"胜任力是能够区分特定工作岗位绩效优异者与一般者的个人特征"

B．胜任力可以理解为在一个组织中绩效优异的成员所具备的，能够胜任工作要求的个体综合特质

C．创业胜任力被部分学者定义为"识别、预见并利用机会的能力"

D．创业胜任力仅包括创业者的动机、自我形象、社会角色、价值观等潜在特质

（7）下列关于胜任力构成模型的说法中，正确的是（　　　）。

A．冰山模型将胜任力分为了显性能力和隐性能力两个部分

B．冰山模型认为显性能力真正决定着主体在工作中的表现

C．洋葱模型中，最外层的能力最难以评价和习得

D．洋葱模型中，最核心的因素是个性与价值观

（8）创业胜任力测评的各个项目中，权重最高的是（　　　）。

A. 创业知识胜任力   B. 创业技能胜任力

C. 内在心理素质   D. 深层次能力素质

（9）下列关于创业胜任力培养的方式中，错误的是（　　　）。

A. 树立正确的创业观，培养创新创业品质

B. 优化自身知识结构，提升创业知识胜任力

C. 积累社会实践经验，提升创业技能胜任力

D. 提高风险事件处理能力

（10）正确的大学生创业规划步骤是（　　　）。

A. 客观认识自我→评估创业环境→设定创业目标→制订行动计划→开展创业行动

B. 客观认识自我→评估创业环境→设定创业目标→制订行动计划→评估与修订

C. 评估创业环境→设定创业目标→制订创业计划→开展创业行动→评估与修订

D. 客观认识自我→评估创业环境→开展创业调研→制订创业计划→评估与修订

4. 多选题

（1）逆向思维的类型包括（　　　）。

A. 结构逆向思维   B. 功能逆向思维

C. 状态逆向思维   D. 因果逆向思维

（2）大学生培养创新能力的方式包括（　　　）。

A. 提高应对困难的能力   B. 提高发现问题的能力

C. 提高信息处理的能力   D. 掌握灵活变通的能力

（3）关于创新思维，下列说法错误的是（　　　）。

A. 逻辑思维的基本单元是概念，基本思维方法是抽象，基本表达工具是语言和符号

B. 形象思维是以直观形象和表象为支柱的思维过程，只有经过专门训练才能够掌握

C. 发散性的思维活动不受任何限制和禁锢，可以提出大量可供选择的方法、方案或建议，也可以提出一些别出心裁、出乎意料的见解

D. 在复杂的情况下，人脑可以在众多的选择中直接选择出最优选项，这就是"直觉"

（4）大学生职业生涯规划的意义包括（　　　）。

A. 职业生涯规划有助于大学生明确职业发展方向

B. 职业生涯规划有助于大学生形成积极向上的人生观

C. 职业生涯规划有助于促进大学生学习实践的自主性

D. 职业生涯规划有助于大学生取得职业成功

（5）外职业生涯和内职业生涯的关系是（　　　）。

A. 外职业生涯是内职业生涯发展的前提

B. 内职业生涯的发展会带动外职业生涯的发展，外职业生涯的发展也会促进内职业生涯的发展

C. 外职业生涯的发展以内职业生涯的发展或成果来展示

D. 内职业生涯的匮乏以外职业生涯的停滞或失败呈现

CHAPTER 02

项目二
把握创业扶持政策

学习目标

- 熟悉国家及地方鼓励大学生自主创业的扶持政策。
- 熟悉大学生创业支持平台。
- 熟悉大学生创业的资金支持政策及渠道。

学习重点与难点

- 大学生创业扶持政策。
- 大学生创业支持平台。
- 大学生资金支持渠道。

任务一
大学生创业政策保障

▶▶▶【名人名言】

创业型就业是美国就业政策成功的核心，鼓励创业是带动就业增长的主要措施。

——彼得·德鲁克

一、国家鼓励大学生自主创业的扶持政策

2015年《政府工作报告》提出要将"大众创业、万众创新"作为推动国家经济增长的"双引擎"之一。"大众创业、万众创新"，即将创新创业从少数"精英"推向普通民众，充分动员各地民众参与创新创业活动。为了解放市场主体的创造力，充分激发市场活力，政府推出了一系列创业扶持政策。对于大学生而言，主要的创业扶持政策有以下几项。

（一）创业担保贷款

2015年，《国务院关于进一步做好新形势下就业创业工作的意见》指出，将小额担保贷款调整为创业担保贷款，针对有创业要求、具备一定创业条件但缺乏创业资金的就业重点群体和困难人员，提高其金融服务可获得性；同时，鼓励金融机构参照贷款基础利率，结合风险分担情况，合理确定贷款利率水平，对个人发放的创业担保贷款由财政在一定范围内给予贴息。

（二）整合发展就业创业基金

整合发展高校毕业生就业创业基金，完善管理体制和市场化运行机制，实现基金滚动使用，为高校毕业生就业创业提供支持。

（三）税收减免

截至2021年6月，我国针对创新创业的主要环节和关键领域陆续推出了102项税费优惠政策措施，覆盖企业整个生命周期。对于大学生创业者而言，在企业初创期可以享受的税收优惠主要包括小微企业税费优惠、重点群体（高校毕业生、失业人员、退役士兵、军转干部、随军家属、残疾人、回国服务的在外留学人员、长期来华定居专家等）创业就业税费优惠、创业投资税收优惠、金融支持税收优惠等。在企业成长期，还可以享受研发费用加计扣除政策、固定资产加速折旧政策、进口科研技术装备用品税收优惠、科技成果转化税收优惠等。同时，政府着手全面清理涉企行政事业性收费、政府性基金、具有强制垄断性的经营服务性收费、行业协会商会涉企收费，落实涉企收费清单管理制度和创业负担举报反馈机制。

（四）创业就业平台税收优惠

落实科技企业孵化器、大学科技园的税收扶持政策，对符合条件的众创空间等新型孵化机构适用科技企业孵化器税收扶持政策，对包括科技企业孵化器、众创空间、大学科技园等机构免征增值税、房产税、城镇土地使用税。有条件的地方可对众创空间的房租、宽带网络、公共软件等给予适当补贴。

（五）优先转移科技成果

鼓励利用财政性资金设立的科研机构、普通高校、职业院校，通过合作实施、转让、许可和投资等方式，向高校毕业生创设的小微企业优先转移科技成果。

（六）支持举办创新创业活动

支持举办创业训练营、创新创业大赛、创新成果和创业项目展示推介等活动，搭建创业者交流平台，培育创业文化，营造鼓励创业、宽容失败的良好社会氛围，让大众创业、万众创新蔚然成风。

（七）大力加强创新创业教育

把创新创业课程纳入国民教育体系。从完善人才培养质量标准、创新人才培养机制、健全创新创业教育课程体系、改革教学方法和考核方式、强化创新创业实践、改革教学和学籍管理制度、加

强教师创新创业教育教学能力建设、改进学生创业指导服务、完善创新创业资金支持和政策保障体系 9 个方面促进大学生创新创业。

二、地方鼓励大学生自主创业的扶持政策

地方各级人民政府积极出台了多项大学生自主创业扶持政策。以南京市为例，南京市人民政府推出了"紫金山英才宁聚计划"。《紫金山英才宁聚计划青年大学生就业创业项目实施细则》（宁人社〔2021〕34 号）中涉及大学生创业的相关措施如下。

（一）设立服务专区

在各区人社服务大厅设立青年大学生就业创业服务专区，使用全市统一品牌标识（"宁聚计划"标识），开辟专窗、配备专员，提供"一站式"就业创业政策业务办理和咨询服务。

（二）支持激励自主创业

毕业年度内高校毕业生从事个体经营的，自办理工商登记起，3 年内可按每年 1.44 万元限额依次扣减相关税费。对来自城乡低保家庭等 6 类困难群体的高校毕业生，毕业学年可申请 1 500 元 / 人的一次性求职创业补贴及对应就业指导和创业帮扶。对符合条件的毕业两年内灵活就业高校毕业生，按照南京市公布的当期最低缴费基数缴纳社会保险费金额的 2/3 给予补贴，实际缴纳社会保险费超出最低缴费基数的金额再按照 1/2 给予补贴。

（三）加大创业扶持力度

青年大学生在南京市实现首次创业，领取营业执照后，给予 2 000 元的一次性开业补贴；正常经营纳税 6 个月以上的，再给予 4 000 元的一次性创业成功奖励；吸纳南京市户籍失业人员就业，签订 1 年以上劳动合同并缴纳社会保险的，按吸纳就业人数给予 2 000 元 / 人的一次性带动就业补贴；对在市场监管部门首次注册登记起 3 年内的创业者，企业注销后登记失业并以个人身份缴纳社会保险费 6 个月以上的，按照其纳税总额的 50%、最高 1 万元的标准给予一次性补贴用于个人缴纳社会保险费。

（四）提供创业场地扶持

符合条件的青年大学生初创企业，入驻政府举办或认定创业载体的，可提供 30 平方米免费场地或给予场租补贴；在创业载体外租用经营场地创业的，给予最高 800 元 / 月的场租补贴；利用自有房产创业的，给予 300 元 / 月的基本运营综合补贴，最长可享受 3 年。所需经费由创业实体纳税所在区负责。对创业服务功能强、创业孵化企业多、孵化成功率高、带动就业明显的大学生创业载体，经评审后给予最高 20 万元的一次性奖励。各区提供"零成本"大学生创业专用场地保障。

（五）拓宽创业融资渠道

将创业担保绿色通道范围覆盖南京市高校和省级大创园，符合规定经授权的免除反担保要求。初创项目 5 年内获得风险投资的，可按单个项目融资总额的 10%、最高 30 万元给予配套支持。加大对优秀大学生创业项目的遴选资助，在 10 万～ 50 万元的范围内给予相应等次资助。对已资助项目中发展前景好的可给予最高 300 万元接力投资，助力其快速发展。对获得国家、省级创业大赛奖项并落地南京市发展的，按赛事层级及获得奖项给予相应项目资助。获市级及以上创业赛事奖项的可取消反担保手续。

（六）给予贷款贴息补贴

小微企业当年新招用符合创业担保贷款申请条件的人员数量达到企业现有在职职工人数 15%（超过 100 人的企业达到 8%）并与其签订 1 年以上劳动合同的，可在 300 万元贷款额度内申请贷款贴息。

（七）发放住房租赁补贴

符合申领条件的博士、硕士、学士按每人每月2 000元、800元、600元享受最长36个月的住房租赁补贴。扩大人才购房服务面，将《2020年南京市人才购买商品住房办法（试行）》中相关企业"取得硕士学位人才"申购政策延伸至该类别的本科毕业生同等享受。

（八）简化创业手续

高校毕业生以科研院所、高等院校、产业园区、创业孵化基地等集中经营场所注册登记的，免提交租赁协议、房产证明，实行住所（经营场所）信息申报制。开辟高校毕业生创业注册登记绿色通道，开办企业线下申请"一窗式"服务，当日办结。高校毕业生创办企业有融资需求的，免费提供知识产权质押融资全流程服务。

（九）完善线上服务

进一步优化"我的南京"App大学生服务专区功能，全面梳理各项政策事项，拓展功能、简化流程、提升服务，为青年大学生就业创业提供"一站式"线上服务。

（十）营造良好环境

积极开展"宁聚汇"创业沙龙和高校硕博人才"宁聚行"，组织在南京市高校师生积极参与"赢在南京"系列创新创业活动，持续打造青年大学生创业大赛品牌。

大学生是"大众创业、万众创新"的生力军，支持大学生创新创业具有重要意义。近年来，越来越多的大学生投身创新创业实践，但也面临融资难、经验少、服务不到位等问题。为提升大学生创新创业能力、增强创新活力，进一步支持大学生创新创业，国家和地方都出台了一系列的指导意见或扶持政策。

《国务院办公厅关于进一步支持大学生创新创业的指导意见》（国发办〔2021〕35号）

《江苏省大学生创业优惠政策》

《南京市创业政策申报指南》（2021版）

任务二

大学生创业支持平台

▶▶▶【名人名言】

推动大学组织结构创新，激发高校创新创业活力意义重大、影响深远。要精准把握高等教育发展大势，进一步发挥众创空间和创新创业学院的育人功能，推动国家的高等教育创新。

——吴爱华（教育部高校学生司副司长）

各级政府部门、社会团体及高校等都为大学生创业者提供了各式各样的支持平台，下面对部分主要平台分别进行介绍。

一、全国大学生创业服务网

全国大学生创业服务网是教育部唯一专门宣传、鼓励、引导、帮助大学生创业的官方网站，致力于打造"互联网+"大赛支持、创业项目对接、创业培训实训、政策典型宣传、创业专业咨询五大功能的大学生创业服务平台。图2-1所示为全国大学生创业服务网主页。

大学生可以在全国大学生创业服务网中报名参加"互联网+"大学生创新创业大赛，也可以便捷地在该网站中寻找融资或投资项目，还能够浏览创业孵化方面的信息，申请入驻创业园区或参与园区活动。

图 2-1 全国大学生创业服务网主页

二、地方大学生创新创业服务平台

地方大学生创新创业服务平台（以下简称"双创平台"）是地方各级人民政府为支持大学生创业、推动大学生创新创业活动而设立的综合性、集成式服务平台。我国各个省、市级行政单位基本都设立了服务本地大学生创业者的"双创"平台。以江苏省南京市为例，大学生可以选择的平台有江苏省大学生创新创业训练计划平台和紫金山英才网。

（一）江苏省大学生创新创业训练计划平台

江苏省大学生创新创业训练计划平台由江苏省教育厅高教处主办，早在2012年便已投入使用，是江苏省"创新创业训练计划"的重要平台。大学生可以在该平台申报创新创业训练计划项目，查询历年项目，查看通知公告与政策文件等。江苏省大学生创新创业训练计划平台主页如图2-2所示。

图 2-2 江苏省大学生创新创业训练计划平台主页

（二）紫金山英才网

紫金山英才网是南京市委组织部主办的大学生"双创"平台,拥有新闻资讯、创业政策、成果对接、创业辅导、创业先锋等板块。大学生创业者还可以在紫金山英才网申报高峰计划、高层次创新创业人才项目、创新型企业家项目、中青年拔尖人才项目。紫金山英才网主页如图2-3所示。

图2-3 紫金山英才网主页

👁 **案例2-1——周全的"黑科技"**

周全毕业于东南大学,因为想做出一番事业,他在实习期间就开始寻找南京各大高校的"极客",建立了南京达斯琪数字科技有限公司。公司的主要研究方向是一种"黑科技"——"全息3D智能炫屏"。

市面上有一款手持式小电扇,叶片转动后会显示一行字。"全息3D智能炫屏"的原理和这种小电扇类似,但是研发难度非常高。旋转过程中,由于每个LED灯距离轴心的位置都不同,速度差别很大,为了肉眼看起来画面统一,每一个LED都有独自的算法系统。周全团队基本每天都要工作14个小时以上进行硬件研发,付出了大量的时间和金钱,项目却没有什么进展。幸好在创业起始阶段,周全的项目就入选了市、区级人才计划,市、区两级组织部门也给予他很大的帮助,如协调解决其公司在发展中遇到的资金、研发场地等困难,玄武区相关部门对周全公司的发展倾注了很大的精力,甚至派遣专人对接助力企业发展。

在政府相关部门的支持下,周全团队最终完成了艰苦的技术攻关。2017年,公司以具有高分辨率的第二代产品参加国际消费类电子产品展览会,结果一鸣惊人,迅速打开了市场。在2020年"才汇金陵、共创未来"人才云聘云创活动上,作为优秀企业代表,周全的公司获得了接力投资。

课堂思考与讨论

在周全的创业路上,政府扶持政策和"双创"平台各发挥了哪些作用?

三、众创空间

众创空间即创新型孵化器,是通过市场化机制、专业化服务和资本化途径构建的低成本、便利化、全要素、开放式的新型创业公共服务平台的统称。众创空间与孵化器不同,但也有相似之处。两者不同之处主要体现在两个方面。从孵育对象来看,众创空间重点培育还未成立公司的创客团队,而孵化器则不然,它更加侧重于发展一些已具规模、有一定创新能力的企业或团队。众创空间是孵化器的前端。从孵化场地来看,众创空间的面积往往不具优势,通常最多只有孵化器面积的一半。众创空间与孵化器的相似之处是:众创空间与孵化器都可以满足创业者的场地需求,并提供金融对接服务和法律、财务问题咨询服务等。

从国内各地"双创"载体的建设情况来看,众创空间主要依托国家自主创新示范区、国家高新区、大学科技园、科技企业孵化器及高校、科研院所而成立，建设目的就是通过对社会资源的有效整合和资源共享、对机制管理制度的不断完善，实现对经济社会自主创新的低投入成本、便利化、要素化的供给和市场需求的最大化的满足。

2020 年 4 月 16 日，科技部确定 498 家众创空间为国家备案众创空间，其中位于江苏省的有太湖国际人才港、创芯 SPACE、创星咖啡、常熟小样青年社区、西太湖创客工寓、慧创空间（常州）、清研创业谷、金顾山创客汇等。国内其他规模较大的众创空间有中国高校众创空间联盟、腾讯众创空间等。省级及以下各级政府也纷纷出台政策，加大对各级众创空间的认定考核等系列培育扶持工作，为众创空间的发展提供良好环境。

高校是培养创新创业人才的重要平台，在大学生创新创业活动中也能够发挥重要作用。学校对大学生创业的支持主要体现在建设大学生创新创业素质教育平台以及建设高校创新创业实训基地和产业园两方面。

四、学生创新创业素质教育平台

构建"双创"教育载体对培养创新型人才有十分重要的作用。到 2021 年，各高校为支持和推动大学生创新创业，基本都建立了本校的"双创"素质教育管理平台或创新创业学院，如云南师范大学创业服务平台（其主页见图 2-4）、南京大学国际创新创业学院（其主页见图 2-5）等。

图 2-4 云南师范大学创业服务平台主页

图 2-5 南京大学国际创新创业学院主页

五、高校创新创业实训基地和产业园

为了给青年学子搭建优质的服务平台和良好的创业环境，提高大学生创业的水平和层次，提升大学生创新创业能力，各高校纷纷建立大学生创新创业实训基地和产业园，如南京大学的国家"双创"示范基地、浙江师范大学的智慧儿童教育创新创业园等。

拓展阅读

　　为深化高等教育综合改革，激发大学生的创造力，培养创新创业人才，以创新引领创业、创业带动就业，推动高校毕业生高质量创业就业，各级政府部门、社会团体及高校都组织了不同类型的创业大赛。

大学生创新创业
大赛简介

任务三
大学生创业资金支持

▶▶【名人名言】

钱不是目标，不是结果，也不是消费品，而是成就事业的工具。

——周成建（休闲服饰品牌"美特斯邦威"创始人）

一、大学生创业基金

　　创业活动离不开资金，很多大学生在创业初期遭遇过资金上的困窘。大学生创业基金即专门为大学生创业活动提供资金的基金。我国的大学生创业基金大多具有公益性质，不要求投资回报，大学生创业者可以通过申请基金募集创业活动所需要的资金。

　　很多省市和高校设立了大学生创新创业基金，如上海市大学生科技创业基金、大学生科技创业平行基金（南京农业大学与南京紫金科技创投共同设立）等。下面具体介绍上海市大学生科技创业基金。

　　上海市大学生科技创业基金会成立于 2006 年 8 月，是由上海市人民政府发起的国内首家传播创业文化、支持创业实践的公益机构。该创业基金会以培育创业环境、播撒创业种子、激发创业力量为使命，联合社会各界开展创业倡导、创业教育、创业资助等业务，迄今已覆盖复旦大学、上海交通大学、同济大学等高校，形成了全方位支持创业实践、培养创业人才、传播创业文化的工作网络。

　　上海市大学生科技创业基金（以下简称"天使基金"）是专注于扶持大学生青年创新创业的公益基金。"天使基金"主要有两种资助方式：雏鹰计划（最高 50 万元债权，免息免抵押创业贷款）和雄鹰计划（最高 80 万元股权，不分红，原价退出）。截至 2021 年 1 月底，"天使基金"累计受理创业项目申请 11 267 个，资助项目 3 141 个，带动就业超过 3 万人；越来越多有梦想、有激情、有准备、有能力的青年创业者在"天使基金"的陪伴下起航、成长，优秀创业企业不断涌现。

二、投融资平台的资金支持

　　虽然大学生创业基金具有公益性质，不需要大学生创业者承担利息等额外成本，但是资助的项目有限，且对单个项目的资助金额也不高。如果资金缺口较大，大学生需要从其他渠道获取资金支持。相比于个人寻找投资人，依靠投融资平台募集资金是一个可行性较大、成功率较高的方法。

（一）全国大学生创业服务网投融资平台

全国大学生创业服务网投融资平台为大学生提供了全行业、全区域、多轮次的创业资金。大学生创业者可以在全国大学生创业服务网的"投融资"页面根据投资领域、主投轮次和所在地区寻找投资人与投资机构。图 2-6 所示为全国大学生创业服务网投融资平台页面。

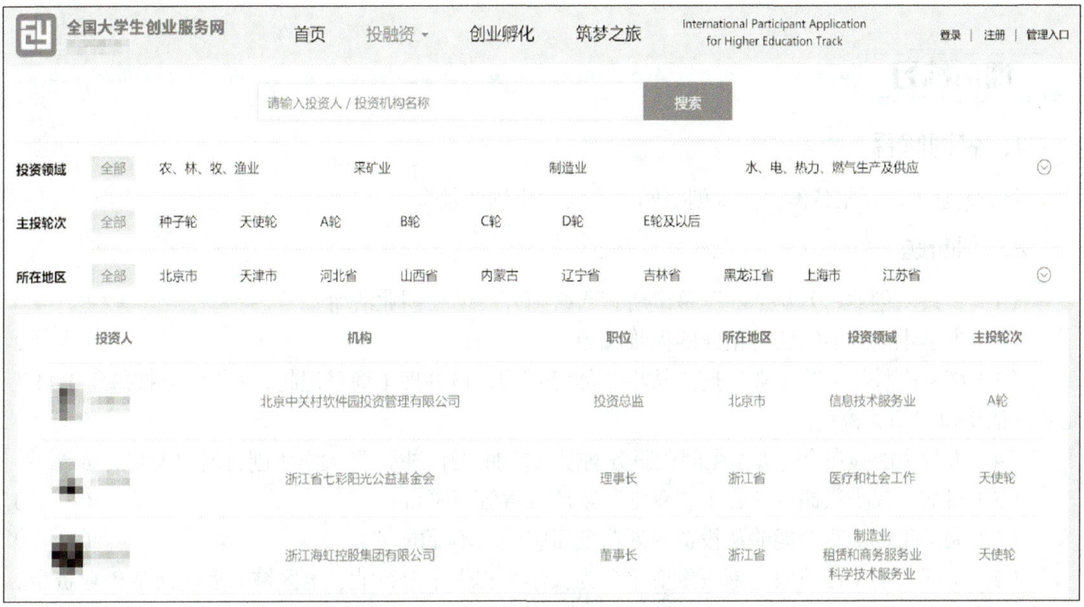

图 2-6　全国大学生创业服务网投融资平台页面

（二）招商银行"千鹰展翼"计划

2010 年，招商银行推出针对创新成长型中小企业专属的"千鹰展翼"计划。所谓"千鹰展翼"，是指招商银行每年发掘数千家具有成长空间、市场前景广阔、技术含量高的成长型企业，通过推出"创新型成长企业综合金融服务方案"，从创新信贷政策、创新融资产品、创新私募股权合作等 9 个方面，培育和扶植这些企业逐渐积累在品牌、专利、团队、服务、商业模式等方面的优势，并提供以投贷联动、股债结合为特色的综合化金融服务，培育企业快速成长并加快登陆资本市场，成为中小企业"雄鹰"。

参与招商银行"千鹰展翼"计划的企业有近 30 000 家，共获得招商银行超过 3 000 亿元的贷款支持。在库客户达 20 300 家，其中，国家级高新技术企业 8 100 家，IPO 排队企业 180 家，新三板企业 3 840 家，PE/VC 已投企业超过 4 000 家；有 4 000 家企业获得授信，授信总额超过 1 500 亿元。

2011 年至 2021 年，"千鹰展翼"计划累计扶持 400 余家企业在境内外成功上市，其中境内主板 97 家、中小板 98 家、创业板 199 家，合作覆盖率超过 1/3。

实践训练

1. 搜集创新创业政策

请搜集国家、当地、本校、生源地的创新创业相关政策，并在班级上分享，将相关政策整理为本班级的"创新创业政策库"。搜集全国性创新创业政策时，可以选择以下途径。

（1）中国政府网"国务院政策文件库"。

（2）国家创新创业政策信息服务网。

2. 整理创新创业支持项目

你所在的学校是否对大学生创业活动提供了支持？提供了哪些支持？访问学校官方网站、校内平台，或者采访高年级学生、教师和其他工作人员，整理出学校对于大学生创新创业的支持项目。

课后练习

1. 名词解释

全国大学生创业服务网　　众创空间　　大学生创业基金

2. 判断题

（1）"大众创业、万众创新"是说所有人必须开展创新创业活动。　　　　　　　（　　）

（2）大学生创业能够获得相应的税收减免。　　　　　　　　　　　　　　　（　　）

（3）南京高校毕业生毕业年度内从事个体经营的，自办理工商登记起，3年内可按每年1.44万元限额依次扣减相关税费。　　　　　　　　　　　　　　　　　　　　　　　　　（　　）

（4）大学生能够在全国大学生创业服务网报名参加"互联网+"大学生创新创业大赛。（　　）

（5）目前，仅少数高校建立了"双创"素质教育管理平台。　　　　　　　　　（　　）

（6）大学生创业基金能够从投资的创业项目中获取不菲的回报。　　　　　　　（　　）

（7）全国大学生创业服务网投融资平台为大学生提供了全行业、全区域、多轮次的创业资金。
　　　　　　　　　　　　　　　　　　　　　　　　　　　　　　　　　　　　　（　　）

（8）申请创业担保贷款一般支付的利息较高。　　　　　　　　　　　　　　　（　　）

（9）国家针对大学生创业的税收减免支持政策就是指创业初期不用交税。　　　（　　）

（10）孵化器是众创空间的前端。　　　　　　　　　　　　　　　　　　　　（　　）

3. 单选题

（1）对于大学生而言，国家级的创业扶持政策包括（　　）。

A. 拓宽创业融资渠道　　　　　　　　　　B. 创业担保贷款

C. 支持激励自主创业　　　　　　　　　　D. 提供创业场地扶持

（2）《紫金山英才宁聚计划青年大学生就业创业项目实施细则》中涉及大学生创业的相关措施不包括（　　）。

A. 取消创业手续　　　　　　　　　　　　B. 拓宽创业融资渠道

C. 给予贷款贴息补贴　　　　　　　　　　D. 发放住房租赁补贴

（3）大学生不能够通过全国大学生创业服务网（　　）。

A. 报名参加"互联网+"大学生创新创业大赛

B. 寻找融资或投资项目

C. 申请入驻创业园区或参与园区活动

D. 申请大学生创业贷款

（4）下列关于投融资平台的说法，错误的是（　　）。

A. 大学生创业者可以在全国大学生创业服务网的"投融资"页面寻找投资人与投资机构

B. 全国大学生创业服务网投融资平台提供了全行业、全区域、多轮次的创业资金

C. 招商银行"千鹰展翼"计划能够培育企业快速成长

D. 招商银行"千鹰展翼"计划为企业提供纯债务融资

（5）下列关于众创空间的说法，错误的是（　　　）。

A. 从孵育对象来看，众创空间重点培育还未成立公司的创客团队，而孵化器则不然，它更加侧重于发展一些已具规模、有一定创新能力的企业或团队

B. 从孵化场地来看，众创空间的面积往往不具优势，通常最多只有孵化器面积的一半

C. 众创空间是孵化器的前端

D. 孵化器是众创空间的前端

（6）下列关于大学生创业资金的表述，错误的是（　　　）。

A. 大学生创业基金具有公益性质

B. 大学生创业者申请大学生创业基金一般不需要承担利息等额外成本

C. 大学生创业基金资助的项目有限，且对单个项目的资助金额也高

D. 相比于个人寻找投资人，依靠投融资平台募集资金是一个可行性较大、成功率较高的方法

4. 多选题

（1）大学生创业者在企业初创期可以享受的税收优惠主要包括（　　　）。

A. 小微企业税费优惠　　　　　　　　　B. 重点群体创业就业税费优惠

C. 创业投资税收优惠　　　　　　　　　D. 金融支持税收优惠

（2）江苏南京大学生可以选择的创业支持平台包括（　　　）。

A. 智慧创业——江苏省大学生创新创业基地管理服务平台

B. 紫金山英才网

C. 江苏省大学生创新创业训练计划平台

D. 南京师范大学创业服务平台

（3）下列关于众创空间与孵化器的比较，正确的是（　　　）。

A. 从孵育对象来看，众创空间重点培育还未成立公司的创客团队，而孵化器则不然，它更加侧重于发展一些已具规模、有一定创新能力的企业或团队

B. 从孵化场地来看，众创空间的面积往往不具优势，通常最多只有孵化器面积的一半

C. 众创空间是孵化器的前端

D. 众创空间与孵化器都可以满足创业者的场地需求，并提供金融对接服务和法律、财务问题咨询服务

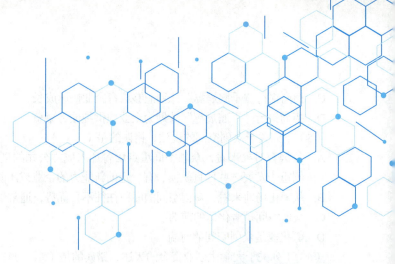

寻找创业机会和创业项目

 学习目标

- 了解创业机会的特征与来源。
- 掌握创业机会识别与评估的方法。
- 掌握选择创业项目的思路与方法。
- 能够客观评估自身能力，发挥所长，挖掘创业机会。

学习重点与难点

- 创业机会的特征和识别方法。
- 创业机会的评估及创业项目的选择。

任务一

创业机会概述

▶▶▶【名人名言】

我极少能看到机会，往往在我看到机会的时候，它已经不再是机会了。

——马克·吐温（Mark Twain，美国作家、演说家）

一、创意与创业机会

很多成功企业家的事业起于一个绝妙的创意。例如，拉尔夫·贝尔觉得看电视很无聊，于是决定增强电视机的娱乐性和互动性，最终发明了世界上第一台家用游戏机，引领了一个产业的发展。可见，创意为创业者提供了成功创业的机会，是创业者实现创业目标的重要因素。

（一）创意

创意是具有新颖性和创造性的想法，是一种能够让用户产生共鸣的独特思路，可以通俗地理解为人们平常所说的"点子""主意""想法"，也可扩展为"策划""设计""科学研究""技术开发"等。

（二）创业机会

很多企业家在创业伊始把握住了"创业机会"，从而获得巨大成功。例如，比尔·盖茨赶上了信息化的潮流，率先占据了操作系统市场。可以说，每一次成功的创业活动都是一个或多个创业机会的具体实现。

关于创业机会，学界主要从机会的产出、机会的来源两个角度进行定义。从机会的产出角度来看，英国雷丁大学经济学教授马克·卡森（Mark Casson）提出，创业机会是"在新的生产方式、新的产出或新的生产方式与产出之间的关系形成过程中，引进新的产品、服务、原材料和组织方式，得到比生产成本更有价值的情形"。奥地利经济学派的伊斯雷尔·M．柯兹纳（Israel M．Kirzner）则提出"（机会的最初状态是）未精确定义的市场需求，或未得到利用或充分利用的资源和能力"。从机会的来源角度来看，创业机会被定义为一种情境，指社会经济、政治、技术等环境发生了变化，使新的产品、服务、原材料和组织方式能够以创新的方式重新整合。

站在创业者个体的角度看，创业机会是指创业者能够通过投入和组织资源来获取价值的有利情况。创业的过程可以视作创业者识别创业机会，然后按照创业机会来匹配相应的资源，实现创业机会并最终获取收益的过程。

（三）创意与创业机会的关系

创意是开展创业活动的前提条件，是创业者关于创业的初步设想。创业机会在最开始往往表现为针对某项新业务而产生的创意，即创业机会来源于创意。但并不是任何创意都等于创业机会，只有具有可行性和商业价值的创意才能带来好的创业机会。因此，大学生创业者不能盲目地追求实现自己的创意，哪怕创意本身十分优秀。

↟ 小故事——铱星的破产

一天，摩托罗拉的一位工程师与妻子在海边度假，他的妻子抱怨无法用手机联系朋友（海边没有信号基站）。工程师灵光一闪，想到如果在太空近地轨道发射足够多的通信卫星，那么地球上所有地方都能够用手机联系了。很快，他的想法被摩托罗拉落实。摩托罗拉打算发射 66 颗卫星，使信号可以覆盖全球，这就是铱星计划。铱星计划无疑是一个天才的创想，一经发布便引发了广泛的社会关注。

1998 年 5 月，铱星计划布星任务全部完成。11 月 1 日，摩托罗拉正式将铱星系统投入使用。然而，由于价格不菲，铱星系统在市场上遭受冷遇，用户最多时才 5.5 万人。同时，其信号不稳定、设备笨重的劣势也——显现，加之地面移动通信的高速发展带来的冲击，人们很快抛弃了铱星。最终，铱星计划彻底失败。

故事感悟：铱星计划是一个空前的创新构想，但是由于其脱离了市场，无法实现盈利，最终只能走向失败。由此可见，好的创意未必是好的创业机会。

二、创业机会的特征

通俗地说，创业机会是指创业市场中以各种形式存在的，有吸引力、适宜，且可以持续创造经济价值的特殊商业机会。相对于其他的商业机会，创业机会具有以下4个特征。

（1）隐蔽性。创业机会出现在每个人面前但不会被大众所感知，隐蔽性正是其价值所在。如果一个非常优秀的创业机会被大众普遍认识，那么其潜在的利润空间就会被压缩得很低，其价值就会被削减。

（2）偶然性。虽然创业机会的出现是市场、需求、技术等因素相互作用的必然产物，并且普遍存在于生活中，但是对于创业者而言，发现创业机会往往不是刻意追寻的结果，而是偶然的灵光一现。

（3）时限性。创业机会不是一个常态的、确切的存在，而是随时变化的。市场、技术、需求等因素的变化会不断产生新的创业机会、湮灭旧的创业机会。只有在特定时限内抓住创业机会才能产生效益。

（4）可开发性。创业机会的价值不是立即可变现的，而是需要创业者通过创业活动来开发的，如果不具备可开发性，那么再大价值的创业机会也不过是一条商业信息罢了。创业机会的开发需要许多条件，如创业者所面对的创业环境和其所能整合的资源。同时，创业机会也并非一成不变，而是需要依赖创业者的开发不断产出新的潜在价值。

👁 案例3-1——方便面的"传奇"

日本人十分喜爱拉面，为了能吃到一碗热拉面，他们宁愿在饭馆前排成一条长龙。安藤百福注意到了这个现象，他想："做面条太费时间，为什么不可以让它更简便呢？那样人们就不用排队了。"产生了这样的想法后，安藤百福马上开始试制方便面。他在开发之际设定了5个条件：①必须简便；②必须可口、有营养；③必须能在常温下长期存放；④必须卫生；⑤必须廉价。

安藤百福买了一台轧面机，开始了试制工作。他很快遇到困境，轧面机轧出的不是一根根面条，而是像泡沫般的团块。经过反复试验，他弄清了原因：面粉中的蛋白质遇到盐分后失去了黏性。于是他先制作普通的面条，将面条蒸熟后再浸到酱汤里过一下，使面条带上咸味；接下来就是如何将面条烘干，以便长期保存。最初，他采取原始的利用太阳光晒干面条的办法，但这太费时间且需手工操作，不适于工厂化的大规模生产。他试用过油的办法，效果良好。油炸后，水分立即蒸发，面条上出现许多细孔，使得面条在被热水浸泡时吸水更多，很快变松软，而且过油的面条更富有弹性，味道极好。第一批方便面"鸡肉方便面"于1958年8月上市销售。

正如安藤百福所预想的那样，"鸡肉方便面"立即引起轰动，很快销售一空，仅1959年4月就售出了1 300万包。这引得日本其他干面条制造商也加入方便面行业的竞争。1960年1月，干面条制造商奥井清澄用外添调料袋的办法制造出食客可以随心所欲调味的方便面，挤入了这一新兴的市场。不久后，消费者开始青睐外添调料袋的方便面，因为它能适应众多消费者对味道浓淡的不同需要。然而，大批量生产外添调料是一个难题，东京一家食品公司攻克了这一难题。1962年开始，他们利用制造速溶咖啡的喷雾干燥法制作调料粉末，获得了非常理想的效果。从此，外添调料方式的方便面占据了市场的主要地位。

20世纪60年代末期，方便面登陆美国，却无法顺利打开市场。因为美国家庭通常没有烧开水的习惯，而且家中的餐具也以餐盘为主。为了让不习惯用碗的人们消费方便面，安藤百福的日清公司发明了以发泡聚苯乙烯为容器的杯面，最终"征服"了美国消费者。

课堂思考与讨论

（1）安藤百福是怎样发现方便面这一创业机会的？在方便面产品的发展历程中，还有哪些创业机会？它们又是怎样被发现并实现的？

（2）这一案例中体现了创业机会的哪些特点？

三、创业机会的来源

创业机会具有很大的不确定性，总的来说，其主要来源于以下两个方面。

（一）来源于创业市场外部环境的变化

彼得·德鲁克将创业者定义为能"寻找变化，并积极反应，把它当作机会充分利用起来的人"。创业机会是多种因素变化联系的产物，会随着环境的变化而变化，创业环境的变化必定会对创业活动产生影响，因此大学生创业者首先需要了解创业市场的外部环境，结合外部环境发现创业机会。

1. 市场环境变化

市场环境直接影响着所有企业的经营，生产材料、人力、交通等因素都会引起市场环境的变化，而这些变化中很可能蕴藏着有价值的创业机会。例如，短视频、直播等新媒体形式的发展促使传统电商的营销形式发生了变化，而这些变化为原产地销路单一的生鲜商品打开了电商直销的新通道。

2. 社会经济变化

社会经济的发展或倒退会带来需求以及潜在需求的变化。例如，社会经济发展，人们收入提高，对于产品的品牌、外观等属性的要求就会提高；反之，人们则会关注产品的性价比。

3. 人口结构变化

个人的需求是多样的，而且会不断发生变化，但一个固定人群的消费需求往往是相对稳定的。例如，我国人口老龄化加剧，医疗、养生、养老等方面的需求就比较旺盛。

4. 生活观念变化

生活观念会引导人们的消费行为，满足消费者生活观念的产品和服务能够得到消费者的认可。例如，随着人们对食品健康的重视，拥有"有机""无公害""无添加"等标签的产品就更受消费者的欢迎。

除了以上的变化以外，产业结构的调整、消费者对个性化服务的追求、消费者生活方式的改变、科技的进步、创业型经济发展的政策倾向等变化都能够产出新的创业机会。因此，大学生创业者要时刻关注外部环境的变化，这样才能及时、准确地发现有价值的创业机会。

当前社会和经济生活的主要变化趋势

创业机会与社会变化息息相关，了解当前社会及经济生活的主要变化趋势，特别是主要的消费需求倾向，可以帮助大学生发现创业机会。表 3-1 所示为当前我国社会和经济生活的主要变化趋势。

表3-1　当前我国社会和经济生活的主要变化趋势

序号	社会现象	表现形式	消费需求倾向
1	生育政策放宽	有二孩、三孩的家庭数量增多	母婴用品、儿童用品、早教机构、家政服务需求增大
2	人口老龄化	退休人数增多，平均寿命延长	养老社区、老年护理、居家养老用品、高级陪护、家政服务需求增加
3	非家庭生活方式更加丰富	单身人群、丁克家庭、工作日分居的家庭等增多	方便食品、便携家具、自助游、自驾游、聚餐用品等需求增加
4	家庭结构变化	大龄未婚青年、居家生活者、离异人群、全职照顾家庭者等增多	婚介服务、职业培训、心理咨询、职介服务需求量增加
5	受教育水平提高	高学历自由职业者增多，职场竞争更加激烈，创业者增多	居家办公、短期劳务、即时通信、技能培训的需求旺盛
6	实际收入提高	可支配收入增加	娱乐业、休闲业需求旺盛
7	高储蓄率和净资产增加	银行存款增多，家庭固定资产增多	家用汽车、家庭娱乐用品、高科技通信产品的需求增加
8	信息产业迅速发展	信息量剧增，无纸化办公普及，大型展会增多	软件定制、信息管理、计算机编程、广告、传媒等需求增加
9	高科技产品增多	5G通信、人工智能、物联网等技术快速发展	高科技通信产品、新能源产品的需求增加
10	个性解放成为潮流	年轻人追求个性和特色	个性化装饰、定制产品的需求增加
11	网络经济兴起	网络购物更加便捷、直播带货兴起	直播技能培训、直播平台搭建等需求旺盛

（二）来源于大学生创业者自身能力的提高

大学生创业者自身具备的能力有助于其发现创业机会，特别是当外部环境没有为大学生创业者提供较大的机会时，大学生创业者自身的能力就是其发现创业机会、成功创业的基本条件和重要保障。大学生创业者自身能力主要涉及以下5个方面。

1. 创业愿望

只有具备强烈的创业愿望，大学生创业者才愿意主动投身创业的相关活动，才可能更积极、更高效地发现市场机会。如果大学生创业者不具备坚定的创业愿望，则很容易与创业机会失之交臂。

👁 **案例3-2 ——榫卯楔钉创业，弘扬传统文化**

机械塔桥、机械万花筒、复古相机、箭楼、投石车、复古跑车、风车、部队卡车、变形手机支架……木头的朴实无华、内敛深沉，通过榫卯楔钉，一卡一扣，被赋予"灵魂"，成为一个个机关奇巧的小玩意儿。说起自己设计的这些作品，内向的邹旭晖脸上泛起光芒。

平日里很"乖"的邹旭晖决定辞职，跟几个大学同学一起创业，这个决定遭到了家人的反对，但他还是坚持了自己的想法。"对于我的辞职创业，家里人到现在都保持沉默。"邹旭晖歉意地笑了，"所以我必须更加努力。"公司成立后，他卖掉的第一件作品是变形手机架。几个月来，已经卖掉的各款作品共计 1 000 多件。邹旭晖的设计流程是，先画概念草图，确认后在计算机上三维建模，再做成二维的机械工程图纸，最后把图纸变成数字代码。

"自古以来，鲁班术和墨子的机关术不仅演化出很多传奇故事，更是为现代文明留下了许多奇思妙想。在科技如此发达的今天，很多人严重依赖手机，年轻人大都不再做手工，而我就是要打破这个局势。"邹旭晖说。"DIY 的乐趣是在拼接安装中一步一步将目标实现的过程。如果能静下来细细观察，开拓自己的空间创造力，可以让生活充满乐趣。木器守着的是一份古老的感动。我创业的目的就是想把中国古代机关文化不断地传承下来并弘扬出去。"

课堂思考与讨论

是什么让邹旭晖最终坚持了自己的想法？你能感受到他的乐趣所在吗？

2. 创业技能

这里的创业技能不仅是指技术能力、管理能力等创业必备技能，还包括大学生创业者和创业团队的认知能力、洞察能力、信息获取和分析能力、环境变化与技术发展趋势的预测能力、创新能力、社会关系创建与维护的能力，以及创业相关的行业知识与经验储备能力等。大学生创业者或创业团队如果具备这些创业技能，就可以更加敏锐地发现商机，发掘出有价值的创业机会。

◉ 案例 3-3——小屯村的"涂鸦"

河南省辉县市的小屯村没什么名胜古迹，也没有什么经济支撑产业，许多年轻人在大城市打工。

就是这样一个普普通通的村庄，不仅在短视频平台得到大众的关注，还被《人民日报》点赞，成为当之无愧的"网红"村。原因是有一个"90 后"小伙，在村里搞了一件事：涂鸦！这个小伙叫尚勤杰，因为对家乡感情很深，他辞去一线城市美术教育培训的高薪工作，利用绘画技能把小屯村变成了"涂鸦"村。他花了一年多的时间，在村里的墙壁上进行了各式各样的涂鸦。尚勤杰笔下的人物扎着中国传统的发髻，绑着红色的头绳，以祥云为背景，形神兼备，栩栩如生；传统风格的动物形象也十分特别，舞狮的图案色彩鲜亮，形神兼备。

小屯村成为附近年轻人的"打卡地"，当地甚至还有"去不了三亚，去不了西双版纳，那么就来小屯村逛逛吧！"的说法。无数人来这里参观打卡，为小屯村带来了新的活力。当地农民即使在家门口卖凉皮也是门庭若市。

尚勤杰认为农村不应该被贴上标签，新时代的农村应该有新面貌。他说："上学不是为了离开贫困的家乡，而是为了更好地建设家乡。"

课堂思考与讨论

尚勤杰为什么能够成功地让小屯村"涂鸦"进入大众视野？这与其自身具备的能力相关吗？他的能力体现在哪里？

3. 创业经验

很多成功的企业家在成就一番事业之前，进行过多次创业，甚至有些企业家一直走在创业的路上。从这个角度看，创业能力会基于创业经验的积累而不断成长，而这种能力和经验的不断累积有助于创业者发现创业机会。因此，大学生创业者如果在某个领域中储备的知识和经验越丰富，就越容易发现并把握住有价值的创业机会。

4. 社会资源

这里的社会资源主要是指大学生创业者或创业团队能够获取到的、由各种社会关系形成的一系列资源，包括政府、金融机构、高校、合作伙伴及其他专业机构等。拥有全面、稳固的社会关系网，有助于大学生创业者拓展信息获取渠道，丰富创业相关的信息量，从而提升个人或团队及时发现创业机会的可能性。

5. 创新思维

对于很多创业者来说，一个优质的创新点子就可能变成一个有价值的创业机会。对于资源、经验等相对缺乏的大学生创业者而言，能否挖掘到有价值的创业机会，很大程度上取决于其自身的创新思维能力。创新思维不仅有助于大学生创业者挖掘市场环境中蕴藏的商机，在后续的创业活动中，大学生创业者的创新思维能力也将发挥巨大的作用。

四、创业机会的类型

创业机会在创业市场中以各种形式呈现，它们具备不同的特征，因此可以按照不同的标准和角度分为不同的类型。

（一）环境机会与企业机会

环境机会是市场外部环境的变化带来的创业机会。技术变化、政策变化、产业结构变化等都可能给创业者和创业企业带来商机。企业机会是根据企业能力发现和把握住的市场机会。一般来说，环境机会对整个行业内外的企业都会产生较大的影响，而企业机会则具有一定的独特性，受企业控制和把握。

（二）行业市场机会与边缘市场机会

行业市场机会是创业企业所在行业中出现的各种市场机会。创业企业了解行业状况和行业未来的发展趋势，就会比较容易把握住行业市场机会。边缘市场机会是在不同行业之间的交叉或结合部分再现的市场机会，一般比较隐蔽，但发展潜力较大。边缘市场机会的发掘通常需要创业者具备丰富的想象力和较强的开拓精神。

◉ 案例 3-4 ——传统铁画成新式纪念品

中国传统的铁画发源于安徽东南部的芜湖，迄今已有 300 多年的历史。铁画创作是以锤代笔，以铁为墨，制作出形神兼备、意境悠远的艺术作品，被世人誉为"中华一绝"。

吴翔是安徽工程大学环境工程专业一名大四的学生。一个偶然的机会，他了解到将冶铁和绘画这两项完全不相关的技术结合竟能绘出黑白分明、虚实相生又有立体效果的铁画。于是，吴翔找到几位设计专业的同学，将学校里的拱桥作为模型设计出图纸，然后找到厂家制作了一幅样品，没想到大受欢迎。这款作品批量生产后销售非常好。于是，他们又陆续设计了以学校的图书馆及其他景点为原型的作品。这种新颖的校园纪念品推出后很受同学们的欢迎。为了打开市场，吴翔和同学们进一步扩大了铁画的题材，加入了动漫等元素，并且通过互联网构建了立体化的销售网络。吴翔及他的同学都很高兴用这种方式让更多人认识了我国的传统艺术。

课堂思考与讨论

（1）吴翔的什么品质最能打动你？

（2）你认为铁画是一个好的市场机会吗？为什么？

（三）显现机会与潜在机会

显现机会是行业中的创业者都可以发现和看到的，且消费者需求还未被满足的市场机会；潜在机会是表现不明显的、消费者需求还未被满足的，且还未被创业者发现的市场机会。

（四）目前市场机会和未来市场机会

目前市场机会是在目前的环境变化中，市场上出现的且消费者需求未被满足的市场机会；未来市场机会是在目前市场上并未表现为大量需求，但通过市场研究和分析预测，未来将产生大量消费者需求的市场机会。目前市场机会较容易被发现，是企业经营的基础，而未来市场机会较难被发现，其具有一定的风险，但这类机会的发现有助于企业取得领先地位和竞争优势。

（五）全面市场机会和局部市场机会

全面市场机会是在整个行业中出现的，或大范围内（如全国市场）的消费者需求未被满足（或未被完全满足）的市场机会。例如，信息产业的发展就是一个全面市场机会。局部市场机会是未来某个时期可能出现的，或小范围内（如某地区市场）的消费者需求未被满足（或未被完全满足）的市场机会。全面市场机会可以为行业内的所有企业共有，局部市场机会则需要创业企业主动去识别和把握。

（六）品类产品市场机会和细分产品市场机会

品类产品市场机会是某个大品类中，消费者需求还未被满足的市场机会；细分产品市场机会是该品类产品的某一些细分产品中，消费者需求还未被满足的市场机会。例如，手机是品类产品，折叠手机就是细分产品。

创业机会的识别与评估

 **【名人名言】**

抓住时机并快速决策是现代企业成功的关键。

——凯瑟琳·艾森哈特（Kathleen Eisenhardt，斯坦福大学教授）

一、创业机会的识别

创业机会具有隐蔽性，需要大学生创业者自行发掘。如何从生活中识别出创业机会呢？大学生创业者可以尝试以下方法。

（一）通过市场调研发现机会

市场调研是运用科学的方法，有目的、有计划地收集、整理与分析有关供求、资源的各种情报、信息和资料。通过科学的市场调研，大学生创业者能够准确把握市场供求现状和发展趋势，进而找出市场中空缺的、有潜力的部分，发现创业机会。

（二）通过消费者需求发现机会

从消费者身上觅得创业机会是一个亘古不变的规则。创业者销售的产品或服务，最终面对的是消费者。创业者分析、调研消费者的需求，可从中识别出创业机会。

想要从消费者身上识别创业机会，大学生创业者需要观察消费者的生活和工作轨迹。由于每个人的需求不同，创业者应将消费者分类，从消费者分类群体中研究各类人群的需求特点，如父母注重子女的教育，儿女则担心父母的健康。值得注意的是，如果大学生创业者能够发掘出消费者的隐性需求（消费者自己也不知道的需求），并率先提供能够满足其需求的产品或服务，往往能够开辟竞争小且单位利润较高的新兴市场，取得较大的收益。

（三）通过问题导向发现创业机会

问题是令人们"烦恼的事""困扰的事"，也是市场的痛点。如果大学生创业者能着眼于人们的苦恼、困扰，并能够提供可以有效解决问题的方案，实际上就是找到了创业机会，这个"解决问题的方案"就是最好的产品。

例如，外卖平台的出现解决了消费者必须出门才能品尝餐馆美食的问题，快递解决了人们无法快速而便捷地传递物品的问题，因而都获得了消费者的认可。

（四）通过创新变革发现创业机会

创新变革获得创业机会的方式在高新技术、互联网等行业中最为常见。大学生创业者针对目前明确的或未来潜在的市场需求，探索相应的新技术、新方法、新知识或新模式；或利用已有的某项技术发明、商业创意来实现新的商业价值。

二、影响创业机会识别的因素

不同的创业机会适合不同的创业者。如果大学生创业者片面地看待创业机会，可能出现"吾之美食，汝之鸩毒"的情况，反而不利于创业成功。因此，无论使用何种方法，大学生需要关注自己的先前经验、认知因素、社会网络和创造性等个性特征，以自己为中心，不断调整并反复权衡外在机会，以识别最适合自己的创业机会。

（一）先前经验

在特定产业中的先前经验有助于大学生创业者识别机会。据调查显示，70% 左右的创业机会，其实是对本就存在、已经过市场验证的创业设想的复制或修改，发现并实践全新创业机会的创业活动很少。大学生创业者一旦投身于某产业，就会比那些从产业外观察的人更容易看到产业内的新机会，也更容易发现创业机会。例如，本地一个经验丰富的厨师和一个刚从外地来的高级厨师，都准备开一家特色餐厅，显然前者的成功率更高，因为他有着丰富的经验，对当地食客更了解。当然，如果完全依赖经验来识别创业机会，也会有错失机会的风险。

（二）认知因素

足够的认知是大学生创业者发现创业机会的前提。在某一领域拥有更多专业知识，对该领域更加了解的人，会比其他人对该领域内的机会更加敏感，且对创业机会的判断与评估也更为可靠。每个人的认知不同，能发现并把握的创业机会也不同。

（三）社会网络

每个人都会有各种社会关系，如亲属关系、朋友关系、同学关系等，这些关系共同组成一个人的社会网络。个人社会网络的深度和广度影响着机会识别。例如，某人的社会关系集中于 A 市，那么他就更容易获得 A 市的商业信息，从而发现 A 市的创业机会，并最终选择在 A 市创业。

（四）创造性

从某种程度上讲，创业机会的识别实际上是一个创造过程，是个体不断地发挥创造性思维的过程。以安藤百福发明方便面为例，很多人有过排队吃面的经历，但几乎都将其视作"理所应当"，只有安藤百福认为需要一款方便的拉面替代品，这就源于安藤百福超乎常人的创造性。

三、创业机会的评估方法

要想实现不同的创业机会，就要投入不同的资源。大学生创业者所掌握的创业资源往往不多，因此更应该注重自身情况与创业机会的匹配，事先评估、确定创业机会的价值。下面介绍 4 种常见的创业机会评估方法。

（一）定性分析法

美国学者托马斯·齐默尔（Thomas Zimmer）等人提出了一个简单分析创业机会的方法，其步骤如下。

第一步，分析产品或服务本身。分析新产品或服务将怎样为消费者创造价值，以及新产品或服务在应用上的障碍，并根据分析的结果判断该产品或服务的市场需求、早期消费者群体以及创造收益的预期时间。

第二步，分析产品或服务的投放。分析新产品或服务在目标市场投放的技术风险、财务风险等，由此判断该产品或服务进入市场的最佳时机。

第三步，分析产品或服务的供应。考虑新产品在制造过程中能否保证足够的生产批量以及产品质量，考虑新服务的提供者能否批量进行培训并保证服务的质量，衡量培养服务提供者的周期与投入。

第四步，分析初始成本。估算新产品或服务的初始投资额，判断是否能获取足够的、稳定的资金。

第五步，分析其他风险因素。在更大的范围内考虑风险程度，以及如何控制和管理这些风险因素。

这种定性分析法简单易行，但并不能深入地解释创业活动所涉及的具体影响因素，也无法定量诊断、评价各要素的具体状态，因此并不足以全面、科学地评估创业机会。

（二）定量分析法

对创业机会进行定量评估的方式比较多。例如，通过专家对创业机会进行打分评估、对关键指标进行量化评分、为不同评价因素划分权重并进行评分等，这些量化评估方式都可以对创业机会的潜力进行评估。

此外，大学生创业者还可以从财务的角度，使用"量本利"分析对创业机会进行定量评估，分析方法如下。

（1）预测市场需求量。收集相关资料，预测市场需求量，确定产品或服务的定价和销量，进而确定创业企业的销售额。

（2）分析成本。分析包括采购成本、生产成本、销售成本等在内的固定成本和其他可变成本。

（3）计算企业利润。通过创业企业的销售额和总成本，计算未来创业企业可能获得的利润。如果利润符合预期目标，则创业机会具有一定的吸引力和潜力；如果利润不理想，则该创业机会可能就没有吸引力。

（三）刘常勇的创业机会评价框架

台湾中山大学企业管理学系教授刘常勇认为，通过市场评价和回报评价两个方面的因素能够准确评价创业机会，进而识别出优质的创业机会，由此提出了创业机会评价框架。该框架包括两个评价要素共 14 个评价指标，如表 3-2 所示。

表 3-2　刘常勇创业机会评价框架

评价要素	评价指标
市场评价	1. 是否具有市场定位，专注于具体的顾客需求，能为顾客带来新的价值
	2. 依据新进入者的威胁、替代者的威胁、供应商讨还价的能力、购买者讨价还价的能力、行业内现有企业间的竞争 5 个要素对创业机会的市场结构进行评价
	3. 分析创业机会所面临的市场规模大小
	4. 评价创业机会的市场渗透力
	5. 预测可能取得的市场占有率
	6. 分析产品成本结构
回报评价	1. 税后利润应高于 5%
	2. 达到盈亏平衡的时间应低于两年
	3. 投资回报率应高于 25%
	4. 资本需求量较低
	5. 毛利率应高于 40%
	6. 能否创造新企业在市场上的战略价值
	7. 资本市场的活跃程度
	8. 退出和收获回报的难易程度

（四）蒂蒙斯创业机会评价体系

蒂蒙斯创业机会评价体系能够帮助创业者对行业与市场、经济价值、收获条件、竞争优势、管理团队、致命缺陷、创业者的个人标准、理想与现实的战略性差异等做出判断，共包括 8 个评价大类 53 项评价指标，如表 3-3 所示。

表 3-3 蒂蒙斯创业机会评价体系

评价大类	评价指标
行业与市场	1. 市场容易识别，可以带来持续收入
	2. 顾客可以接受产品或服务，愿意为此付费
	3. 产品的附加价值高
	4. 产品对市场的影响力高
	5. 将要开发的产品生命长久
	6. 项目所在的行业是新兴行业，竞争不完善
	7. 市场规模大，销售潜力达到 1 000 万～10 亿元
	8. 市场成长率在 30%～50%，甚至更高
	9. 现有厂商的生产能力几乎完全饱和
	10. 在 5 年内能占据市场的领导地位，市场占有率达到 20%
	11. 拥有低成本的供货商，具有成本优势
经济价值	1. 达到盈亏平衡点所需要的时间在两年以内
	2. 盈亏平衡点不会逐渐提高
	3. 投资回报率在 25% 以上
	4. 项目对资金的要求不是很高，能够获得融资
	5. 销售额的年增长率高于 15%
	6. 有良好的现金流量，能占到销售额的 20%～30%
	7. 能获得持久的毛利，毛利率要达到 40%
	8. 能获得持久的税后利润，税后利润率要超过 10%
	9. 资产集中程度低
	10. 运营资金不多，需求量是逐渐增加的
	11. 研究开发工作对资金的要求不高
收获条件	1. 项目带来的附加价值具有较高的战略意义
	2. 存在现有的或可预料的退出方式
	3. 资本市场环境有利，可以实现资本的流动
竞争优势	1. 固定成本和可变成本低
	2. 对成本、价格和销售的控制较高
	3. 已经获得或可以获得对专利所有权的保护
	4. 竞争对手尚未觉醒，竞争较弱
	5. 拥有专利或具有某种独占性
	6. 拥有发展良好的社会关系网络，容易获得合同
	7. 拥有杰出的核心人员和管理团队

续表

评价大类	评价指标
管理团队	1. 创业团队是一个优秀管理者的组合
	2. 行业和技术经验达到本行业的最高水平
	3. 管理团队的正直廉洁程度能达到最高水准
	4. 管理团队知道自己缺乏哪些方面的知识
致命缺陷	不存在任何致命缺陷
创业者的个人标准	1. 个人目标与创业活动相符合
	2. 创业者可以做到在有限的风险下获得成功
	3. 创业者能接受薪水减少等损失
	4. 创业者渴望进行创业这种生活方式，而不只是为了赚钱
	5. 创业者可以承受适当的风险
	6. 创业者在压力下状态依然良好
理想与现实的战略性差异	1. 理想与现实情况相吻合
	2. 管理团队已经是最好的
	3. 在客户服务管理方面有很好的服务理念
	4. 所创办的事业顺应时代潮流
	5. 所采取的技术具有突破性，不存在许多替代品或竞争对手
	6. 具备灵活的适应能力，能快速地进行取舍
	7. 始终在寻找新的机会
	8. 定价与市场领先者几乎持平
	9. 能够获得销售渠道，或已经拥有现成的销售网络
	10. 能够允许失败

👁 案例 3-5 ——从时装设计师到礼服出租商

　　乔安娜·多尼格是英国伦敦的时装设计师。有一次，她的一个朋友要出席晚宴，因为没有找到合适的晚礼服，急得像热锅上的蚂蚁。实际上，这一现象在英国非常普遍，人们参加各种社交活动时对仪容仪表都非常讲究，女士们穿的礼服更是要求款式时髦、艳丽高贵。但是，对于体面的太太和小姐们来说，不管多么华丽名贵的礼服，也不能连续穿着出席 3 次宴会，否则就会有人私下议论。所以，为参加社交活动准备礼服，对很多女士来说是一件很烦心的事。

　　乔安娜想，如果人们付比较少的钱，就能穿上名贵的礼服出席社交活动，这的确是既光彩又省钱的事，我是否可以开展女士礼服租赁业务呢？有了这一想法后，她做了大量的市场调查，证实了她的想法颇具可行性。于是，她筹集了一笔资金，买回各种款式的礼服，每套价格从数百美元到数千美元不等。乔安娜将每套礼服的租金定为 75～300 美元，另加收适当的保证金。

不出乔安娜所料，她的礼服租赁业务非常火爆。女士们并不认为租赁礼服不光彩，反而觉得非常明智。后来，除了女士礼服外，乔安娜的经营范围还扩展到配饰、手袋、首饰，甚至连男士礼服也一应俱全。乔安娜也摇身一变，成为著名的礼服出租商。

课堂思考与讨论

在乔安娜的创业过程中，她的先前经验、认知因素、社会网络和创造性各自发挥了什么作用？它们是不可或缺的吗？

任务三
创业项目的选择

▶▶▶【名人名言】

人生中最困难者，莫过于选择。

——托马斯·莫尔（Thomas More，英国政治家）

一、选择创业项目需考虑的因素

从创业机会的角度来说，创业项目就是创业机会的具体化，以及为实现创业机会而开展的实践活动。同一个创业机会能够衍生出不同的创业项目。大学生创业者需要考虑以下因素，才能够选出适合自己的创业项目。

（一）个人爱好、特长与创业目标的结合度

心理学研究显示，一个人只有从事他喜欢做又有能力做的事情，他才会自觉地、全身心地投入工作中并忘我地工作，才有可能在遇到困难和挫折时百折不挠、勇往直前，千方百计克服困难，实现创业目标。因此，对于大学生创业者来说，创业项目与自己的个人爱好、特长与创业目标的结合度越高，就越能够积极发挥自己的主动性，从而更好地完成自己的工作和任务。

（二）对拟进入市场的熟悉程度

大量的事实证明，许多行业，往往对经营者的学历、能力等没有特别的要求，创业者只要能够深入了解市场需求、熟悉市场运作，就有机会取得成功。对于大学生而言，处在越熟悉的市场，其创业项目的成功率就越高。很多创业者在创业前期会对拟进入市场开展深入的调查，也是因为这个原因。

（三）对风险的承受能力

创业过程必然面对风险，不同的创业项目，风险也不一致。在选择创业项目之前，大学生一定要考虑"最坏的情况是什么？我能不能承受？"只有答案是肯定的，才能够选择该项目。否则，无论其前景有多么动人，也应该放弃。

👁 案例 3-6 ——丹尼斯·威尔逊和他的露露柠檬体育用品公司

丹尼斯·威尔逊（Dennis Wilson）本来经营着一家滑雪服饰的公司。他喜欢各类运动，包括滑雪、游泳、足球和铁人三项等。常年高强度运动带来的背部伤痛，让他决定尝试一节瑜伽课。不过在第一节瑜伽课上，老师和其他学员们的装备，就让做运动装备起家的威尔逊无法忍受。当时大家都穿着舞蹈服练瑜伽，而舞蹈服的剪裁只适合那些身材非常匀称的人，而且面料过于薄透，做伸展运动的时候，就可能会露肉。对于一个满腔热情的创业者，一旦动了念头，便铁了心要把事情做成，此刻的威尔逊想要制造完美的女性专业瑜伽服。

1998 年，威尔逊在加拿大创办了露露柠檬（Lululemon）体育用品公司，其核心产品便是瑜伽服。由于具有贴身、舒适、排气而又时尚等特点，露露柠檬瑜伽服很快成为北美地区健身人群进行瑜珈健身时的运动服饰首选，尤其受到女性的追捧。

截至 2019 上半财年末，露露柠檬在全球共拥有 460 家门店，可以说是近年来全球最为火爆的体育用品公司，其瑜伽用品系列享誉全球。

课堂思考与讨论

丹尼斯·威尔逊选择的创业项目"专业瑜伽服"和其个人爱好、特长与创业目标匹配吗？具体体现在哪里？

二、选择创业项目的思路与步骤

创业项目的选择非常重要，大学生创业者应该如何选择创业项目才能将方方面面都考虑周全呢？这就需要大学生创业者顺着明确的思路、按照科学的步骤来选择创业项目。

（一）选择创业项目的思路

创业项目有很多，但各个项目的难度、成功率、回报是不同的，大学生创业者的资源较少、抗风险能力较差，所以应该选择难度小、成功率高的项目。以下选择创业项目的思路可以作为参考。

1. 选择已有创业项目

已有创业项目即目前正处于扩张期的项目，其中最常见的就是招商、加盟，大学生创业者可以加入其中。这类项目一般已经经过了市场的检验，拥有固定的盈利模式，相较于大学生创业者自己成立企业创业更为稳妥。

此外，还有一种形式是大学生创业者"带资进入"，成为一个初创期企业的合伙人。在这种情况下，大学生创业者需要注意，自己已经与其他合伙人形成"优势互补"的关系，提供不可代替的价值，才能以外来者的身份在企业站稳脚跟。

2. 从产品找市场

这是一种"反其道而行之"的方式，即大学生创业者不去找创业项目，而是预设一个产品（或服务），去寻找符合的市场。如果找到了合适的市场，那么项目就确定了（如果找不到，就换一种产品再找）。使用这种思路找到的创业项目，比较符合市场的需要，相对而言具有更高的成功率。

3. 复制成功项目

对已经经过市场检验的成功项目，大学生创业者可以复制其商业模式。但是，出于竞争方面的考虑（新创企业难以与成功企业直接竞争），大学生创业者应该选择成功项目未触及或薄弱的市场，且需要针对所选市场进行"本地化"，使之符合当地市场的情况，这样才能有较高的成功率。

4. 从现状的不足中寻找项目

现状的不足意味着需求，同时也意味着如果你解决了这个不足，短时间内将没有竞争对手，所以大学生创业者可以从现状的不足中寻找创业机会。例如，20世纪60年代，美国经济迅猛发展，信息公司迅速成长，图纸、文件、磁带、磁盘及小型电子元件等货物交流频繁，但无法迅速送达目的地，巨大的浪费和低下的效率困扰着很多企业，于是联邦快递公司顺应时代的需求诞生了。

5. 让别人的创业项目助你成功

如果没有好的创业项目，或者发现心仪的项目已被人捷足先登，那么大学生创业者可以找有优秀创业项目的人，投资并与其合作，一起走向成功。

判断创业项目价值的方法

如何判断创业项目的价值是摆在很多大学生创业者面前的难题。其实，大学生可以通过以下几个问题来判断。

（1）市场好吗？大学生创业者首先要考虑项目在市场中的位置，往往全新的项目或市场上从来没有的项目，并不一定是最好的选择。项目在市场中最好是度过了萌芽期，这样才能比较平稳。如果创业项目在价格上有非常明显的优势，同时在产品质量上又不是很差，往往意味着成功的机会较大。

（2）能控制吗？控制性包括硬资源和软资源两个方面，硬资源是生产所需要的原材料，软资源是指市场。如果大学生创业者能够在一定程度上控制项目的原材料和市场，甚至只影响其中之一，都能够有效降低经营风险。

（3）有成长空间吗？一般来说，市场上显示商机的一个最重要的特征就是市场已经被开发，但是现有的供应商不能够满足市场，大学生创业者在这个时候介入，其成功的把握是最大的。独自开发一个全新的市场往往很难。

（4）可以低成本启动吗？除非家庭能够提供充足的资金和高效的社会关系，否则大学生创业者很可能没有足够的资金建立自己的大型经营体系。理想的创业企业应该能够以自身的早期收入来实现自力更生，即快速实现"收支平衡"，这对大学生创业者很重要。

（5）边际成本低吗？增加一个单位的产量随之而产生的成本增加量即边际成本（Marginal Cost，MC）。例如，生产一部手机的成本很高，但生产第10 001部手机的成本就低得多，而生产第1 000 001部手机的成本就更低了。但扩张餐馆、理发店或花店就没那么容易了，因为第二家店的成本如租金、设备、员工工资、物料等几乎不低于第一家店。

（6）竞争对手如何？消费者往往会货比三家，所以，在规划并启动创业项目时，大学生创业者应对竞争对手做一些深入的了解和分析。

（二）选择创业项目的步骤

思路不同，选择创业项目的步骤也不一样。下面以"根据自身情况自主寻找创业项目"这个典型的思路为例，介绍选择创业项目的一般步骤。

1. 明确资源状况

创业资源是指所有对创业项目及创业企业经营发展有所帮助的要素及其组合。这些资源在企业

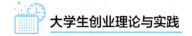

间不可流动且难以复制，互相组合作用即可变成产品或服务，从而产生新的价值。大学生首先应该对自身掌握的资源进行梳理，这些资源通常包括以下部分。

（1）人力资源。人力资源是指企业拥有的用以制造产品和提供服务的人力。大学生创业者、创业团队成员、企业员工拥有的技能、知识、洞察力、视野、期望等都会深刻而持续地影响创业项目的运营和发展。

（2）财务资源。财务资源是指企业拥有的所有以货币形式存在的资源，包括固定资产和流动资源两种。固定资产如厂房、机器设备、原料、产成品等，是创业项目开展的物质条件；流动资源包括现金存款以及可以变现的债券、股票、基金、期货等，能够灵活地转化为其他资源，在创业活动中发挥着重要作用。

（3）物质资源。物质资源是指大学生创业者及其合作者拥有的各种有形资源，如房屋建筑、生产设备、原料等，还包括自然资源，如土地、矿山、林地等。

（4）技术资源。技术资源是指大学生创业者及其合作者在产品生产加工、储存、运输的过程中掌握的关键技术和工艺流程等，广义的技术资源还包括应用这些技术的专业设备。

（5）社会资源。社会资源在任务一和任务二中已做介绍，此处不再赘述。

2. 判断资源优势

对自身创业资源进行梳理，大学生创业者可判断出自己的资源优势。表3-4所示为大学生小杨及其核心创业团队为自己制作的资源分析表。

表3-4　资源分析表

资源	优势	劣势
人力资源	创业团队成员都受过高等教育，知识水平高，团结一致，具有很强的主动性和自觉性	创业团队成员专业集中于理工科，没有合适的财务、营销和管理人才
财务资源	创业计划得到了学校和区级政府的支持，能够从本地信用社取得一笔低息贷款，能满足前期费用	没有持续的、稳定的资金渠道，一旦未能在预想的阶段获得盈利，就会面临资金紧张
物质资源	学校科技园提供免费办公场地和生产场地	没有理想的原材料来源，缺少高精尖设备
技术资源	团队成员有独立开发软件的能力	缺乏产品制造相关的技术
社会资源	学校、区级政府大力支持，能够提供很多便利，导师的社会关系广泛，可以借用	团队成员的社会经验欠缺，对于商业模式、商业谈判和本地市场了解不足

通过分析，小杨发现自己团队的优势在于掌握了编程技术，有独立开发软件的能力，同时得到了学校和区级政府的支持，因此适合通过社会资源寻找合作伙伴，共同开发软件。

3. 初选

根据自己的资源优势，寻找合适的项目。在这一过程中，大学生创业者应该积极发动现有的社会资源。以小杨的创业团队为例，政府工作人员帮他们联系了附近的工业区，其中3家企业有软件开发需求，小杨根据双方的情况选择了一家进行洽谈。

4. 市场调查

对初选的目标项目进行市场调查，调查的内容包括项目相关产品（服务）的市场需求、市场接受度、市场均价及其变化趋势、与其代替品的竞争关系，还包括项目所需原料价格及其变化趋势等。市场调查的目的是预估创业项目的盈利水平，如果发现项目相关产品（服务）的市场需求萎缩、接受度低、市场均价一路走低等，就应考虑更换项目。

5. 判断对项目的掌控力

项目的进展可能会超出大学生创业者的预料，产生额外的风险，因此大学生创业者需要提前判断自己对项目的掌控力。例如，大学生创业者如果与一家大型企业合作一个项目，可能会被大型企业完全掌握话语权，从而失去对项目的控制权。

三、创业项目的可行性分析

可行性分析是选择创业项目的最后一个流程，大学生创业者的资源局限决定其很难在失败后开展"二次创业"，因此第一个创业项目的可行性就极为重要。SWOT 分析法是一种较为易行的可行性分析方法。

（一）SWOT 分析法

SWOT 分析法是对自身的优势（Strengths）、劣势（Weaknesses）以及外在的机会（Opportunities）和威胁（Threats）进行分析判断的方法。因其兼顾内外因素（S、W 为内部因素，O、T 为外部因素），所以能够很好地将企业内部资源和外部环境有机结合起来。图 3-1 所示为 SWOT 分析法示意图。

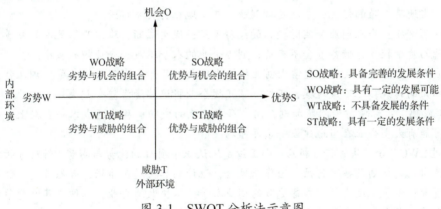

图 3-1 SWOT 分析法示意图

（1）优势。优势是指对创办企业有利的因素，如创办企业的资金充足、资源更丰富且价格比同行更低、员工素质和技术更好等。

（2）劣势。劣势是指对创办企业不利的因素，如知名度不如竞争对手，自己没有其他创业者的丰富阅历，促销方式不佳，产品类型少等。

（3）机会。机会是指外部环境存在对创办企业有利的因素，如行业政策扶持力度大，周边入驻了新小区、人流量增大等。

（4）威胁。威胁是指外部环境存在对创办企业构成潜在威胁的因素，如周边有竞争企业成立，原材料价格上涨等。

（二）运用 SWOT 分析法分析创业项目

运用 SWOT 分析法可以对创业项目进行整体全面的分析，其简单易行且参考价值很高。运用 SWOT 分析法进行创业项目分析主要包括以下 4 个步骤。

（1）评估自身的优势和劣势。正确评估自身的优势和劣势是 SWOT 分析的基础，其完成度与准确度决定了分析结果的有效性。在进行优势、劣势评估时，创业者一定要尽量全面而准确地列出尽可能多的优缺点。

（2）找出面临的机会和威胁。找出机会和威胁是对外部环境的考量，创业者应该对所有对企业经营有影响的因素都进行考量，并找出有利条件与不利条件。

（3）评估创业项目的潜力。评估创业项目潜力是指分析上面找出的各种条件，并且综合分析哪些劣势可以填补以及各种威胁的应对方法，最后评估这个项目的投入、成功率、产出等具体情况，判断其是否可行。

（4）根据项目设定工作计划。在评估创业项目为可行的情况下，创业者就需要考虑如何实现创业项目，包括组织人员、调度资源、寻找投资等，优势越大、机会越多的创业项目越容易取得成功。

👁 案例 3-7 ——运用 SWOT 分析法分析创业项目

小王是 2021 年的应届大学毕业生，他想在家乡办一家养殖场，因此，他对周边现有的同类养殖场和消费者的需求做了相关调查和记录。为了验证自己计划的可行性，他使用 SWOT 分析法对项目自身情况和外部环境进行了详细分析，具体分析内容如下。

S（优势）：本人乐观向上、勇于创新，有决心干一番事业；当地人工成本低，销售体系健全、成本比竞争对手低；拥有丰富的养殖业的理论知识和一定的养殖技术；地理环境适合养殖；当地有养殖的传统；家庭支持创业，在当地社会关系广泛。

W（劣势）：个人创业和实际操作的经验不足；优柔寡断，难以听取他人的友善建议；投入企业的资金较少，储备资金不充足；创办企业的人手不足；企业规模较小。

O（机会）：地方政府对大学生创业扶持力度大，并开设有创业的免费培训课程；本地区虽有养殖的传统，但不成规模，正缺一家正规企业将这些资源整合起来。

T（威胁）：环境污染问题加剧，肉牛存在疾病的威胁；租地的成本一直在上升；未来一年内可能有大型企业在当地建设一家养殖场。

通过 SWOT 分析法进行分析后，小王清楚地认识了项目的优势与劣势。针对分析结果，小王认为自己的计划具备可行性。为降低风险，他计划尽快进入市场，开源节流，储备更多的创业资金；动员家庭力量，筹备更多的创业人手，尽快做活企业，以便在其他竞争对手进入市场之前，顺利打响自己的企业品牌，拓展销售市场。

课堂思考与讨论

SWOT 分析法在小王的创业规划中起到了什么作用？

📋 实践训练

1. 识别创业机会

（1）全班所有同学，每人拟定一个"创业机会"，将其写在小纸条上。

（2）全班同学随机交换小纸条。

（3）每位同学根据自己拿到的"创业机会"，自行选择一种方法，进行创业机会识别。

（4）将识别的结果也写在小纸条上，形式如下："该创业机会具备／不具备价值，原因是×××。"

2．利用 SWOT 分析法分析创业项目

（1）全班同学按 4 人一组分为多个小组。

（2）从"创业机会"小纸条中选择若干个（数量＝小组数量）最有价值的。

（3）每组分到一个小纸条，由本组成员将"创业机会"扩展为较详细的"创业项目"。

（4）小组成员运用 SWOT 分析法对创业项目进行分析，每人负责一个方面。

（5）汇总得出分析结果。

课后练习

1. 名词解释

创意　　创业机会　　创业项目　　创业资源

2. 判断题

（1）站在创业者个体的角度来看，创业机会是指创业者能够通过投入和组织资源来获取价值的有利情况。　　　　　　　　　　　　　　　　（　　）

（2）创业机会只能来源于创业市场外部环境的变化。　　　　　　（　　）

（3）社会资源主要是指大学生创业者或创业团队能够获取到的，由各种社会关系形成的一系列资源，包括政府、金融机构、高校、合作伙伴及其他专业机构等。　　（　　）

（4）定性分析法无法定量诊断、评价各要素的具体状态，因此并不足以全面、科学地评估创业机会。　　　　　　　　　　　　　　　　　　　　（　　）

（5）识别创业机会时，大学生需要关注自己的先前经验、认知因素、社会网络和创造性等个性特征，以自己为中心，不断调整并反复权衡外在机会。　　　　　（　　）

（6）创业项目与自己的个人爱好、特长与创业目标的结合度越高，就越难以积极发挥主动性，难以完成自己的工作和任务。　　　　　　　　　　　　　　（　　）

（7）通过招商、加盟等方式选择已有创业项目，需要付一笔费用给品牌商，成本高，大学生创业者不适合选择这类方式。　　　　　　　　　　　　　　（　　）

（8）SWOT 分析法对内部和外部的分析是孤立的，不能实现综合评价。（　　）

（9）只要创意足够优秀，创业者就一定能成功。　　　　　　　　（　　）

（10）大学生创业者从财务的角度，使用"量本利"分析对创业机会进行评估属于定量分析。
　　　　　　　　　　　　　　　　　　　　　　　　　　　　　　　（　　）

3. 单选题

（1）下列关于创意与创业机会的关系的说法中，错误的是（　　　）。

A. 创业机会在最开始往往表现为针对某项新业务而产生的创意

B. 只有具有可行性和商业价值的创意才能带来好的创业机会

C. 并不是任何创意都等于创业机会

D. 创业机会与创意都是创业者关于创业的初步设想

（2）下列选项中，不属于创业机会的来源的是（　　　）。

A. 市场环境变化　　　　　　　　　B. 人口结构变化

C. 创业愿望确立　　　　　　　　　D. 生活观念变化

（3）下列关于创业机会类型的分类，不恰当的是（　　　）。

A. 环境机会与企业机会　　　　　　B. 行业市场机会与未来市场机会

C. 显现机会与潜在机会　　　　　　D. 全面市场机会和局部市场机会

（4）下列关于创业机会识别方法的描述中，不恰当的是（　　　）。

A. 定性分析法严密、具体

B. 对创业机会进行定量评估的方式比较多

C. 刘常勇的创业机会评价框架共 14 个评价指标

D. 蒂蒙斯创业机会评价体系能够帮助创业者对行业与市场、经济价值等做出判断

（5）影响创业机会识别的因素不包括（　　　）。

A. 先前经验　　　　　　　　　　　B. 认知因素

C. 社会网络　　　　　　　　　　　D. 素质技能

（6）下列选项中，不属于大学生创业者自身能力的是（　　　）。

A. 创业愿望　　　　　　　　　　　B. 创业技能

C. 社会资源　　　　　　　　　　　D. 市场机会

（7）选择创业项目的步骤是（　　　）。

A. 明确资源状况→判断资源优势→初选→复选→判断对项目的掌控力

B. 明确资源状况→判断资源优势→罗列预备选项→市场调查→判断对项目的掌控力

C. 明确资源状况→判断资源优势→初选→市场调查→判断对项目的掌控力

D. 明确资源状况→整合多边资源→初选→市场调查→判断对项目的掌控力

（8）运用 SWOT 分析法分析创业项目时首先应当（　　　）。

A. 评估自身的优势和劣势　　　　　B. 找出面临的机会和威胁

C. 评估创业项目的潜力　　　　　　D. 根据项目设定工作计划

（9）下列选项中，不属于当前社会和经济生活主要变化趋势的是（　　　）。

A. 社会老龄化　　　　　　　　　　B. 受教育水平提高

C. 低储蓄率和净资产减少　　　　　D. 信息产业迅速发展

（10）下列选项中，不属于蒂蒙斯创业机会评价体系内容的是（　　　）。

A. 行业与市场　　　　　　　　　　B. 经济价值

C. 管理团队　　　　　　　　　　　D. 回报评价

4. 多选题

（1）创业机会的特征包括（　　　）。

A. 隐蔽性　　　　　　　　　　　　B. 偶然性

C. 时限性　　　　　　　　　　　　D. 可开发性

（2）创业机会的来源包括（　　　）。

A. 大学生创业者的家庭支持　　　　B. 创业市场外部环境的变化

C. 大学生创业者自身能力　　　　　D. 消费者的消费倾向

（3）SWOT 分析法需要分析的内容包括（　　　）。

A. 内部环境优势　　　　　　　　　B. 内部环境劣势

C. 外部环境机会　　　　　　　　D. 外部环境威胁

（4）刘常勇的创业机会评价框架包括（　　　）。

A. 市场评价　　　　　　　　　　B. 回报评价

C. 团队评价　　　　　　　　　　D. 资源评价

（5）大学生创业者可以（　　　），来识别创业机会。

A. 通过市场调研发现机会　　　　B. 通过消费者需求发现机会

C. 通过问题导向发现创业机会　　D. 通过创新变革发现创业机会

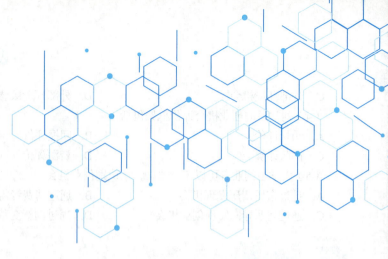

CHAPTER 04

项目四

打造创业团队

学习目标

- 了解创业团队的基本要素、生命周期及类型。
- 掌握创业团队的成员构成及组建程序。
- 熟悉创业团队的文化建设。
- 掌握创业团队的绩效管理和激励机制。

学习重点与难点

- 创业团队成员的选择。
- 创业团队的绩效管理工具与绩效考核体系。
- 创业团队的激励机制。

任务一
创业团队概述

▶▶ 【名人名言】

即便失去现有的一切财产，只要留下这个团队，我就能再造一个微软。

——比尔·盖茨（Bill Gates，微软公司创始人）

一、创业团队的基本要素

创业是一项复杂的、长期的活动，有很多不同类型和领域的具体事务需要处理。因此，大学生创业者难以靠自己的力量完成创业活动，需要寻找"左膀右臂"，共同开创事业。事实证明，与个人创业者相比，创业团队对创业机会的识别、开发、利用能力往往更强。

创业团队是指在创业初期，由一群才能互补、责任共担、愿为共同的创业目标而奋斗的人所组成的特殊群体。狭义上，创业团队包括有着共同目的、共享创业收益、共担创业风险的一群经营新成立的企业的人，也包括以雇佣关系为创业企业服务的员工；广义上，创业团队还包括与创业过程有关的各种利益相关者，如投资人、供应商等。

任何创业团队的构建都必须拥有一定的基本要素，相关学者将这些基本要素归纳为"5P"，即目标（Purpose）、定位（Place）、权限（Power）、计划（Plan）和成员（People）。

（1）目标。创业团队应该有一个既定的共同目标，没有目标，这个团队就没有存在的价值。在创业企业的管理中，目标主要通过创业企业愿景和战略的形式体现出来。

（2）定位。创业团队的定位包含两层意思：一是创业团队整体的定位，包括创业团队在企业中处于什么位置，由谁选择和决定团队的成员，创业团队最终应对谁负责，创业团队采取什么方式激励下属等；二是个体的定位，包括成员在创业团队中扮演什么角色，是制订计划还是具体实施或评估等。

（3）权限。创业团队中领导人员的权力大小与团队的发展阶段和创业企业所在的行业相关。在创业团队成立初期，领导权相对比较集中；随着企业规模的不断发展壮大，领导权一般会逐渐分散。

（4）计划。最终目标的实现需要一系列具体的行动方案，因此"计划"可以理解为达到目标而制订的具体工作程序。只有按计划执行既定目标，创业团队才能一步一步地接近目标并最终实现目标。

（5）成员。在一个创业团队中，人力资源是所有创业资源中最活跃、最重要的资源，大学生创业者应充分调动创业团队的各种资源，提升团队的综合实力。在创业过程中，创业团队还应不断吸收外来人才，增加人才储备，逐步建立科学的团队组织结构。

拓展阅读

创业团队的价值

相较于个人独立创业，创业团队的价值主要表现在优势互补、风险共担、辅助决策及增强竞争力4个方面。

（1）优势互补。个人的能力是有限的，一个人的精力和能力通常无法使其兼顾创业过程中的所有事情。只有找到可以取长补短、彼此协助的人，才更容易达成目标。通过优势互补建立起来的创业团队，能够充分发挥每个人的特点，将个体能力运用到极致，最终达到整体效益大于个人效益之和的效果。

（2）风险共担。创业团队是一个整体，具有一荣俱荣、一损俱损的特点。团队成员共同对企业运营过程中可能出现的问题负责。当资金不足时，团队成员可以平均分担；当技术出现问题时，团队成员可以协商解决。每个成员既分工合作又互相帮助，保证创业项目正常运转。这样既减轻了个人创业的压力，又分散了创业的风险。

（3）辅助决策。所谓"一人计短，二人计长"，大学生创业者自己难免会有考虑不周的地方。此时就需要具有判断能力和识别能力的合作伙伴提出建议，帮助大学生创业者做出正确的决定。

（4）增强竞争力。个人的能力往往比不上团队的力量，企业发展到最后，比拼的不再是个人能力，而是人才储备、合作伙伴和资源。创业团队中拥有越多的人才，并能够营造一个团结向上、积极进取的氛围，企业就可以在激烈的市场竞争中始终处于有利的地位。

二、创业团队的生命周期

世界上任何事物的发展都要遵循从产生到灭亡的生命周期，创业团队也是如此。一个创业团队要想长期稳定地发展，必须掌握生命周期的变动规律，并及时调整团队的发展战略。一般来说，创业团队生命周期，亦即发展过程，会经历组建期、成长期、成熟期、衰退期、蜕变期5个阶段，如图4-1所示。

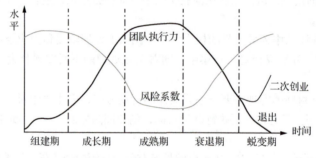

图4-1　创业团队的生命周期

（一）组建期

组建期是创业团队发展的启蒙阶段。此时，因为共同的目标，创业团队初步建立，并形成成员间的人际关系和工作关系等。创业团队在组建期有以下特征。

（1）创业团队成员往往不稳定，在组织上也面临很多的不确定性，可能会面临重新分工、决策权易主、目标更改等颠覆性的变革。

（2）创业团队往往存在技术还不成熟、市场还未打开、盈利模式还未形成、发展战略还不清晰的情况。同时，随着办公、产品开发和营销等活动的开展，企业的资金需求压力逐渐加大。

综合而言，在组建期，创业团队在执行力上处于较低水平，且风险较大。

（二）成长期

在成长期，创业团队随着项目的推进而不断收获信心。虽然团队内部开始产生各种观念碰撞，但分歧和矛盾往往被发展所掩盖或消弭，因此团队总体趋于稳定，团队执行力稳步上升。

此时，随着技术水平的不断提升，创业团队的产品开始逐步被市场认可，占有率也同步提高。但相应地，资金的需求量也急剧增加，因此企业仍然面临较高的市场风险和管理风险。

（三）成熟期

成熟期也称规范期，这一阶段，创业团队的整体工作效率提高，团队执行力稳定在高位。

在商业方面，成熟期的创业团队在产品生产、营销服务、内部管理方面均已较为完善，市场占有率稳定，规模效应与运营模式处于最优状态，运营风险显著降低。

（四）衰退期

在衰退期，创业团队原有的经营业务和产品由于市场竞争的加剧开始出现利润缩减的趋势，同时企业的运营成本处于高位，因此运营风险上升。

此时，创业团队本身也面临较大问题：一是"组织惰性"，即组织内成员的地位、工作流程、思维固化，整体趋于保守，失去了创新力与活力；二是发展停滞后，团队内部的观点分歧与矛盾愈演愈烈，导致人才流失、效率下降。因此，团队执行力大为减弱。

（五）蜕变期

蜕变期又可以称为哀痛期，指的是团队发展的谷底阶段。这一阶段，创业团队内部成员普遍有失落感，对团队未来发展持悲观态度，团队未来的不确定性极高。

此时的团队发展有两条路：一是团队解散，彻底退出市场；二是团队蜕变，实现"二次创业"。所谓二次创业，实际上是进行内部变革（更换领导者、大规模变动成员、重新分配职责、更换决策方式等），进入新的团队发展生命周期。此时，团队成员的状况类似于组建期。

值得注意的是，创业团队的发展轨迹不一定是线形的，而有可能是循环式的；并且团队从一个阶段跨向另一个阶段的时候，团队内部成员的行为特征变化有时并不明显。

三、创业团队的类型

创业团队是一个集体，根据各个成员的话语权与关系的不同，创业团队可以分为星状创业团队（Star Team）、网状创业团队（Net Team）和虚拟星状创业团队（Virtual Star Team）3 种类型。

（一）星状创业团队

星状创业团队也称"核心型"创业团队。在"核心型"创业团队中，一般由一个核心人物充当领袖的角色。通常情况下，"核心型"创业团队是核心人物先有了创业的想法，然后自行组建创业团队。"核心型"创业团队具有以下 4 个显著的特点。

（1）组织结构紧密，向心力强，核心人物对团队中的其他成员影响较大。

（2）决策程序相对简单，组织效率较高。

（3）容易形成权力过分集中的局面，从而增加决策失误的风险。

（4）当组织内发生冲突时，由于核心人物的特殊权威，团队中其他成员往往处于被动和弱势地位；在冲突较为严重时，其他成员无法抗衡核心人物，一般会选择离开团队。

（二）网状创业团队

网状创业团队亦称"圆桌型"创业团队。"圆桌"一词来源于英国。相传在 5 世纪，英国国王亚瑟在与他的骑士们商议国事时，大家都围坐在一张圆形的桌子边，骑士和国王之间不排位次，后来"圆桌"被用以代指平等的成员关系。

网状创业团队的成员通常在创业之前就有密切的联系，如同学、亲友、同事等。创业团队成员一般是在交往过程中，就创业计划达成共识以后，才开始创业。网状创业团队在初创时，没有明确的核心人物，成员根据各自的特点自发进行组织角色定位，每个成员的地位较为平等。这种团队有以下 4 个明显的特点。

（1）团队没有明显的核心人物，整体组织结构较为松散。

（2）一般采用集体决策的方式，通过团队成员的沟通和讨论达成一致意见，决策效率相对较低。

（3）由于团队成员在团队中的地位相似，所以组织中容易形成多头领导的局面。

（4）当团队成员之间发生冲突时，一般采取平等协商、积极解决的态度消除冲突，团队成员不会轻易离开。但是一旦团队成员间的冲突升级，某些成员撤出团队，就容易导致整个团队涣散。

（三）虚拟星状创业团队

虚拟星状创业团队又称"虚拟核心型"创业团队，由网状创业团队演化而来，是前两种创业团队的中间形态。在"虚拟核心型"创业团队中，团队成员经协商确定一名核心成员。核心成员是整个团队的代言人，但并非主导型人物，其在团队中的行为必须充分考虑其他成员的意见，权威性低于"核心型"创业团队中的核心人物。

👁 **案例 4-1 —— "铁三角"团队耕耘的甜蜜事业**

在云南省西双版纳傣族自治州勐腊县，有 3 位大学生被当地民众称为"铁三角"，他们在祖国的南疆肆意挥洒青春，谱写了助农惠农的创业之歌。林彤，2016 年毕业于江苏经贸职业技术学院国际商务专业。毕业之际，她与学长汪炳德，以及毕业于东华大学的好友钱卫新，一同创立了云南滇云蜜语生物科技有限责任公司（以下简称"滇云蜜语"），开启了创业之路。

滇云蜜语项目依托西双版纳热带原始森林保护区资源，以"公司＋村集体＋合作社"的合作模式开发优质天然野生蜂蜜，坚持为消费者提供真蜂蜜、良心蜜、放心蜜。但创业的路并不是一帆风顺的。2017 年年初，项目还处于酝酿中，团队为了弥补经验的不足，决定到成熟的蜂蜜产业发展地区考察，由此开始了长达 33 天、行程万里的学习之路，多处考察调研消费市场，学习成熟蜂蜜企业的成功经验并考察蜂农养蜂技术，以寻找发展思路。2017 年 7 月 14 日，"万里寻蜜"考察正式结束，团队成员相聚在西双版纳，决定正式开展项目。当年 9 月选址建厂后，三人又有了不同的分工。

林彤在校期间有着 3 年的新媒体运营经验，并于 2014—2015 年在南京市团委实习，认真、细致、严谨的她主动承担起了"生产许可证"的申报工作，让一切都合规合法。

汪炳德学的专业是广告学，曾在央视实习，对产品推广、品牌展现等有着很强的功底，于是展厅的设计、纪录片的拍摄、产品的包装都由他负责。

钱卫新学的专业是行政管理，他思维敏捷，沟通组织协调能力强，建厂期间与工程队沟通、与政府各部门沟通等外联工作都由他来完成。

团队成员之间形成了彼此信任、角色和能力互补的良好格局。2018 年 1 月，滇云蜜语通过了审核，获得了"食品生产许可证"，实现了西双版纳优质蜂蜜的正规化生产。到 2020 年，滇云蜜语已发展成为一个全产业链覆盖的综合性蜂蜜企业，业务涵盖生物工程技术开发、咨询推广、天然蜂蜜资源开发、蜂蜜功效研究及优质蜂蜜产出技术开发等。目前，已建成一个蜜蜂研究所、两个蜂业合作社、两个蜂业公司、一个电子商务公司，在云南、江苏、上海等地建立了线下体验店。

2020年，滇云蜜语发展蜂产业，已累计覆盖3万余人，带动5 000多农户，累计增收2 560万元，成为西双版纳傣族自治州农业、林业双龙头企业，获得了全国"万企帮万村"先进民营企业、"云南省脱贫攻坚奖——扶贫明星企业"等多项荣誉。

课堂思考与讨论

（1）滇云蜜语的创业团队是什么类型？目前团队处于哪一生命周期阶段？

（2）滇云蜜语的创业团队是如何组建的？其团队成员各自的优势是什么？他们是如何分工的？

任务二
创业团队的组建

【名人名言】

我们每个人都会自觉不自觉地夸大自己的能力和贡献，自觉或不自觉地贬低别人的能力或贡献，所以一定要用放大镜看团队中他人的优点，也许那才是真实的。

——雷军（小米科技创始人、董事长）

一、创业团队的组建原则

大学生创业者组建创业团队，实际上就是为创业吸引核心人才。人才越多、越优质，人才结构越合理，团队的生存能力以及获取资源、利用资源的能力也就越强。要想使自己的创业团队人才多，人才结构合理，大学生创业者在组建创业团队时，就需要遵循一定的原则。

（1）目标明确合理原则。创业目标必须明确、合理、切实可行，这样才能使团队成员清楚地认识到共同的奋斗方向，才能真正达到激励的目的。

（2）互补原则。创业者寻求团队合作的主要目的，就在于弥补创业目标与自身能力间的差距。只有当团队成员相互间在知识、技能、经验等方面实现互补时，才有可能通过相互协作发挥出"1+1 > 2"的协同效应，因此团队成员之间要做到诚实守信、志同道合、取长补短、分工协作、权责明确。

（3）精简高效原则。为了减少创业期的运作成本，各成员最大比例地分享成果，创业团队的人员构成应在保证企业高效运作的前提下尽量精简。

（4）动态开放原则。创业是一个充满了不确定性的过程。因能力、观念等方面的不匹配，团队中可能有人会选择离开，但同时也会有人加入进来。因此，大学生创业者在组建创业团队时，应注意保持团队的动态性和开放性，使真正完美匹配的人员能被吸纳到创业团队中来。

小故事——房谋杜断

房玄龄和杜如晦都是唐太宗李世民的谋士，二人早在李世民还未登基时便已在他左右辅佐，为他立下了汗马功劳。李世民当了皇帝后，任命房玄龄和杜如晦为宰相，他在处理许多重要事务时都与二人商量。房玄龄善于谋划，往往能够提出许多有用的意见；而杜如晦擅长决断，总能做出最佳的判断。二人辅助李世民将国家治理得井井有条，传为美谈，后世史家便有"房知杜能断大事，杜知房善建嘉谋"的说法。

故事感悟：对于人才众多的团队而言，用人既要体现成员的个体优势，又要有最佳的人才结构。

二、创业团队的成员构成

一个个不同的成员组成了创业团队这一整体，这些成员的特质决定了团队整体的表现，可以说，成员是什么样的，创业团队就是什么样的。按照不同的标准，创业团队的成员可以划分为不同的类别。

（一）按照成员地位划分

根据加入团队的时间和承担风险责任程度的差异，一个成熟的创业团队通常可分为从核心到外延的 4 类成员，每类成员承担不同的工作，承担不同程度的风险，如图 4-2 所示。

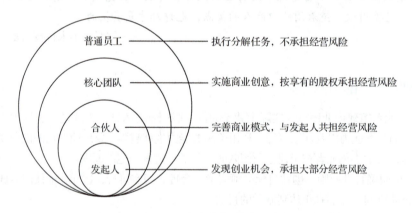

图 4-2　团队成员的地位划分

（1）发起人。发起人也叫创始人，是整个创业项目最初创意的来源，他发现了创业机会并最早萌发了启动创业项目的意愿。整个创业团队以发起人为核心，再逐步加入其他人员进来。通常，发起人是项目的主要投资人，占有最多的股份，也因此承担着最高的风险。

（2）合伙人。创业项目的合伙人一般在创业初期加入，需要根据发起人提出的创业机会，设计商业模式，并真正使项目运作起来。通常，合伙人以资金、实物、技术、技术性劳务等形式出资，与发起人一起成为创业项目的投资人，并依照自己的股份比例承担创业项目的经营风险。

（3）核心团队。核心团队的成员由技术、营销、财务等具有专业技能的人员构成，主要承担将先前确定的商业模式加以细化完善，使之成为具体的商业创意的职责。在很多情况下，构成这个核心团队的主要成员由创业项目所有者和各种技术骨干组成。核心团队的成员在工作满一定年限或达到某一职级后，往往可以获得少量的股权（或期权），因此也会承担相应的经营风险。

（4）普通员工。普通员工一般是在创业项目发展过程中逐步进入创业团队的，由于进入团队的时间较晚，相对而言，与发起人和合伙人的密切程度逊于核心团队的成员。普通员工的主要职责是执行各种具体任务，由于不分享股权，自然也不承担经营风险。

（二）按照工作分配划分

团队成员各有特长和优势，只有每个成员的工作分配都符合自身特质，同时所有成员的分工又形成良好的结构，团队才能高效运作。著名的贝尔宾团队角色理论提出，一个结构合理的团队应该由9种角色组成，每位团队成员必须清楚自己和其他人所扮演的角色，了解如何相互弥补不足，发挥彼此的优势。

贝尔宾团队角色理论提出的9种团队角色分别为审议员/监督者、专家、智多星/创新者、协调者、凝聚者、外交家/信息者、执行者、完成者、鞭策者。其中，审议员/监督者、专家、智多星/创新者为谋略导向型人才，负责创意和提供专业建议；协调者、凝聚者、外交家/信息者为人际导向型人才，负责团队内外的人际交往和关系培养；执行者、完成者、鞭策者为行动导向型人才，负责执行团队任务，达成团队目标。贝尔宾团队角色理论中各角色的特征和作用如表4-1所示。

表4-1　贝尔宾团队角色理论中各角色的特征和作用

类型	角色	特征	在团队中的作用
谋略导向型	审议员/监督者（Monitor Evaluator）	优点：理智谨慎，判断力和分辨力强，讲求实际	分析问题和情景；对繁杂的材料予以简化，并澄清模糊不清的问题；对重要决策进行评估判断；对他人的作用做出评价
		缺点：缺乏鼓动和激发他人的能力	
	专家（Specialist）	优点：主动自觉，全情投入，能够提供不易掌握的专业知识和技能	提供专业建议
		缺点：能够贡献的范围有限	
	智多星/创新者（Plant）	优点：思维活跃，想象力丰富，知识面广，具有创新精神	出谋划策，提供建议；提出批评并有助于引出相反意见；对已经形成的行动方案提出新的看法
		缺点：高高在上，不重细节，不拘礼仪	
人际导向型	协调者（Co-ordinator）	优点：沉着自信，看待问题比较客观，拥有控制局面的能力	协助明确团队目标和方向；帮助确定团队中的角色分工、责任和工作界限
		缺点：在智能及创造力方面稍逊一筹	
	凝聚者（Teamworker）	优点：擅长人际交往，具有较强的环境适应能力和团队凝聚能力	给予他人支持与帮助，消除或克服团队中出现的分歧
		缺点：危急时刻优柔寡断	
	外交家（Resource Investigator）	优点：外向热情、好奇心强、人际关系广泛、消息灵通	提出建议，并引入外部信息；发掘可以获得并利用的资源
		缺点：兴趣转移快	

续表

类型	角色	特征	在团队中的作用
行动导向型	执行者（Implementer）	优点：保守，务实可靠，勤奋	将计划贯彻执行
		缺点：缺乏灵活性，对没有把握的主意不感兴趣	
	完成者（Completer Finisher）	优点：勤奋有序，有紧迫感，理想主义，完美主义	强调任务的目标要求；查漏补缺，督促他人完成
		缺点：拘泥于细节，容易焦虑，不洒脱	
	鞭策者（Shaper）	优点：思维敏捷，开朗，主动探索，有干劲，爱挑战	寻找和发现方案，推动团队达成一致意见，并按决策方案行动
		缺点：好激起争端，易冲动，易急躁	

值得注意的是，虽然一支结构合理的团队需要由上述9种角色来组成，并且这些角色都各具特点，但是并不意味着每一种角色的数量都一致，也不是说每一个团队成员只能担任一种角色。事实上，一些团队成员可以肩负两个甚至更多角色，而有的角色需要多人来共同担当，有的角色（如专家）还可以外包给其他组织担任。

三、创业团队的组建程序

对于大学生创业者而言，创业团队的组建是一个相当复杂的过程。不同类型的创业项目对团队的要求不同，创业团队的组建程序也不一样。但是概括来讲，大学生创业者组建创业团队一般包括以下6个步骤，如图4-3所示。

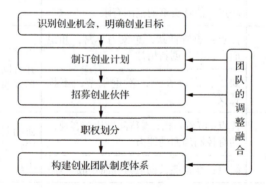

图4-3 创业团队的组建程序

（一）识别创业机会，明确创业目标

识别创业机会是组建创业团队的起点。如果创业机会在市场层面拥有优势，就需要较多的市场开拓方面的人才；如果创业机会在产品层面拥有较多的优势，就需要较多的技术人才。

创业团队的总目标是完成创业阶段的技术、市场、规划、组织、管理等各项工作，使企业从无到有、从起步到成熟。

（二）制订创业计划

创业计划应确定在不同的创业阶段需要完成的具体任务，并明确团队中各个角色的职责。

（三）招募创业伙伴

招募合适的创业伙伴是组建创业团队关键的一步。对于大学生创业者来说，创业团队的规模往往有限，而对人才的需求又特别旺盛，因此对任何一个成员，都需要精心考量。在招募创业伙伴时，大学生创业者需要考虑以下因素。

1. 合作原因

为什么需要新成员？这是大学生创业者首先需要考虑的问题。特别是对于合伙人级别的成员，大学生创业者更应多加考虑。

（1）自己有独立承担风险的能力吗？若不能，可考虑选择资金雄厚、经验丰富的合伙人，以提升创业项目整体的抗风险能力。

（2）创业项目的复杂程度超过自己的把控吗？创业项目复杂程度越高，就越需要周密考虑，对创业者的要求也就越高。若创业项目的复杂程度超过了大学生创业者的把控，那么引入恰当的合伙人就十分必要。

（3）创业项目是否存在自己无法弥补的短板？创业项目如果在关键的领域，如技术、人力、必要设备、原材料渠道等方面有明显的短板，而大学生创业者自己无法或难以弥补的话，就应该考虑引进有相关资源的合伙人。

↑　小故事——刘邦的"三不如"

　　秦末，刘邦打败了项羽，成为西汉的开国皇帝。一次，刘邦在洛阳南宫摆酒宴招待文武百官，问百官他与项羽的区别，百官纷纷夸赞他大仁大义。刘邦却说："要说运筹帷幄之中，决胜千里之外，我不如张良。要说镇守国家，安抚百姓，运送军粮，我不如萧何。要论统领百万大军，战必胜，攻必克，我不如韩信。这三人都是人中豪杰，而我能任用他们，这才是我取得天下的根本原因。项羽勇冠天下，冲锋陷阵无人可挡，但只有一个谋臣范增，且并不能完全信任范增，这就是我战胜项羽的原因。"

　　故事感悟：优秀的创业者必须善于用人，将有才华、有能力的人吸纳进自己的团队，并充分发挥他们的作用。

2. 人员素质

当然，并非所有"具有某方面长处"的人都适合被吸纳进创业团队。在招募创业伙伴时，大学生创业者还需要考虑招募对象的个人素质，否则可能导致团队的混乱和分裂。对人员素质的考虑具体包括以下方面。

（1）志同道合。团队成员应该与大学生创业者有着共同的愿景，认可创业项目，认同创业团队整体的价值观，这样，团队成员才能真正成为创业团队的一员，共同面对创业过程中可能遇到的挫折与困难。否则，当创业者与团队成员之间出现意见分歧时，将难以协调做出最恰当的策略，对公司的发展有很大的阻碍。

（2）个性特质。个性特质会影响团队成员对团队的适应以及与其他成员的合作。例如，团队成员应对同伴保持基本的信任，没有信任，创业团队很难建立起来，即使建立也会纠纷不断，甚至土崩瓦解。其他如冷静、包容、乐于沟通、乐于接受意见等个性特质，对创业团队也有重要意义。

（3）具有团队需要的长处。一般而言，一个创业团队至少需要管理、技术和营销 3 方面的人才，只有这 3 方面的人才形成良好的沟通协作关系后，创业团队才有可能实现稳定高效的运转。招募团队成员的直接目的是让新成员加入团队，负责某方面的工作，因此必然要求新成员具有一技之长，且其长处符合团队需要，即能否与其他成员在能力或技术上形成互补。这种互补性既有助于强化团队成员间彼此的合作，又能保证整个团队的核心战斗力，更好地发挥团队的作用。

3. 合作方式

合作方式即团队成员内部就创业项目的权力、职责和利益方面的分配。在创业初期，对于合伙人而言，大学生创业者需要重点就双方的职责划分、各自的投入比例与利润分配方式、退出方式等做出明确约定。

（四）职权划分

为了保证团队成员执行创业计划、顺利开展各项工作，创业团队必须预先在内部进行职权划分。创业团队的职权划分就是根据执行创业计划的需要，具体确定每个团队成员所要担负的职责及其应有的权限。团队成员间职权的划分必须明确，既要避免职权的重叠和交叉，又要避免因无人承担造成工作上的疏漏。此外，由于大学生创业者面临的创业环境较为复杂，会不断出现新的问题，团队成员可能会不断更换，所以创业团队成员的职权也应根据需要不断地进行调整。

（五）构建创业团队制度体系

创业团队制度体系体现了创业团队对成员的控制和激励能力，主要包括团队的各种约束制度和各种激励制度。

（1）创业团队通过各种约束制度（主要包括纪律条例、组织条例、财务条例、保密条例等）指导成员，避免其做出不利于团队发展的行为，实现对成员行为的有效约束，保证团队的稳定秩序。

（2）创业团队要实现高效运作需要有效的激励机制（主要包括利益分配方案、奖惩制度、考核标准、激励措施等），使团队成员能够看到随着创业目标的实现，个人将会得到怎样的利益，从而达到充分调动成员的积极性、最大限度发挥团队成员作用的目的。创业团队要实现有效的激励，首先就必须把成员的收益模式界定清楚，尤其是关于股权、奖惩等与团队成员利益密切相关的事宜。

（六）团队的调整融合

完美组合的创业团队并非创业一开始就能建立起来，很多时候团队是在企业创立一定时间之后随着企业的发展逐步形成的。随着团队的运作与成长，团队在人员匹配、制度设计、职权划分等方面的不合理之处会逐渐暴露出来，这时就需要对团队进行调整融合。由于问题的暴露需要一个过程，所以团队的调整融合也应是一个动态、持续的过程。

团队的调整融合工作一般应专门针对团队运行中出现的问题，不断地对前几个步骤的具体实施进行调整，直至满足实践需要。在进行团队调整融合的过程中，最重要的是保证团队成员间经常进行有效的沟通，培养、强化团队精神，提升团队士气。

任务三
创业团队的管理

▶▶▶【名人名言】

大家做出努力之后有公道的回报，在利益分配方面比较公平。这是我们的诀窍。

——熊晓鸽（IDG 技术创业投资基金董事长）

一、创业团队的文化建设

团队文化是团队的"魂"，是团队重要的软实力，无时无刻不在"塑造"团队成员。优秀的文化鼓舞人、激励人，低劣的文化侵蚀人、污染人。大学生创业者要想打造一支高效率的团队，就必须首先认识团队文化，然后通过树立积极愿景、营造健康风气、树立先进典型等方式建设创业团队的文化。

（一）认识团队文化

团队文化是指团队成员在相互合作的过程中，为实现各自的人生价值，并为完成团队共同目标而形成的一种潜意识文化。大学生创业者可以从以下 3 个方面认识团队文化。

（1）团队文化是团队中成员彼此长期交往过程中形成的共同理想、基本价值观、工作目标等团队行为规范的总和。

（2）团队文化是在经营管理过程中创造的，是具有团队特色的精神财富的总和，对团队成员有感召力和凝聚力，能把众多人的兴趣、需求以及由此产生的行为统一起来。

（3）团队文化是团队领导者倡导、培植并身体力行的结果，通过各种方式渗透到全体团队成员的日常行为中去，日积月累而逐步形成。团队文化一旦形成，就会对团队管理发挥巨大的影响。

（二）树立积极愿景

创业团队文化建设的首要工作就是树立创业团队的愿景。愿景是创业团队领导者及团队成员想要创造的、创业团队可能实现的、对未来结果的描述，包括企业使命、核心价值观、目标 3 个要素。只有当 3 个要素都被清晰地描述和理解时，愿景才是有力的、持久的。

（1）企业使命。企业使命是创业团队存在的意义，也是通向愿景的途径。通俗而言，企业使命就是说明"应该始终坚持做什么和怎么做才能达到愿景"。

（2）核心价值观。核心价值观是创业团队的指导原则，即团队需要共同遵守的、倡导的行为准则、底线和信条等。

（3）目标。创业团队需要有具体的目标，如企业成立多久可以实现收支平衡，年销售额是多少，市场占有率上升到多少等。

以蒙牛集团为例，其愿景为"以消费者为中心，成为创新引领的百年营养健康食品公司"；其企业使命是"专注健康营养，每一天、每一刻为更多人带来点滴幸福"；其核心价值观则是"诚信、创新、激情、开放"；目标则是"跻身'世界乳业 10 强'、产品出厂合格率达 100%，成为中国和世界乳品业制造商的领先企业……"。蒙牛集团的企业使命、核心价值观、目标都是为愿景服务的，而其积极的愿景持续激励着员工，不断引领集团发展前进。

（三）营造健康风气

"与善人居，如入芝兰之室，久而不闻其香，即与之化矣。与不善人居，如入鲍鱼之肆，久而不闻其臭，亦与之化矣。"好的风气能够引人向上，坏的风气则使人堕落。因此，大学生创业者必须努力地在团队内营造健康风气。健康的风气具体包括以下几点。

（1）尽职尽责的风气。完成自己的工作任务是对团队成员的基本要求，大学生创业者应该以身作则，做到不拖延、不推诿、不发牢骚，并通过对成员的鼓励、劝诫、表扬等方式，在团队内宣传尽职尽责的良好风气。

（2）沟通协作的风气。对于创业团队而言，及时沟通和紧密合作非常重要，大学生创业者可以通过定时会议、集体活动、组织讨论、搭建沟通渠道等方式鼓励成员间的交流和互动，以形成沟通协作的良好风气。

（3）学习的风气。随着企业的发展、项目的推进，团队成员需要负责的事务会更多、更复杂、更专业，这就要求团队成员不断学习进步。大学生创业者可以通过举办读书会、进行心得分享、组织培训等方式，让团队成员有动力学、有条件学，进而形成长期的学习风气。

（4）敢于创新的风气。新创企业要求生存、谋发展，创新是必不可少的。大学生创业者要鼓励成员创新，在制度上、组织上为成员创新清除障碍，最终在团队内部营造出敢于创新的风气。

（四）树立先进典型

大学生创业者可以有意识地对在工作中做法先进、成绩突出的成员加以肯定和表扬，同时要求大家学习，通过榜样的力量来规范、引导员工的行为，最终在团队内部形成"人人以先进典型为目标，人人争当先进典型"的氛围。

✈ 小故事——商鞅徙木立信

战国时，秦孝公任命商鞅在秦国开展变法。商鞅想要实施自己的变法政策，又怕老百姓不信任，影响变法推进。于是，他思前想后，决定在国都市场南门立下一根三丈长的木头，并当众许下诺言：谁能够把这根木头搬到北门就赏十镒（古代重量单位，一镒合二十两，另有一说合二十四两）黄金。百姓对此感到惊讶，因为将木头搬到北门并不难，赏金却非常高，所以没有人敢去搬木头。商鞅于是进一步提高赏金，宣布说："谁能够搬过去就赏五十镒黄金。"人们蠢蠢欲动。最终，有一个人出来将木头搬到北门，商鞅立即赏给他五十镒黄金。得到赏金的人大喜，其他百姓则纷纷捶胸顿足，后悔自己没抓住机会。经过这一件事，商鞅每次发布告示，百姓都积极配合，变法很快在秦国推行开来。

故事感悟：榜样的力量很显著，商鞅借此在百姓中形成了"配合变法"的风气。

二、创业团队的绩效管理

绩效是指企业、团队或个人在资源、条件、环境，以及相关职位职责的要求下实现的工作结果和在此过程中所表现出来的行为。团队的工作就是所有人绩效的总和，大学生创业者要想提高团队工作效率，就需要重视绩效管理。

（一）认识绩效管理

从团队成员的角度看，绩效是其工作及工作成果的一种体现，反映了其对目标的实现程度及其自身的内在素质和潜能。绩效管理是团队管理者与团队成员通过持续开放的沟通，就组织目标和目标实现方式达成共识与承诺，并促进团队成员取得优异成绩的管理过程。对于大学生创业者而言，绩效管理具有以下作用。

（1）绩效管理有助于团队内部的沟通。绩效管理作为一种帮助、辅导的过程，能促进各成员积极配合和坦诚相待，使团队管理者与团队成员的关系变得友善，团队内部的沟通更加顺畅。

（2）绩效管理有助于节约成本。绩效管理可以让团队成员明确自己的各项任务指标，避免团队管理者向团队成员复述工作内容等烦冗工作，从而减少管理者的时间和精力成本。

（3）绩效管理有助于促进团队成员的自我发展。绩效管理不仅能够让团队成员明确自己的工作目标和劳动报酬，还能促进其与管理者的沟通，能帮助其不断地审视自己，促使其学习新的知识和技能，以获得更好的发展。

（4）绩效管理有助于建立和谐的团队文化。绩效管理的核心在于沟通，良好的沟通可以减少团队管理者与团队成员的摩擦和冲突，营造友好、开放的工作氛围，建立和谐的团队文化。

（5）绩效管理是实现团队目标的重要工具和手段。绩效管理的出发点是绩效计划，绩效计划则是通过创业团队的组织战略来设计的。所以，绩效管理可以帮助创业团队贯彻和实施组织战略，实现团队目标。

（二）绩效管理工具

创业团队要在内部开展有效的绩效管理，就需要遵循制订绩效管理计划、实施和控制计划、分析和反馈计划，以及评估和修正计划的整个流程，将绩效管理目标分解成部门目标和团队成员个人目标，通过对团队成员的工作结果、工作行为等进行评估、反馈、修正，来提高团队成员的绩效，继而提升整体绩效，实现团队创业目标。

同时，为了提高绩效管理的效率，大学生创业者在进行绩效管理时，可以使用科学的绩效管理工具。常用的绩效管理工具如表 4-2 所示。

表 4-2　常见的绩效管理工具

绩效管理工具	管理工具使用方法
目标管理工具	1. 制订团队绩效管理的整体目标
	2. 将目标分配到各个部门，部门责任人设定本部门目标
	3. 部门成员设定自己的具体目标
	4. 团队管理者与团队成员共同商定行动计划，以实现目标
	5. 实施计划，定期检查和反馈计划
	6. 结合绩效奖励等激励方式促进目标更好地实现
标杆管理工具	1. 选择行业内绩效管理成果优秀的企业作为标杆，或选择团队内部绩效较好的个人作为标杆
	2. 根据标杆分析原因，寻找差距，找到改进方法
	3. 对改进方法进行落实，同时总结经验，形成新的、适合自己的方法

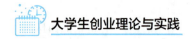

续表

绩效管理工具	管理工具使用方法
关键绩效指标	1. 运用鱼骨分析法建立关键绩效指标体系，确定关键成功因素，并将其分解为关键业绩指标
	2. 通过关键业绩指标对各部门的具体工作进行量化
	3. 逐步完善、落实关键业绩指标和绩效管理流程
	4. 运用团队文化、制度等帮助绩效管理目标更好地实现
平衡计分法	1. 结合团队战略，从财务、客户、内部经营流程、学习与成长4个方面设定具体绩效指标
	2. 根据绩效指标提出各部门的具体量化考核指标，并分解、传达到下级各层
	3. 确定年度、季度和月度的具体绩效考核指标及标准
	4. 跟踪、检查团队成员绩效完成情况，定期汇报各部门绩效考核结果，并对其进行评估、分析和调整

（三）建立绩效考核体系

绩效考核是创业团队绩效管理中一个非常重要的环节，指考核主体对照工作目标和绩效标准，采用科学的考核方式，评定团队成员的工作任务完成情况、工作职责履行程度和发展情况，并且将评定结果反馈给团队成员的过程。绩效考核是一个团队需要长期持续进行的管理工作。为了确保绩效考核工作能够持续稳定开展，大学生创业者需要建立绩效考核体系。建立绩效考核体系可以按照以下步骤进行。

1. 确定绩效考核目的

建立绩效考核体系的第一步，就是确定绩效考核的目的。绩效考核的目的主要可以从团队的战略目标层和人力资源管理层两个层面进行理解。

（1）从创业团队的战略目标层来说，高效的绩效考核可以提高团队的核心竞争力，有利于实现团队长期目标和短期目标的结合及战略转型。

（2）从人力资源管理层来说，绩效考核既可以帮助团队成员了解自己的工作业绩，找到提升绩效的方法，又可以为团队的人力资源决策提供依据。

2. 设计有效的绩效考核方法

绩效考核是绩效管理的重要工作。在建立绩效管理体系时，必须明确绩效考核的方法。常见的绩效考核方法包括排序法、强制分布法、关键事件法、不良事故评估法和行为锚定法。

在了解绩效考核方法的基础上，大学生创业者应该结合工作环境、工作内容和成员工作的独立性等多个因素对绩效考核方法进行选择。例如，稳定性较强的工作或变动较多的工作、程序化的事务性工作或不确定的工作、高独立性的工作或低独立性的工作，适用于不同的考核方法。大学生创业者可以对自身项目和具体工作的综合情况进行分析，判断自己所需的绩效考核方法。

3. 建立绩效考核指标体系

为了按照统一的标准衡量团队成员的绩效，大学生创业者应该建立自己的绩效考核指标体系，将所有成员都置入同一体系进行评价。

绩效考核指标体系主要由绩效考核指标、绩效考核指标权重和绩效考核指标评价标准构成。其中，绩效考核指标是绩效考核的核心，创业团队有明确的绩效考核指标，才能进行有效的绩效考核和绩效管理。

（1）绩效考核指标。绩效考核指标指对团队成员绩效进行考核与评价的项目，主要包括硬指标和软指标两种类型。其中，硬指标是以具体数值表示结果的评价指标，如销售业绩等；软指标是根据考核者的个人情况进行判断的指标，如工作态度等。一般来说，不同的团队在进行绩效考核时，其绩效考核指标是不同的，大学生创业者可以选择合适的方法制订绩效考核指标。制订绩效考核指标的常用方法如表4-3所示。

表4-3　制订绩效考核指标的常用方法

方法名称	使用方法
工作分析法	对某一职位的任职者需要具备的能力及其工作职责进行分析，确定其衡量指标及指标的重要性
个案研究法	在较长时间里连续调查研究某个个体、群体或组织，并从典型个案中推导出普遍规律，如从典型团队成员的工作情境、行为表现、工作绩效中分析绩效考核指标
业务流程分析法	通过对团队成员在业务流程中承担的角色、责任及其同上下级之间的关系进行分析，来确定衡量其工作绩效的考核指标
专题访谈法	通过面对面的沟通，获取有关信息，从而确定其衡量指标，可以个体访谈，也可以群体访谈
问卷调查法	通过问卷调查的形式获取有关信息，从而确定其衡量指标

（2）绩效考核指标权重。绩效考核指标权重是指对各项指标重要程度的评价和衡量，往往反映了团队各项工作的重点、难点。在确定考核指标的权重时，大学生创业者可以根据决策者的经验进行判断，也可以根据各指标的重要程度进行排序，或者组成专家考评小组，对考核指标的权重进行判断和计算。

（3）绩效考核指标评价标准。绩效考核指标评价标准是指团队成员的绩效在各个指标上应该达到的水平，即期望标准。绩效考核指标评价标准是评价绩效考核指标的重要依据，包括描述标准和量化标准等类型。描述标准即用文字描述期望达到的状态，量化标准则用具体的数字来描述期望达到的状态。团队管理者经过长期的观察、分析、总结，然后对各个行为指标下的行为划分等级，可以基于描述标准建立行为标准。量化标准则是团队管理者根据创业团队的绩效指标，来确定各个层面的量化考核标准，并对其进行调整和汇总。

4. 确定绩效考核周期

绩效考核一般有相对固定的周期，如在奖金发放周期、工作任务完成周期等时段进行考核。绩效考核的周期往往由工作性质决定，从事事务性工作的成员，其考核周期相对较短；从事管理、技术等工作的成员，其考核周期则相对较长；从事公共关系、法务等工作的成员，则往往是在工作的某一阶段，如项目完成时进行绩效考核，周期不定。

当然，大学生创业者也可以选择"定期考核＋不定期考核"、对不同项目采取不同周期的方式。例如，对日常工作每月考核，但对工作态度等内容每季度考核。

（四）绩效考核方法

为了保证绩效考核的公平、公正，大学生创业者可以选择适合自己团队的绩效考核方法考核团队成员的绩效。下面介绍几种比较常用的绩效考核方法。

1. 排序法

排序法是一种简单易行的绩效评价方法。大学生创业者可以直接对团队成员的业绩进行排序，也可以采取"掐头去尾"和"逐层评价"的方法获得团队成员业绩的最终排序。其操作方法如下。

（1）列出需要被评估的人员名单，并划去评估者不熟悉的人员。

（2）评价出表现最好和表现最差的团队成员。

（3）在剩余的团队成员中选出表现最好和表现最差的团队成员，以此类推，对所有团队成员进行排序，得出完整的排序名单。

2. 强制分布法

强制分布法是以正态分布原理为基础的绩效考核方法。该方法假设被评估者中同时存在优秀、一般和较差的团队成员。其操作步骤如下。

（1）将绩效表现划分为多个等级，并确定每个等级的人数比例。

（2）将团队成员按工作情况分配到每个绩效等级内，从而确定绩效评估结果。

例如，大学生创业者将绩效表现划分为优秀、良好、中等、不合格4个等级，其中，优秀占比10%，良好占比30%，中等占比50%，不合格占比10%，然后将待考核的团队成员按照其工作情况和已确定的比例，依次划分到相应的等级中。

3. 关键事件法

关键事件法是一种针对工作中重要的、能决定该工作成功与否的任务和职责要素，对可观察到的相关行为表现进行描述，以之作为标准进行绩效考核的方法。其操作步骤如下。

（1）确定关键事件的定义或项目。根据团队的战略目标或部门的工作目标来确定关键事件，或按照往年工作情况和管理者经验，与团队成员共同确定关键事件所包含的项目。

（2）记录团队成员的关键事件。

（3）整理关键事件报告。

（4）根据关键事件报告评定团队成员的绩效。

（5）针对绩效评估结果帮助团队成员提高和改进绩效。

4. 不良事故评估法

不良事故评估法是一种以绩效周期内团队成员身上出现的不良事件作为评估依据的绩效考核方法。出现的不良事件越多，负面影响越大，绩效就越差。其操作步骤如下。

（1）确定不良事故包含的内容，并限定不良事故的处罚标准。

（2）订立不良事故的监督与预防机制。

（3）记录团队成员在绩效周期内的不良事故。

（4）根据不良事故记录生成团队成员的绩效评估报告。

（5）针对绩效评估报告，对团队成员实施相应的奖惩措施。

5. 行为锚定法

行为锚定法需要列举每项工作的特定行为，并为其划分等级，明确每个等级的分值。其操作步骤如下。

（1）用工作分析中的关键事件法确定有效和无效的工作行为。

（2）将上述工作行为按照工作或工作者的特征划分到各个维度中，并概括各维度的定义。

（3）与外部专家讨论分析的结果，确保科学、准确地划分行为。

（4）建立一个行为锚定评价量表，该表应包括特征的名称、定义、各行为描述等内容，从而形成最终的绩效评价体系，进行绩效评价。

（5）根据实际评估的反馈，适时调整和修订行为锚定评价量表。

表4-4所示为行为锚定评价量表（以工作行为"团结性"为例）。

表4-4　行为锚定评价量表（以工作行为"团结性"为例）

姓名：	部门：		考核年月：　　　年　　月	自评□　互评□	
项目	评定内容			配分	得分
团结性	1. 能充分与他人协调合作，团队关系融洽				
	2. 主动帮助团队成员，团队关系较融洽				
	3. 能应他人的要求给予帮助，团队关系一般				
	4. 很少与他人合作，配合度差，团队关系较不好				
	5. 不肯与他人合作，团队关系紧张				

（五）绩效面谈

绩效考核之后，大学生创业者需要将评价结果反馈给相应成员，此时就需要组织绩效面谈。无论是对绩效优秀者还是对绩效不令人满意者，大学生创业者都可以通过绩效面谈来进行表扬、鼓励或劝诫、安抚等，以促进后续的绩效提升。绩效面谈的主要内容如下。

（1）就绩效现状达成一致。大学生创业者进行绩效反馈面谈时，首先要与成员交流关于绩效考核结果的看法，就绩效现状达成共识，为面谈的顺利进行奠定良好的基础。

（2）探讨绩效中可改进之处，并确定行动计划。大学生创业者除了肯定成员的绩效外，面谈的重点应当放在不良业绩的诊断上，即通过探讨，让成员明确绩效改进的方向和需要提升的知识、技能，并了解提升的方法。

（3）回顾和讨论过去一段时间的工作进展情况，包括工作态度、工作绩效、纪律表现、计划完成情况及效果、目标是否实现等。

（4）大学生创业者向成员提出工作建议或意见，讨论对成员的要求或期望。

（5）讨论成员可以得到的支持和指导。

（6）讨论团队成员的现状及存在的问题，如工作量、工作动力、与同事合作情况、工作环境、工作方法。

（7）在分析工作优缺点的基础上提出改进建议或解决办法。

（8）大学生创业者阐述团队或该项目的中短期目标及做法。

（9）成员阐述自己的工作目标，双方努力把个人目标和团队整体目标结合起来。

（10）共同讨论并确定下个绩效期的工作计划和目标以及为此目标应采取的相应措施。

三、创业团队的激励机制

"激励"一词在管理学科中比较常用，意思是激发团队成员的工作动机，也就是使用各种方法调动团队成员的积极性和创造性，使团队成员努力完成工作任务，最终实现团队目标。大学生创业者可以通过激励来提高团队成员的工作积极性，强化成员对团队的认同。

（一）认识激励机制

激励的方法有很多，但是对于一个团队来说，激励不能只是出于管理者的一时兴趣，而应该是相对固定的、遵循一定规律的、长效的行为。因此，大学生创业者需要建立起合理的激励机制，长久、系统、规范、相对固定地对团队成员进行激励，并对激励机制进行相应的调整和管理。合理的激励机制主要有以下作用。

（1）吸引并留住人才。合理的激励机制能够提高团队成员的满意度，增加团队的吸引力，帮助团队招募人才，并降低成员的脱离倾向。

（2）提高绩效。合理的激励机制可以提高成员的工作积极性，进而提高其绩效，最终提高团队整体的工作绩效。

（3）促进团队整体人力资源素质提升。合理的激励机制能够促使成员不断进步，充分挖掘和发挥成员的潜力，长此以往，就能够带动团队整体人力资源素质的提升。

需要注意的是，不合理的激励不仅难以发挥作用，还会造成恶劣的影响。例如，评选优秀团队成员能够调动成员的积极性，但如果选拔不公，则不仅无法调动成员的积极性，还会打压成员的积极性，这被称为激励机制的致弱作用。

（二）常见的激励方式

激励机制是一个多样化的、系统性的机制。由于各个成员对于激励因素的偏好不同且其偏好会不断发生变化，所以大学生创业者应该采取多样化的激励方式满足成员多方面的需要。

（1）精神激励。精神激励是指团队以满足成员精神方面的需求为出发点实施的激励手段。精神激励可以满足成员的自尊、自我满足等深层次的需要，可以为成员带来满足感、成就感，有利于在成员中形成具有团队特色的组织道德和组织风气，塑造积极向上的团队文化氛围，进而潜移默化地推动每一个成员做出自我约束、自我激励行为。

（2）薪酬激励。薪酬是指成员因向所在的组织提供劳务而获得的各种形式的酬劳。薪酬激励指运用薪酬奖励等形式，激励成员采取积极行动，提高劳动生产率。其中，最常见的薪酬激励就是奖金。另外，福利、红利和股权等也属于薪酬激励的内容。

（3）工作激励。工作激励是指大学生创业者通过为成员分配恰当的工作，来满足成员自我实现和尊重的需要，从而激发成员的工作热情。最常见的工作激励是晋升，其他如委派重要工作、改善工作环境、开展职业技能培训等也属于工作激励。

（4）荣誉激励。行为科学认为人的行为由动机决定，而动机则产生于需要，也就是说，人的需要是产生行为的原动力。因此，满足需要是调动人的积极性的重要途径，而由于自我实现的需要是人类最高层次的需要，所以荣誉就是满足成员自我实现需要的激励手段。大学生创业者可以通过给予成员荣誉来激励成员，增强其工作的积极性、主动性，以及对团队的认同感、归属感。

👁 **案例 4-2 ── "人单合一见义勇为奖"**

2020年5月21日，一名海尔员工徒手沿一栋房子的外墙爬到6楼，将悬挂在6楼窗户外的一个小女孩救下，安全送入房间，之后又迅速离开现场，继续自己的工作。该事件传播到网上后，迅速引起了网友的讨论，大家纷纷赞扬海尔员工危急时刻挺身而出的行为和精神。很多网友认为这名海尔员工不仅拯救了一个家庭，还传递了见义勇为的精神，应该得到嘉奖。

同一时间，海尔集团迅速追踪到该员工的工作地点，得知该员工为四川省自贡市富顺县的一名服务工程师，名叫胡云川。事件发生一天后，海尔于企业官方微博宣布，将为胡云川颁发"人单合一见义勇为奖"，并在该员工的工作地购买了一处价值60万元的房产作为奖励，赠送给胡云川。对此，胡云川说，救人完全出自本能，自己只是做了一件普通的事情，没想到会有奖励。

海尔官方表示："人是企业最宝贵的资产。在社会有需要时，希望每一位海尔人都能挺身而出。"海尔集团总裁周云杰在回应"海尔员工爬楼救人"时也表示："物质奖励不是目的，我们奖励的是这种见义勇为、永远为用户负责的精神，这也体现了企业文化的生命力。"

课堂思考与讨论

（1）海尔对于胡云川的奖励体现了哪些激励方式？

（2）海尔对胡云川的激励能够起到什么样的效果？

（三）股权激励

初创企业的大学生创业者往往没有能力为员工提供优厚的薪酬、优越的工作环境及高级职位，要想实现有效的激励，股权就是不二法宝。股权激励的本质是大学生创业者和合伙人等企业持股人拿出部分企业股权，让渡给其他成员；其他成员获得股权后，其利益就与企业的利益绑定在一起，激励效果显著。大学生创业者在进行股权激励时需注意以下几点。

（1）期权制度。现代企业在股权激励时，往往采用期权制度。期权又称为选择权，期权拥有者具有在一定的期限内按照某个既定的价格购买本公司股票的权利。期权本身并没有价值，其价值在于公司后续的发展。例如，某员工得到股票期权1 000股，若公司上市，每股定价10元，那么该员工手中的期权价值就为10 000元。

（2）遵循股权动态变化的原则。创业团队是不断发展的，这就需要不断地为企业输入新鲜血液，不管是人力投资还是非人力投资，新加入的投资人和人力资本所有者也要参加到企业的股权分配中去，这就要求企业的股权比例呈现动态变化。

（3）预留部分股权。创业团队的规模可能会不断扩大，因此大学生创业者要避免在初期将股权"一次性分割"，而应预留一部分股权，以满足后续加入成员的需要。其实预留部分股权本身也是增加团队吸引力的方法之一。

（四）激励机制的构建

激励机制的运行模式实质上是团队管理者与团队成员间双向互动的过程。创业团队要想建立合理的激励机制，不仅要将激励方式有机组合，还要制订激励标准和制度，以满足不同团队成员的需求。

1. 选择激励因素

团队的激励机制应该是物质激励与精神激励的有机结合，大学生创业者需要在进行详细的调查和分析后，对不同部门、不同年龄和不同能力的成员实施不同的激励。例如，对成员现状进行问卷调查，明确不同成员在物质、社交、自尊、自我实现等方面的需求，以此为基础选择有效的激励因素。

2. 配置激励因素

在选择了激励因素后，大学生创业者还应该对各种激励因素进行合理配置。例如，对奖金、福利、晋升、培训等激励因素进行合理配置，形成激励计划。在配置激励因素时，大学生创业者要结合自身现有的人力、物力和财力等资源状况，建立起激励体系，设计合适的激励方案，以便针对不同的团队成员实施不同的激励计划。

例如，对于注重自身发展和晋升的团队成员，可以通过培训、辅助进行职业生涯规划等方式，给予其精神和荣誉方面的激励；对于注重物质奖励的团队成员，则可以用发放奖金、重新计酬等方式对其进行激励。

3. 实施和监控激励计划

大学生创业者应该综合考虑激励方案的可行性和效率，将激励计划编制成具体的团队成员激励方案，并按照具体的激励方案对激励计划进行执行和落实。

在实施激励计划的过程中，大学生创业者还应注意激励行为的阶段性和持续性。例如，每到一个固定阶段就可以对成员进行绩效考核，再通过激励措施对其进行强化，保证激励的效果。另外，激励效果通常不会立刻见效，而取消已有的激励会导致成员不满，因此激励计划应该持续化、常态化。

4. 评估和调整激励计划

在实施激励计划后，大学生创业者应该对激励计划的实施效果进行评估。例如，通过绩效考核来评估成员的工作态度、工作效率、工作行为等是否得到改善。完成评估后，对于计划中有效的部分，要继续保持、不断完善；对于效果不明显的激励因素，要及时进行反馈和调整。另外，在评估和调整激励计划时，大学生创业者要结合内外部环境的变化进行综合考虑，当创业项目的内外部环境变化对激励计划产生影响时，也需提出改进计划。

实践训练

1. 创业团队故事分享

世界上有很多成功的企业，也有很多知名的创业团队，如"新东方铁三角""腾讯五虎将""小米七剑客"等。请搜集这些知名创业团队的创业故事，分析其创业成功的原因和经验，在课堂上分享。

2. 贝尔宾团队角色自我测评

说明：对下列问题的回答，很可能在不同程度上解释你的行为。每道题有9个选项，总分10分，请将这些分数分配给你认为最符合你的选项。分配的原则：最符合你情况的选项得分最高，以此类推。最极端的情况可能是10分全部分配给其中的某一个选项。

（1）我认为我能为团队做出的贡献是（　　　）。

A. 我能很快地发现并把握住新的机遇

B. 我的专业知识与经验通常是我最主要的资产

C. 我能与各种类型的人合作共事

D. 我生来就爱出主意

E. 我的能力在于，一旦发现某些对实现团队目标很有价值的人，我就及时向团队成员推荐他们

F. 为了能把事情办成，我能做到直言不讳

G. 我能够很好地完成团队赋予我的任何任务

H. 我通常能意识到什么是现实的，什么是可能的

I. 在选择行动方案时，我能不带任何倾向地提出一个合理的替代方案

（2）在团队中，我可能有的弱点是（　　　）。

A. 如果没有很好地组织、控制和主持会议，我会感到不痛快

B. 我容易对那些有高见却又没有适当地发表出来的人表现得过于宽容

C. 对于不熟悉的领域，我不太能够做出贡献

D. 只要团队在讨论新的观点，我总是说得太多

E. 我的客观看法，使我很难与同事们打成一片

F. 在处理重要事宜时，我有时会让别人感到我特别强硬甚至专断

G. 可能由于我过分重视集体的气氛，我发现自己很难与众不同

H. 我容易陷入突发的想象之中，而忘了正在进行的事

I. 我的同事认为我过于注重细节，总有不必要的担心，怕把事情搞糟

（3）当我与其他人共同进行一项工作时，（　　）。

A. 我试着始终保持我的专业态度与素质

B. 我有在不施加任何压力的前提下去影响其他人的能力

C. 我时刻提醒自己不要粗心，一定要减少工作中的疏忽，以避免影响到工作的完成

D. 我愿意施加压力以换取行动，确保会议不是在浪费时间或离题太远

E. 在提出独到见解方面，我是数一数二的

F. 对于与大家共同利益有关的积极建议，我总是乐于支持

G. 我热衷于寻求最新的思想和新的发展

H. 我相信我的判断能力有助于做出正确的决策

I. 我对那些最基本的工作，都能组织得井井有条，让别人放心

（4）我在工作团队中的特征是（　　）。

A. 我有兴趣更多地了解我的同事

B. 我经常挑战别人的见解或坚持自己的意见

C. 在辩论中，我通常能找到论据去推翻那些不甚有理的主张

D. 我认为，只要计划必须开始执行，我就有推动工作运转的才能

E. 我有意避免自己太突出

F. 对承担的任何工作，我都能做到尽善尽美

G. 我仅在我知晓的领域以及我评论的方面做出我的贡献

H. 我乐于与工作团队以外的人联系

I. 尽管我对所有的观点都感兴趣，但这并不影响我在必要的时候下决心

（5）在工作中，我得到满足，因为（　　）。

A. 我感到我正在有效地使用我的专业知识与经验

B. 我喜欢分析情况，权衡所有可能的选择

C. 我对寻找解决问题的可行性方案感兴趣

D. 我感到，我在促进良好的工作关系

E. 我能强烈地影响他人作决策

F. 我能够有机会遇到那些有新意的人们

G. 我能使人们在某项必要的行动上达成一致意见

H. 我感到我身上有一种气质能使我全身心地投入工作

I. 我很高兴能找到一块可以发挥我想象力的天地

（6）如果突然给我一件困难的工作，而且时间有限，人员不熟，（　　）。

A. 我宁愿先自己拟定出一个解脱困境的方案，再试着向团队解释

B. 我比较愿意与那些表现出积极态度的人一起工作

C. 我喜欢在我的能力范围之内对于工作的某个主题进行研究

D. 我会设想通过用人所长的方法来减轻工作负担

E. 我天生的紧迫感有助于我不会落在计划后面

F. 我认为我能保持头脑冷静，富有条理地思考问题

G. 尽管困难重重，我也能保证目标始终如一

H. 如果团队的工作没有进展，我会采取积极措施去加以推动

I. 我愿意展开广泛的讨论，意在激发新思想，推动工作

（7）对于那些在团队工作中或与周围人共事时所遇到的问题，（　　　）。

A. 我很容易对那些阻碍前进的人表现出不耐烦

B. 别人可能批评我太重分析而缺少直觉

C. 我期望事无巨细都能够被仔细检查无误，但这有时不受欢迎

D. 除非我能积极参与并去激发他人，否则我容易产生厌烦感

E. 如果目标不明确，让我行动是很困难的

F. 我感觉我正在浪费时间，最好我自己一个人来解决这个问题

G. 对于遇到的复杂问题，我有时不善于加以解释和澄清

H. 对于那些我不能做的事，我会有意识地求助他人

I. 在难以被对付或强势的人面前，我感觉我很难表达我的个人观点

请根据你的实际打分情况，将每道题每个选项的分数填入表 4-5 中。计算每一个角色的总分，得分最高的角色就是你最适合的角色。

表 4-5　贝尔宾团队角色自我测评

题号	执行者	协调者	鞭策者	智多星/创新者	外交家	审议员/监督者	凝聚者	完成者	专家
（1）	G	E	C	D	A	I	H	F	B
（2）	A	B	F	H	D	E	G	I	C
（3）	I	B	D	E	G	H	F	C	A
（4）	D	I	B	E	H	C	A	F	G
（5）	C	G	E	I	F	B		H	A
（6）	G	D	H	A	I	F	B	E	C
（7）	E	H	A	G	D	B	I	C	F
总计									

课后练习

1. 名词解释

创业团队　　团队文化　　绩效　　绩效管理　　激励

2. 判断题

（1）广义上，创业团队包括有着共同目的、共享创业收益、共担创业风险的一群经营新成立的营利性组织的人。   （   ）

（2）在组建期，团队执行力稳步上升。   （   ）

（3）星状创业团队一般由一个核心人物充当领袖的角色。   （   ）

（4）大学生创业者组建创业团队应该多吸纳人才。   （   ）

（5）发起人是整个创业项目最初创意的来源，整个创业团队以发起人为核心。   （   ）

（6）为了保证团队成员执行创业计划、顺利开展各项工作，创业团队必须预先在内部进行职权划分。   （   ）

（7）为了提高绩效管理的效率，大学生创业者在进行绩效管理时，可以使用科学的绩效管理工具。   （   ）

（8）激励机制只会为创业团队带来正面影响。   （   ）

（9）核心价值观是创业团队的指导原则，就是说明"应该始终坚持做什么和怎么做"。   （   ）

（10）股权激励是大学生创业者激励团队成员的不二法宝，创业初期就应该将股权"一次性分割"，最大限度地激励团队成员。   （   ）

3. 单选题

（1）创业团队的基本要素是（   ）。

A. 目标、资源、权限、计划、成员   B. 目标、定位、权限、计划、成员

C. 目标、定位、任务、计划、成员   D. 目标、定位、权限、规则、成员

（2）（   ）是创业团队生命周期的启蒙阶段。

A. 规范期   B. 成长期   C. 蜕变期   D. 组建期

（3）由网状创业团队演化而来的创业团队类型是（   ）。

A. 虚拟星状创业团队   B. 星状创业团队

C. 环形状创业团队   D. 树状创业团队

（4）一个成熟的创业团队通常可分为从核心到外延的4类成员。这4类人员分别是创业项目发起人、合伙人、核心团队和（   ）。

A. 临时员工   B. 资深员工   C. 普通员工   D. 内部员工

（5）在寻找创业伙伴时，大学生创业者需要考虑的因素不包括（   ）。

A. 合作原因   B. 人员素质   C. 社会关系   D. 合作方式

（6）创业团队的组建程序，正确的是（   ）。

A. 识别创业机会，明确创业目标→制订创业计划→招募创业伙伴→职权划分→构建创业团队制度体系→团队的调整融合

B. 制订创业计划→招募创业伙伴→寻找创业融资→职权划分→构建创业团队制度体系→团队的调整融合

C. 识别创业机会，明确创业目标→制订创业计划→招募创业伙伴→设计工作岗位→构建创业团队制度体系→团队的调整融合

D. 识别创业机会，明确创业目标→制订创业计划→招募创业伙伴→职权划分→建设团队文化→团队的调整融合

（7）下列关于绩效管理的说法，错误的是（　　　）。

A．绩效管理有助于团队内部的沟通，有助于节约成本

B．科学的绩效管理工具能够提高绩效管理的效率

C．建立绩效考核体系的第一步，就是确定绩效考核的目的

D．绩效考核方法的强制分布法只能应用于绩效优秀者

（8）激励机制的作用不包括（　　　）。

A．吸引并留住人才　　　　　　　　B．降低企业经营成本

C．提高绩效　　　　　　　　　　　D．促进团队整体人力资源素质提升

（9）激励的方法很多，委派重要工作、改善工作环境的激励方式属于（　　　）。

A．精神激励　　　B．薪酬激励　　　C．工作激励　　　D．荣誉激励

（10）对团队成员的业绩进行排序，采取"掐头去尾"和"逐层评价"的方法获得成员业绩最终排名。以上运用的绩效考核方法是（　　　）。

A．排序法　　　　B．强制分布法　　　C．关键事件法　　　D．行为锚定法

4. 多选题

（1）创业团队的类型包括（　　　）。

A．星状创业团队　　　　　　　　　B．网状创业团队

C．虚拟星状创业团队　　　　　　　D．虚拟网状创业团队

（2）创业团队的组建原则包括（　　　）。

A．目标明确合理原则　　　　　　　B．互补原则

C．精简高效原则　　　　　　　　　D．动态开放原则

（3）创业团队文化建设的要点包括（　　　）。

A．认识团队文化　　　B．树立积极愿景　　　C．营造健康风气　　　D．树立先进典型

（4）常见的绩效管理工具包括（　　　）。

A．目标管理工具　　　B．标杆管理工具　　　C．关键绩效指标　　　D．平衡计分法

（5）激励机制的构建过程包括（　　　）。

A．选择激励因素　　　　　　　　　B．配置激励因素

C．实施和监控激励计划　　　　　　D．评价和调整激励计划

CHAPTER 05

项目五

撰写创业计划书

学习目标

- 了解创业计划书的概念、作用和撰写过程。
- 掌握创业计划书的内容和应具备的要素。
- 掌握创业计划书的撰写原则和技巧。

学习重点与难点

- 创业计划书的内容。
- 创业计划书的撰写技巧。

任务一
创业计划书概述

▶▶ 【名人名言】

    如果你想踏踏实实地做一份工作的话，写一份创业计划书能迫使你进行系统的思考。有些创意可能听起来很棒，但是当你把所有的细节和数据都写出来的时候，它自己就崩溃了。

——约翰·杜尔（John Doerr，风险投资家）

一、创业计划书的概念

创业计划也称商业计划，是对与创业企业有关的内外部环境条件和要素进行的全面描述，旨在说明创业企业的现状、预期需求和预计结果。创业计划书实际上就是落在纸面上的创业计划，是对市场营销、生产运营、产品研发、企业管理、财务管理、风险管理等具体内容的综合体现，是衡量业务推进情况的标准，对创业活动具有重要的意义。

创业学教授杰克·M.卡普兰（Jack M. Kaplan）和安东尼·C.沃伦（Anthony C. Warren）在《创业学》一书中提出：创业计划书是一个沟通工具，它可以告诉其他人——企业要完成的目标是什么，企业实现目标的过程和方法是怎样的；同时，创业计划书也是衡量企业实际和预期收益差距的标准，所有创业者都应该撰写创业计划书。

二、创业计划书的作用

创业计划书不仅是创业规划的具体体现，也是商业模式的书面体现；不仅是呈现创业构想的载体，也是展现创业者实现创业过程的书面说明。一份好的创业计划书是未来创业行动的指南，同时也会为创业企业获得贷款、进行融资等带来便利。创业计划书的作用主要体现在以下3个方面。

（一）帮助创业者自我评价、厘清思路

在创业融资之前，创业计划书首先应该是给大学生创业者自己看的。撰写创业计划书的过程也是创业者调研与思考的过程。在这个过程中，大学生创业者应综合考虑各方面的因素，并清楚地了解哪些才是符合企业创建计划的要素，进一步明确自己的创业思路和经营理念。

大学生创业者应该以认真的态度对自己所有的资源、已知的市场情况和初步的竞争策略做尽可能详尽的分析，并提出一个初步的行动计划，通过与创业计划书的比对做到心中有数。另外，创业计划书还是创业者融资和进行风险分析的依据。

对初创企业来说，创业计划书的作用尤为重要。一个酝酿中的项目往往"面目"很模糊，大学生创业者通过撰写创业计划书，将优劣势一一列出，然后再逐条推敲，就能对这一项目有更加清晰的认识。

（二）帮助创业者凝聚共识，有效管理

一份完整、规范的创业计划书包括创业过程中的各种信息，如行业分析、产品（服务）介绍、市场策略、生产计划、风险预测等，它可以增强大学生创业者的自信，有助于大学生创业者更好地把握企业的经营状况。此外，创业计划书分析了企业的现状和未来发展的方向，这为企业提供了良好的效益评价体系和管理监控指标。

尽管市场充满了变化，创业计划也会根据市场变化适当调整，但是撰写创业计划书的过程能使团队成员团结一心，为了共同的创业目标而努力。同时，在撰写创业计划书的过程中，团队中存在的问题也可能逐渐暴露，这是创业团队进行自我审视和调整的绝佳机会。

（三）帮助创业者对外宣传，获得外部资源

创业计划书是对拟建企业进行全方位介绍的项目计划书，可以向风险投资商、银行、客户和供应商宣传企业的产品、营销方式、团队成员、管理制度等各个方面。一份详细的创业计划书有助于他人了解创业项目，帮助创业者取得合伙人的信任，增加合伙人的信心；可以帮助创业者更容易得到投资人的青睐，获得资金支持；可以帮助创业者争取政府的支持，如资金扶持、场地提供、税收减免等。

实际上，向创业者索要创业计划书的组织数量一直在不断上升。越来越多由大学或社会团体主办的创业园和商业孵化机构会要求候选企业提供创业计划书。在一些大型创业比赛中获奖的创业计划书及其相关项目，更容易获得投资者的关注。

👁 案例5-1——张华的创业计划书

大学期间，张华就在室内环境污染治理方面取得了一项重要成果，其应用前景非常广阔。毕业后张华准备自己创业。但由于不多的资金都用在了室内环境污染治理的研究上，在七拼八凑注册了一家公司后，张华已经无力再招聘员工和购买实验材料。

无奈之下，张华想到了风险投资基金，他希望通过引入合作伙伴的方式解决当前困境。为此，他多次与自由投资者或风险投资机构接洽商谈。虽然张华反复强调他的技术先进，应用前景广阔，并表示投资他的公司回报绝对不低，但总是无法让投资者信服。因为投资者关心的数据，如市场需求量具体有多少，一年可以有多少销量，年回报率有多高等，张华都无法提供。不仅如此，张华想招聘一些技术骨干也比较困难，因为应聘者也对公司的前景缺乏信心。

这时，一位朋友用一句话点醒了张华："你的那些技术有几个人能懂？你连一份像样的创业计划书都没有，怎么让别人相信你？投资者凭什么相信你？"醒悟后的张华立即向相关专家请教咨询，并查阅了大量的资料，最终静下心来，从公司的经营宗旨、战略目标出发，对公司的技术、产品、市场销售、资金需求、财务指标、投资收益、投资者退出等方面进行了分析和论证……一个月后，张华拿出了一份创业计划书。这份创业计划书很快就引起了投资者的兴趣。在与投资者深入交谈后，张华获得了一笔投资。有了资金的支持，员工招聘问题也迎刃而解。现在，张华的公司经营得红红火火，年销售利润已达到500万元。

回想往事，张华感慨地说："撰写创业计划书绝不是随便写一篇文章。撰写创业计划书的过程就是我不断厘清自己思路的过程。只有自己的思路清楚了，才有可能让投资者、员工相信你。"

课堂思考与讨论

（1）为什么刚开始张华无论如何都无法令投资者信服？

（2）创业计划书对张华创业成功起到了什么作用？

三、创业计划书的撰写过程

创业计划书的撰写不能一蹴而就，需要建立在对创业项目本身的准确分析和对市场的充分调查上，既要做好前期的撰写准备，又要做好撰写后的检查。具体而言，创业计划书的撰写过程可以分为6个步骤，如图5-1所示。

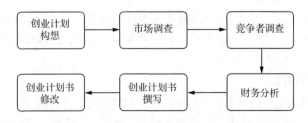

图5-1　创业计划书的撰写过程

（一）创业计划构想

创业计划书是对创业规划的具体体现。因此，撰写创业计划书时，大学生创业者首先需要对自己的创业计划有明确的构想。一般来说，创业计划构想需包含以下5个方面的内容。

1. 确定创业企业的使命

创业企业的使命是大学生创业者进行创业规划时首先需要思考的问题。使命代表着创业企业存在的意义和想要达成的效果，也就是企业为什么创立，企业为谁创造价值。创业企业的使命可以直接体现大学生创业者对创业企业、创业活动的重视程度，可以阐述大学生创业者和创业团队的创业动机，也是激励大学生创业者努力前进的精神力量。

2. 明确创业企业的目标

创业企业的目标实际就是对创业企业使命的具象化，其中包括总体战略目标、市场目标、盈利目标、创新目标和社会目标等多个方面。明确了创业企业的目标，就明确了创业企业的发展方向。此外，大学生创业者需注意，创业企业的目标应该是具体的、可衡量的，这样有助于创业者将目标与最终达成的效果进行有效对比和客观评价，及时调整发展战略。

3. 设计商业模式

商业模式是创业计划的核心。一般认为，商业模式是企业整合资源与能力，进行战略规划，以充分开发创业机会，并且实现利润目标的内在逻辑。简单来说，商业模式就是一个企业满足消费者需求的系统，这个系统可以组织、管理企业的各种资源（包括资金、原材料、人力等），为消费者提供其无法自足但必须购买的产品或服务。

要打动投资者，大学生创业者就必须展示一个逻辑严密、可行性高、利润可预期的商业模式。设计商业模式时，大学生创业者需要着重思考以下3个问题。

（1）如何为消费者创造价值。消费者为什么要购买创业者提供的产品和服务，而非其他竞争对手提供的产品和服务？不解决这一问题，企业就无法稳定获客。为此，商业模式必须做到以下二者之一：为消费者创造独特的、不能从其他地方获得的价值；使消费者从此处获得价值的成本较其他竞争者更低。

（2）如何为企业创造价值。商业模式必须确保在正常运营的情况下企业的收入高于必要的成本，这是创业活动的基本要求。商业模式为企业创造的价值最终来自消费者，要么是消费者为产品或服务付费；要么是消费者被动接受产品或服务中的广告，广告主向企业付费；要么是消费者的支持让创业者获得了其他的投资。

（3）如何将价值在企业与消费者之间传递。商业模式需要解决消费者和企业间的价值传递问题，其中最简单的模式当然是"一手交钱、一手交货"。但这在实际的商业活动中往往要复杂得多，包括如何让消费者了解企业提供的产品和服务，如何将产品和服务交给消费者等需要解决的问题。

4. 选择产品或服务的市场

选择产品或服务的市场，表示创业规划需明确具体的创业方向。大学生创业者在选择产品和服务的市场时，需要对环境、行业、产品等进行详细的调研和分析，选择有潜力、有空间、有竞争力的市场，以便自己获得更大的竞争优势。

5. 创业企业的组织规划

创业企业的组织规划是指创业企业的组织结构、职能描述、考评制度、任用标准等与企业经营管理相关的内容，直接决定着创业企业能否顺利运营。同时，有组织、有规划的企业也更容易发现和留住各种创业人才，带领创业企业快速发展扩张，实现最终的盈利。因此，大学生创业者必须对创业企业的组织规划进行构思，选择适合自己当前发展状况的组织结构，并根据企业的不断发展逐步进行调整和完善。

（二）市场调查

没有调查，就没有发言权。市场调查是大学生创业者直接获取创业所需信息的重要方式，市场调查的结果是创业计划落实和细化的重要参考。创业构想能否实现？如何实现？风险与机会如何？这些问题的答案都可以通过市场调查找到。市场调查的主要内容如下。

1. 市场环境调查

市场环境调查主要是对当前可能影响市场营销工作的政治环境、法律环境、经济环境、社会环境、科技环境和地理环境等进行的调查。其具体的调查内容可以是国家的方针、政策和法律法规，消费者的购买水平，当前的经济结构，社会风俗习惯，科技发展动态，以及气候地理等。

2. 市场需求调查

市场需求指某特定的消费人群在一定地区、一定时间、一定市场营销环境和一定市场营销计划下愿意且能够购买某种产品或服务的数量。市场需求直接影响着产品或服务的销量，因此每一位创业者在生产或销售某个产品之前，都应该对该产品的市场需求情况进行调查，分析该产品是否具有可发展的空间。

市场需求调查的重点是目标消费人群。大学生创业者需要了解目标消费人群的消费倾向、消费水平、总体收入水平、消费动机等。

3. 市场供给调查

市场供给调查即对市场的供给能力进行的调查，如产品生产能力调查、产品实体调查等。具体而言，大学生创业者需要调查的市场供给信息包括以下几点。

（1）原材料、配件、半成品的价格及其供应情况和供应商等。

（2）产品的生产周期、产量、保质期、储存条件等。

（3）现有产品的市场供求关系及价格走势等。

4. 市场营销调查

市场营销调查主要是对目前市场上销售的某种产品或服务的促销手段、营销策略和销售方式进行的调查，主要包括以下内容。

（1）产品的主要销售渠道及销售地域等。

（2）产品的价格策略与销售方式等。

（3）产品主要的宣传方式和促销手段等。

（三）竞争者调查

"知己知彼，百战不殆。"在市场竞争日趋激烈的今天，不了解竞争市场情况、不了解竞争对手，就难以找到制胜的机会。特别是在目前的市场经济条件下，哪怕大学生创业者找到全新的商机进行创业，在打开市场步入正轨之后，其经营内容、经营策略、经营模式等都可能会被复制和模仿。市场竞争在很多时候更像是一种差异化的竞争，创业企业必须找到自身产品与其他产品的不同点（包括产品外观、功能、用途等），以此为切入点深入开发，确定自身产品的特色，才能占据更多的市场份额。而差异化是建立在了解市场竞争情况、了解主要竞争对手的基础之上的，因此，了解竞争对手的情况十分重要。

市场中的竞争者可以分为以下几类，大学生创业者需要有针对性地对其进行调查。

（1）愿望竞争者。愿望竞争者指的是提供不同产品以满足不同需求的竞争者。例如，短视频和电子书就属于这一关系，它们虽然提供的产品完全不同，但都依赖于用户的零碎时间，用户往往只会选择其一，所以它们也存在竞争关系。消费者的愿望是多方面的，包括吃、穿、住、行以及社交、旅游、运动、娱乐等。假设某消费者目前需要一辆汽车和一套公寓等，但其购买能力只允许满足其中之一。该消费者经过多方面考虑，决定购买一辆汽车。该购买决策实际上就是能满足上述不同消费愿望的各类消费品出售者之间为争取该消费者成为其顾客而进行竞争的结果。

（2）一般竞争者。一般竞争者又叫属类竞争者、普通竞争者，指以不同的方法满足消费者同一需要的竞争者，如航运和客运都能满足"运送物品"的需要，它们就会产生竞争。

（3）产品形式竞争者。产品形式竞争者也称行业竞争者，是指生产同种产品，但提供不同规格、型号、款式的竞争者。这些品类相同但形式不同的产品对同一种需要的具体满足上存在差异，消费者有自己的偏好和选择，因此这些产品的生产经营者之间便形成了竞争关系。例如，台式计算机和笔记本电脑间就属于产品形式竞争者。

（4）品牌竞争者。品牌竞争者指生产相同规格、型号、款式的产品，但品牌不同的竞争者。品牌竞争者之间的产品相互替代性较高，因而竞争非常激烈。以电视机为例，众多品牌在产品上差异很小，就互为品牌竞争者。

在进行市场竞争调查时，大学生创业者可以通过多种信息获取渠道了解竞争对手的数量、规模、分布与构成、营销策略等情况，从而制订合理的营销战略，扩大自己的市场份额，在激烈的市场竞争中占据有利位置。

（四）财务分析

在撰写创业计划书之前，大学生创业者需要对创业项目进行财务分析。创业计划书中关于财务分析的部分往往是投资者最关心的部分。首先，投资者需要通过财务分析来判断该创业项目的盈利前景；其次，投资者需要通过财务分析来核算自己需要投入多少资金；最后，在企业运营过程中，投资者需要通过财务分析来调整自己的策略，做出追加投资、撤资、套现等决策。大学生创业者在进行财务分析时，需要注意以下问题。

（1）项目的初始投资额及资金的大概分配等。

（2）项目的盈亏平衡点及达到盈亏平衡的时间等。

（3）项目的预计收入与期望收益率等。

（五）创业计划书撰写

在完成以上所有步骤后，大学生创业者就可以开始撰写创业计划书了。由于创业计划书中包括的内容较多，大学生创业者在撰写创业计划书时要明确各个部分的作用，做到有的放矢。大学生创业者还可以咨询律师或顾问的意见，确保创业计划书中的文字和内容没有歧义，不会被他人误解。

在撰写创业计划书的过程中，大学生创业者要注意控制篇幅，简要的创业计划书一般为4～10页，全面、翔实的创业计划书一般在40页以内。创业计划书的装帧要精美，封面要简洁有新意，封面的纸质要坚硬耐磨；创业计划书的装订要精致，各种资料按照要求排列，最后还要附上支撑材料的复印件。

（六）创业计划书修改

最后，大学生创业者需要对创业计划书加以修改。创业计划书的修改主要包括两个方面。

（1）勘误。创业计划书应该规范、严谨，所以撰写完成后，大学生创业者需要对其进行检查和订正。针对文本，要查看文字描述、语言措辞、数据运算等是否准确，图表、资料引用、版式、数据处理等是否存在不合理之处；针对内容，需要从投资者的角度对整个创业计划书进行审视，对创业计划书所反映内容的完整性、科学性和合理性等进行检查。

（2）计划调整。撰写创业计划书的过程是大学生创业者自己梳理整个创业思路的过程。这一过程中，大学生创业者可能会调整、改进自己的设想，甚至在撰写过程中不自觉地改变了思路。因此，大学生创业者需要在最后通览自己的创业计划书，对其内容进行调整。

任务二
创业计划书的内容与要素

▶▶▶【名人名言】

任何时候做任何事，订最好的计划，尽最大的努力，做最坏的准备。

——李想（理想汽车创始人、董事长兼CEO）

一、创业计划书的内容

创业计划书要全面地涵盖企业经营的各个方面。一份完整的创业计划书一般应包括封面、计划摘要、企业介绍、产品或服务介绍、行业分析、市场预测与分析、营销策略、经营管理计划、人员及组织结构、财务规划、风险与风险管理、退出策略及附录等内容。

（一）封面

封面的设计要给人以美感，形成良好的第一印象。创业计划书的封面应包括项目名称、团队名称、联系人、联系电话等内容。如果企业已经设计好了标志，也可以在封面中展示出来。图 5-2 所示为创业计划书封面的参考样式。

图 5-2　创业计划书封面参考样式

（二）计划摘要

计划摘要是创业计划书的精华部分，往往在撰写的最后阶段才完成，但也是投资者最先看到的内容。计划摘要涵盖创业计划的所有要点，应条理清晰、重点突出，以便投资者能在最短的时间内评审计划并做出判断。

一般而言，计划摘要包括项目亮点概述、产品或服务介绍、行业前景介绍、竞争对手分析、团队介绍、财务分析和融资说明等内容。

（1）项目亮点概述——抓住投资者的心理，解释为什么该项目是一个商机，直接、简练地介绍解决某个重大问题的方案或产品。

（2）产品或服务介绍——清晰地描述消费者当前面临的或未来将会面临的某个重大的问题，并说明该项目将怎样解决这个问题。

（3）行业前景介绍——用科学、客观的语言简要描述市场规模与增长趋势，以及美好前景。行业前景介绍要有调查、有数据、有结论，避免使用空洞、宽泛的语句。

（4）竞争对手分析——重点描述该项目的竞争优势和核心竞争力，以及当面对竞争对手时创业团队预先设计的各种解决方案；简短地描述如何保持该项目的核心竞争力。

（5）团队介绍——用简洁的语言展示创业者和核心管理团队的背景及成就，突出团队的专业性和未来前景。

（6）财务分析——一般使用表格（如资产负债表、利润表、现金流量表）将未来 1～3 年的核心财务指标展现给投资者。

（7）融资说明——陈述该项目期望的融资金额、主要用途及使用计划等。

以上只是一个基本的模板，创业者需要根据自身实际情况确定计划摘要所涉及的内容和各个部分的详略程度。

👁 **案例 5-2 —— 一页纸的计划摘要**

大四学生姜成第一次参加本地各高校联合举办的创新创业大赛。在大赛上，姜成通过一页纸的计划摘要展示了和校友们共同开发的室内绿化项目。

项目简介： 本项目着力打造人与自然和谐共处的居住环境。随着社会经济的发展，人们的居住条件得到了改善，但装修污染问题日益严重。因此，如何通过室内绿化设计来美化环境、消除污染将成为人们在装修时最关注的问题。

竞争优势： 绿化环保产业是国家重点扶持和重点发展的产业。目前，市场上还没有将室内绿化设计与植物的特效功能（如清除有害气体等）联系在一起的公司，该领域属于市场空白。另外，地方各级政府对该产业有相关的补贴政策。

产品介绍： 室内绿化项目可以减少室内空气污染，使消费者生活在健康、舒适的环境中。

团队介绍： 创业团队由一群充满激情与创新精神的大学生组成。该团队拥有园林植物与观赏园艺专业的研究生、技术经济及管理专业的研究生，以及植物相关专业的本科生。其中，团队创始人还取得了室内绿化装饰师资格证书。

这份计划摘要简洁明了，清楚地介绍了姜成所提供的产品，以及该产品如何解决消费者的问题，让投资者明白该项目的商业价值。在听了姜成简明扼要的介绍后，不少投资者对他的创业计划产生了兴趣。

课堂思考与讨论

姜成一页纸的计划摘要为什么能够打动投资者？

（三）企业介绍

企业介绍是对创业团队拟成立企业的总体情况的说明，阐述创业背景和企业发展的立足点，以及企业理念、经营思路和企业的战略目标等。

（四）产品或服务介绍

投资者最关心的问题之一就是产品或服务是否具有新颖性、先进性、独特性和竞争优势。产品或服务介绍应提供上述细节和市场调查的相关内容，包括产品或服务的性能特征、市场竞争力、研发过程，以及开发新产品或服务的计划和成本分析等。

在产品或服务介绍部分，创业者要对产品或服务进行详细、准确且通俗易懂的说明，最好附上图片，使非专业人员也能看懂。

（五）行业分析

在行业分析中，创业者应该正确评估所选行业的基本特点、竞争状况和发展趋势等内容。行业分析可以从以下4个方面进行。

（1）简要说明企业所涉及的行业。企业如果涉及多个行业，应该分别进行说明。

（2）说明该行业的现状。这一部分所要传达的信息尽可能多用数字、图表来展示，如行业利润增长率、销售百分比等。

（3）说明该行业的发展趋势和前景。在预测行业的发展趋势时，创业者不仅要考虑微观的行业环境变化，还要考虑整个行业乃至整个社会经济的发展状况，并在此基础上对行业前景进行简短的说明和预测。

（4）说明进入该行业的障碍以及克服障碍的方法。

（六）市场预测与分析

行业分析着重分析企业所涉及的行业领域，而市场预测与分析则是瞄准企业所涉及的细分市场。市场预测与分析应包括以下4个方面的内容。

（1）市场细分和目标市场的选择。目标市场可以是一个细分市场，也可以是两个甚至多个细分市场。在撰写创业计划书时，创业者要对每一个细分市场都进行详细的分析和说明。

（2）用户行为分析。用户行为分析是专门针对目标市场的用户群体所进行的分析。只有对目标市场的用户群体进行深入了解后，企业提供的产品或服务才更能满足他们的实际需求。在创业计划书中，这一部分一般会提供调查问卷的结果等真实数据，以增强说服力。

（3）竞争对手分析。对市场的竞争情况进行分析也就是确定自己的竞争对手，分析竞争对手所采用的销售策略及其所售的产品或服务的优势等。对竞争对手的详细分析有助于创业者了解竞争对手所处的位置，更好地把握市场机会。

（4）销售额和市场份额预测。市场预测与分析的最后部分是销售额和市场份额预测。创业者需要用各种方法取得当前的行业数据，并以此对企业未来的销售额和市场份额进行预测。

（七）营销策略

营销策略会受到用户特点、产品特征、企业自身状况及市场环境等各方面因素的影响，是创业计划书中最具挑战性且非常重要的部分。创业计划书中的营销策略应当包括总体营销策略、定价策略、渠道与销售策略、促销策略等内容。

（1）总体营销策略——概括介绍企业为销售其产品或服务所采用的方法。

（2）定价策略——企业定价的目标是促进销售、获取利润，这就要求企业既要考虑成本，又要考虑消费者对价格的接受能力。

（3）渠道与销售策略——主要说明企业的产品或服务如何从生产者到达消费者。例如，某企业注册了网店，通过网络交易和快递送货实现销售。

（4）促销策略——企业打算采用什么方法来促进自己的产品或服务销售。常见的促销策略包括开展促销活动、投放广告、邀请艺人代言、冠名其他活动等。

（八）经营管理计划

经营管理计划旨在使投资者了解产品或服务的生产经营状况。因此，创业者应尽量使经营管理计划更加详细、可靠。经营管理计划一般包括生产工艺/服务流程、设备的购置、人员的配备、新产品投产的计划、产品或服务质量控制与管理等内容。

（九）人员及组织结构

人是企业的核心，投资者也会关注企业的人员结构和管理能力。创业者在创业计划书中应该对主要管理人员加以介绍，如工作能力、担任职务和责任、工作经历及教育背景等。此外，创业者还应对企业结构做简要介绍，具体包括企业的组织结构，各部门的功能和责任，各部门的负责人及主要成员，薪酬体系，股东名单（包括认股权、比例和特权），董事会成员及其背景资料等。图5-3所示为某企业在创业计划书中展示的组织结构图。

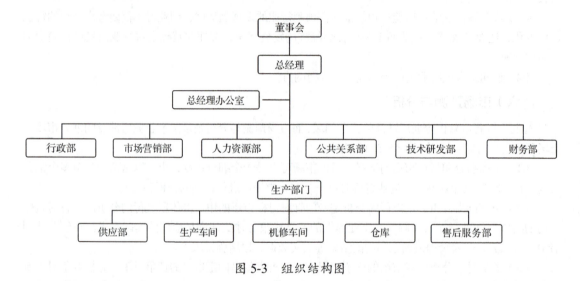

图 5-3　组织结构图

（十）财务规划

投资者会根据财务规划来判断企业未来经营的财务状况，进而判断其投资能否获得理想的回报。财务规划的重点是编制资产负债表、利润表和现金流量表。

（1）资产负债表。资产负债表反映企业在一定时点的财务状况。投资者通过查看资产负债表得到所需数据，以此来衡量可能的投资回报率。

（2）利润表。利润表反映的是企业的盈利状况，即企业在一段时期内的经营成果。

（3）现金流量表。现金流量表是反映企业在一定会计期间内的现金和现金等价物流入和流出的报表。由于现金流量表分别按经营活动、投资活动和筹资活动列报现金流量，因此，投资者通过该表可以了解企业报告期内与各类活动有关的现金和现金等价物的增减变动情况。

（十一）风险与风险管理

创业者需要在创业计划书中如实地分析企业可能面临的各种风险，同时还应阐明企业为降低或防范风险所采取的各种措施。投资风险被描述得越详细，交代得越清楚，就越容易引起投资者的兴趣。

企业面临的风险主要有战略风险、市场风险、管理风险、竞争风险、核心竞争力缺乏风险以及法律风险等。创业计划书应阐明这些风险中哪些是可以控制的，哪些是不可控制的，哪些是需要极力避免的，哪些是致命的或不可管理的。创业者不能因为风险发生的可能性小而将其忽略不计，更不能为了增加获得投资的机会而刻意隐瞒风险因素。

（十二）退出策略

任何新企业发展到一定阶段，都会面临创业者与投资者的退出问题。这一部分需要描述创业者将如何被取代，以及投资者的退出策略，即他们如何收获因资助新企业所带来的利益。例如，出售业务、与其他企业合并、公开上市等都是常见的退出策略。

（十三）附录

附录是对正文的补充，通常包括数据资料、问卷样本及其他背景材料等。其作用是提高创业计划书的可信度和说服力。例如，大学生创业者在正文中说明了市场调查情况，就可以将市场调查所得的具体数据置于附录中，投资者如果感兴趣，就能方便地查阅（若是将其置于正文，则太过冗繁，影响阅读体验）。

👁 案例5-3 —— 一份生鲜农产品项目的创业计划书（简略版）

本创业项目致力于打造一条连接消费者、中间商、线下生鲜商店、企业客户的完整的农产品销售链，为消费者提供新鲜、健康、实惠的农产品。本项目并不生产生鲜农产品，也不储存生鲜农产品，只对原产地的生鲜农产品进行销售，让消费者可以用非常实惠的价格购买到高品质的生鲜农产品。

项目团队对全国各地高品质的生鲜农产品原产地进行考察和对接，确保了产品的源头质量，再加上项目已经获得的储运服务等方面的支持，可以保证在物流运输过程中，产品的品相、口感等不会受到影响。

项目团队开发了线上新零售商城，开通了社区团购业务，可以在全国各地培养分销"团长"，进行农产品的推广和销售。同时，项目团队也与××市的部分生鲜商店达成合作，采用合作分销模式，保证各种生鲜农产品的销量。

目前，项目有优秀的团队，有前期的投入并形成了一定的规模，急需资金的支持，用以保证并巩固整个销售链的顺利运作，提升其效率。

项目优势：互联网、轻资产、产品供应端有保障、产品需求端有把握。

运作模式：对初级的生鲜农产品供应端的资源进行整合和优化，利用互联网新零售技术提高生鲜农产品的销售效率。

项目进展：已对接部分产品供应端和产品需求端；已获得物流服务支持；已拥有与项目产品相关的、粉丝数超2万人的微信公众号和视频号；已完成线上零售商城的开发……

竞品分析：产品——操作和推广都十分方便的新零售商城小程序，有一定规模的私域流量，目前可以利用已有优势迅速建立线上社群等，培养各地的分销"团长"；产品的质量、品类、数量等有保障；互联网线上销售，轻资产。竞品——尚没有形成较完善的销售链，仍然是传统零售的思维，规模较小。

项目团队：×××　技术总监　从事互联网技术研发工作多年，有丰富的互联网产品开发和维护经验。

　　　　　　×××　运营总监　从事互联网产品运营工作多年，有丰富的线上线下营销经验。

　　　　　　×××　高级设计师　从事平面设计工作多年，设计能力突出，曾负责××广告的设计。

　　　　　　×××　新媒体运营师　从事新媒体运营工作多年，曾负责××官方微博、微信公众号、社群等运营工作。

融资计划：融资方式——股权融资；融资金额——200万～1 000万元；融资用途——主要用于产品维护，以及线上线下的推广引流。

产品展示：……

课堂思考与讨论

（1）这份创业计划书的内容有哪些？分别对应材料中的哪段文字？

（2）各级政府部门对生鲜农产品项目创业有哪些优惠扶持政策？

二、创业计划书应具备的要素

一份完整的、经过全面评估的、能够打动投资人的创业计划书需要包括10个要素，每个要素都有不同的要求。在检查创业计划书时，大学生创业者可以对自己提出相应的问题，如果答案为"能"，就说明满足这一要素。创业计划书应具备的要素及相应的问题如表5-1所示。

表5-1　创业计划书应具备的要素及相应的问题

序号	要素	问题
1	商机介绍及其分析	能否点出令人眼前一亮的商机或创意
2	产品或服务介绍	能否清楚简明地阐述该产品或服务的特色
3	市场分析和预测	能否证明市场具有广泛性和持久性
4	技术分析和展示	能否证明产品技术有足够的优势且已足够成熟
5	生产运作管理	能否证明生产运作切实可行
6	团队分析与营销策划	能否证明本团队执行创业计划的胜算足够大
7	核心竞争力分析和构建	能否证明商业模式切实可行且不易被模仿
8	财务分析和管理	能否证明财务运作具有可行性
9	企业战略及经营管理	能否保证企业运作具有可持续性
10	计划摘要	能否让百忙之中的投资者一目了然，迅速抓住重点

任务 三
创业计划书的撰写原则与技巧

▶▶【名人名言】

事实上，成功一点也不难！最难的是想成功，但没有计划！如果你有一个 5 年或 10 年的目标，而且能够周密地计划，坚定地执行，那么，成功率还是很高的。

——甄荣辉（前程无忧网 CEO）

一、创业计划书的撰写原则

创业计划书的撰写是一项复杂的工作，大学生创业者必须按照科学的逻辑顺序对诸多可变因素进行系统的思考和分析，才能得出相应结论。为了撰写出一份内容真实、有效并对日后的生产经营活动有帮助的创业计划书，大学生创业者应遵循以下原则。

（一）保证信息的准确性和可靠性

要撰写一份较为完善的创业计划书，大学生创业者需要收集大量的信息，并对这些信息进行筛选和综合分析，以确定信息的可靠程度，尽量客观、实际，切忌主观臆断。

撰写创业计划书的首要原则就是保证信息的准确性和可靠性，因为建立在错误信息上的结论通常也是错误的。准确、可靠的信息不仅可以保证创业计划书的实用性，还可以让投资者更加信服。

拓展阅读

诚信

诚信是做人的基本原则，是构建和谐社会的基础。一个人如果缺乏诚信，那么他不仅会失去合作伙伴，还会受他人的唾弃。

（二）保证内容的全面性和条理性

创业计划书的内容应该全面涵盖企业经营的各个方面，将创业过程中可能涉及的各种重点问题清晰地展示出来，保证整个创业计划全面且有条理，让潜在投资者在阅读时快速抓住重点。

此外，创业计划书的附录中应尽量提供各项佐证材料，使创业计划的预期结果与论证相互呼应、前后一致，具有较强的逻辑性。

（三）保证叙述的简洁性和通俗性

创业计划书要保证文字精练、观点明确、通俗易懂，这样才容易引起投资者的注意和兴趣。如果创业计划书主次不分、重点不明、语言晦涩，那么投资者很可能没耐心甚至没兴趣阅读，也就更不可能进行投资了。

简洁性是指创业计划书在叙述上应当言简意赅，不使用过于浮夸的图片和版式，最好开门见山，让投资者迅速明白创业者想要做什么。通俗性是指创业计划书应尽量避免使用冷僻、晦涩的专业术语，做到通俗流畅，便于投资者快速阅读和理解。

（四）保证企业优势的突出性

为了打动投资者，大学生创业者在创业计划书中应可能地突出企业的竞争优势，描述企业的光明前景，显示出经营者创造利润的强烈愿望，并明确投资者预期可以获得的回报。

注意，这并不是要求大学生创业者一味地强调投资的优势和机遇，而对潜在的不足与风险闭口不谈。

二、创业计划书的撰写技巧

创业计划书是创业者获取投资的"敲门砖"。在撰写创业计划书时，大学生创业者可以使用一些技巧，以便打动投资者。

（1）以运作模式为核心。创业计划书虽然是基于创业的产品或服务撰写的，但真正吸引投资者关注的是创业项目的前景及创业企业的运作模式。因此，大学生创业者既要描述包括产品的研发、产品的独特性、产品的生产成本和售价等在内的基本信息，让投资者感受到产品或服务的优势，又要完整体现出成熟、优良、可持续的企业运作模式，增加投资者对创业项目的信心。

（2）清晰的结构和布局。清晰的结构和布局可以使投资者快速找到他们关注的内容，提升他们的阅读兴趣。由于不同的阅读对象对商业项目的关注点会有所不同，所以大学生创业者在撰写创业计划书时不能生硬套用固定模板，而应该根据不同的阅读对象对内容进行调整，以突出重点。

（3）借助专业人士的帮助。在完成创业计划书的草稿之后，大学生创业者可以聘请专业人士对创业计划书进行完善。专业人士有丰富的与投资者和银行打交道的经验，对创业计划书的内容、重点等有更深刻的认识，能够从专业角度来完善创业计划书。

（4）注重页面效果和细节。在撰写创业计划书时，不要使用过于花哨的字体，如艺术字、斜体字等，避免给人留下不够严肃、不正式的印象。另外，在创业计划书的细节处理上，要多花一些心思。例如，在创业计划书封面和正文的页眉或页脚上都添加设计好的企业标志。

（5）使用第三人称。一般来说，创业计划书可以由大学生创业者或创业团队自己撰写，使用"我""我们"等第一人称称谓；也可以委托专门的第三方机构撰写，通常使用"他""他们"等第三人称称谓，避免带入过于强烈的主观色彩，影响投资者对创业计划书的评价。但不管是由谁来撰写，都应该注意创业计划书中语言和内容要客观公正。

（6）通过演示文稿（PPT）展示。绝大多数投资者更喜欢 PPT 类型的创业计划书。PPT 中的图文排版更方便、表现形式更丰富，便于大学生创业者清楚地讲述创业项目。而 Word 或 PDF 类型的创业计划书在内容上更翔实，适用于后续的进一步展示。

（7）汲取其他优秀创业计划书的优点。阅读他人优秀的创业计划书可以在一定程度上帮助大学生创业者提高自己在创业计划书方面的撰写能力，因此，大学生创业者在撰写创业计划书之前，可以多阅读他人的创业计划书，从中得到灵感和启发。

（8）记住"43.1%"规则。根据以往资料，专业投资者一般希望在 5 年内将其资金翻 6 倍，相当于每年的投资回报率大约是 43.1%。因此，一份承诺投资回报率为 40%～50% 的创业计划书往往能够快速吸引投资人的注意。当然，由于经济发展情况及行业特点不同，以上回报率并不是一成不变的。

实践训练

1. 创业计划书评价

（1）教师在网上选择一篇创业计划书范文，同学们自行评价该范文的优缺点。

（2）请同学们根据自己的理解，对范文进行修改。

（3）向全班同学展示自己修改后的创业计划书，并说说自己修改了哪一处，以及为什么要这样修改。

2. 撰写创业计划书

（1）全班同学按 4 ～ 6 人进行分组。

（2）各小组自行选择一个创业项目，然后撰写一份创业计划书，并制作成 PPT 演示文稿。

（3）各小组分别展示自己的创业计划书演示文稿，并选择一人进行简单的介绍。

（4）一个人扮演创业者，其他人扮演投资者，双方就创业计划书的内容进行提问与答辩。

课后练习

1. 名词解释

创业计划　　创业计划书　　商业模式　　市场需求　　一般竞争者

2. 判断题

（1）创业计划书是给大学生创业者、创业团队成员看的创业备忘录。（　　）

（2）创业计划书的撰写过程具有和创业计划本身同等的价值。（　　）

（3）一份完整的创业计划书一般应包括封面、计划摘要、企业介绍、产品或服务介绍、行业分析、市场预测与分析、营销策略、经营管理计划、人员及组织结构、财务规划、风险与风险管理、退出策略及附录等内容。（　　）

（4）基于"商机介绍及其分析"要素，大学生创业者需要在创业计划书中证明本团队执行创业计划的胜算足够大。（　　）

（5）创业计划书是创业者获取资源的重要工具和途径，不应该提创业项目的缺陷。（　　）

（6）创业计划构想是撰写创业计划书的第一步。（　　）

（7）在撰写创业计划书时，大学生创业者需要保证叙述的简洁性和通俗性。（　　）

（8）在撰写创业计划书时，大学生创业者可以汲取其他优秀创业计划书的优点。（　　）

（9）商业模式是创业计划的核心。（　　）

（10）目标市场只能是一个细分市场。（　　）

3. 单选题

（1）创业计划也称（　　）。

A. 创业规划　　　　B. 创业构想　　　　C. 商业模式　　　　D. 商业计划

（2）创业计划书的作用不包括（　　）。

A. 帮助创业者取得创业支持，成功创业

B. 帮助创业者自我评价，厘清思路

C. 帮助创业者凝聚共识，有效管理

D. 帮助创业者对外宣传，获得外部资源

（3）创业计划书的撰写过程是（　　　）。

A. 创业计划构想→市场分析→竞争者调查→财务预算→创业计划书撰写→创业计划书修改

B. 选择创业项目→市场调查→竞争者调查→财务分析→创业计划书撰写→创业计划书修改

C. 创业计划构想→市场调查→合作者调查→财务分析→创业计划书撰写→创业计划书实施

D. 创业计划构想→市场调查→竞争者调查→财务分析→创业计划书撰写→创业计划书修改

（4）在创业计划书的所有内容中，通常在撰写的最后阶段才完成的是（　　　）。

A. 封面　　　　　　B. 退出策略　　　　C. 计划摘要　　　　D. 附录

（5）下列选项中，（　　　）不是创业计划书应具备的要素。

A. 商机介绍及其分析　　　　　　　　B. 社会关系支持

C. 市场分析和预测　　　　　　　　　D. 团队分析与营销策划

（6）创业计划书的撰写原则"保证内容的全面性和条理性"，具体指（　　　）。

A. 尽量客观、实际，切忌主观臆断

B. 创业计划书要简洁明了，应该避免出现与主题无关的内容

C. 创业计划书的内容应该全面地涵盖企业经营的各个方面

D. 应可能地呈现出企业的竞争优势，显示出经营者创造利润的强烈愿望

（7）下列关于创业计划书撰写原则的说法，正确的是（　　　）。

A. 只要对自己有利，有机会打动投资者，不可考的数据也可以引用

B. 创业计划书应将创业过程中可能涉及的各种重点问题清晰地展示出来

C. 撰写创业计划书，可以略去缺点不谈

D. 应该使用专业术语，体现自己的专业性

（8）下列关于创业计划书撰写技巧的说法，错误的是（　　　）。

A. 承诺投资回报率必须为 40% ～ 50%　　B. 可以多阅读他人的创业计划书

C. 可以制作创业计划书 PPT　　　　　　D. 要注重页面效果和细节

（9）提供不同产品以满足不同需求的竞争者指的是（　　　）。

A. 愿望竞争者　　　　　　　　　　　B. 一般竞争者

C. 成品形式竞争者　　　　　　　　　D. 品牌竞争者

（10）（　　　）是创业计划书的精华部分，是投资者最先看到的内容。

A. 企业介绍　　　　　　　　　　　　B. 计划摘要

C. 财务规划　　　　　　　　　　　　D. 退出策略

4. 多选题

（1）创业计划构想的内容包括（　　　）。

A. 确定创业企业的使命　　　　　　　B. 明确创业企业的目标

C. 设计商业模式　　　　　　　　　　D. 选择产品或服务的市场

（2）创业计划书的内容包括（　　　）。

A. 封面、计划摘要、企业介绍、产品或服务介绍

B. 行业分析、市场预测与分析、营销策略、经营管理计划

C. 人员及组织结构、财务规划、风险与风险管理、退出策略、附录

D. 商业模式、供应链、团队文化、团队激励机制

（3）创业计划书的撰写原则包括（　　　）。

A. 保证信息的准确性和可靠性　　　　B. 保证内容的全面性和条理性

C. 保证叙述的简洁性和通俗性　　　　D. 保证企业优势的突出性

（4）财务规划的重点是编制（　　　）。

A. 资产负债表　　　　　　　　　　　B. 现金流量表

C. 利润表　　　　　　　　　　　　　D. 所有者权益表

（5）市场预测与分析应包括的内容有（　　　）。

A. 市场细分和目标市场的选择　　　　B. 用户行为分析

C. 竞争对手分析　　　　　　　　　　D. 销售额和市场份额预测

项目六

CHAPTER 06

融资与股权设计

学习目标

- 了解企业所需资金的分类，掌握创业资金的预估方法。
- 了解创业融资的原则与类型。
- 掌握债权融资和股权融资的方式。
- 掌握企业控制权的获取方法。

学习重点与难点

- 企业所需资金的预估。
- 债权、股权融资方式。
- 企业控制权的获取方法。

任务一

预估企业所需资金

▶▶▶ 【名人名言】

华为的"棉袄"就是现金流。

——任正非（华为公司创始人）

一、企业所需资金分类

大学生创业者在创建一个新企业时，首先需要预估企业所需资金，之后才能够继续规划追加投资、借款或引入外部投资等事项；否则，等到资金快用完时，才发现准备的初始资金不够，企业就会立即陷入危机。按照资金投入企业的时间，创业资金可分为启动资金和营运资金。

（一）启动资金

启动资金是企业在筹办期间发生各种支出所需要的资金，具体分为固定资产投入、一次性费用支出和其他费用支出。

（1）固定资产投入。固定资产投入一般是一项比较大的资金投入，是指企业为生产产品、提供劳务或经营管理而购置使用寿命较长、价值较高的资产。各个企业的固定资产投资需求不同，常见的固定资产投入包括企业用地费用、企业建筑费用，以及获得各种生产加工设备、办公计算机、运输工具和家具等的费用。

（2）一次性费用支出。一次性费用支出是指创办企业所必须一次性投入的资金，如企业购买专业软件、专利权、特许经营权、土地使用权及商标权等的费用。同时，企业在开业前预见的市场调查费、培训费、差旅费、印刷费、注册登记费等也归于一次性费用支出。

（3）其他费用支出。其他费用支出指不能归于以上两类的费用，如创办企业所需的装修费、经营场所转让费以及其他的零碎支出等。

（二）营运资金

营运资金是从企业开始经营之日起到能够做到资金收支平衡为止的期间内，企业发生各种支出所需要的资金，是投资者在开业后需要继续向企业追加投入的资金。在很多行业，营运资金的需求远远大于启动资金的需求。

学界通常将企业从开始经营到能够做到资金收支平衡为止的这段时间称为营运前期。营运前期的投入资金一般主要是流动资金，既包括投资在流动资产上的资金，也包括用于日常开支所需的资金。营运前期的时间跨度往往依企业的性质而不同，通常在几个月到几年不等。

一般情况下，在开办之初，企业的产品或服务很难在短期内得到消费者的认可，企业的市场份额较小且不稳定，因此难以在企业开业之时就形成一定规模的销售额；而且，由于赊销业务（先货后款）普遍存在，企业实现的销售收入往往有一定的延迟，资金周转的周期也会相应加长。这些因素导致在企业开业后相当长的一段时间内，销售额无法满足企业日常的生产经营需要，从而要求大学生创业者寻找投资者追加投资，以维持运营。

小故事——巨人大厦拖垮巨人集团

巨人集团曾是知名的信息科技企业之一，在1992年就取得了超过300亿元的销售额。1993年，在珠海市人民政府的支持下，巨人集团决定投资12亿元建设巨人大厦。巨人大厦规划为70层，号称"中国第一高楼"。而当时的巨人集团仅有1亿元的资产规模。1996年，施工中的巨人大厦资金告急，巨人集团不得不将所有资金都投入其中，这严重影响了其他业务的进展。最终，巨人集团的现金流在1997年彻底断裂，几乎陷入倒闭的境地，巨人大厦也成了"烂尾楼"。及至2021年5月，这栋"烂尾楼"才被卖出。

故事感悟：现金流是企业运营的"血液"，哪怕是绩优企业，在现金流枯竭的情况下也会遭遇重大挫折。

二、预估启动资金

为了较为准确地预估启动资金，大学生创业者需要对启动资金进行详细的分类，然后分别估算不同类型投资项目所需的金额，最后将所有金额相加，就能够得到最终的结果。大学生创业者对启动资金的分类越细致，对每一项支出的预估越准确，资金预算的有效性就越强。表 6-1 为某创业项目的启动资金估算表，其中列出了常见的投资项目，大学生创业者可以参照使用。

表 6-1　启动资金估算表

单位：元

序号	投资项目		数量	金额	备注
1	固定资产投入	房屋、建筑场地建设或租赁费用			
2		生产加工设备费用			
3		办公、生活设施费用			
4		运输工具和家具费用			
5		仓储设施费用			
6		……			
7	一次性费用支出	注册登记费			
8		市场调查费			
9		技术转让费			
10		专利费用			
11		保险费			
12		培训费			
13		差旅费			
14		印刷费			
15		广告费			
16		商标设计费			
17		代理加盟费			
18		……			
19	其他费用支出	装修费			
20		经营场所转让费			
21		……			
合计					

三、预估营运资金

企业的营运资金通常在一个运营周期内就可以收回，然后投入下一个运营周期。不同行业的运营周期长短不一，大学生创业者一般至少要准备企业开办后前6个月所需的营运资金，以备不时之需。要预估营运资金，大学生创业者需要分别对企业的营业收入、利润及资产负债情况进行预估，进而计算出资金缺口，即所需投入的营运资金。

（一）测算新创企业的营业收入

营业收入是现金流的重要来源，测算营业收入是企业制订财务计划、编制预计财务报表的基础。由于新创企业无既往销售业绩可供参照，大学生创业者只能依据市场调查、销售人员意见、专家咨询以及参考同类初创企业的销售数量等方式，来预测月度、季度乃至年度的销售数量，再根据定价测算出营业收入。大学生创业者可以通过表6-2所示的营业收入预测表模板来测算企业的营业收入。

表6-2　营业收入预测表模板

编制单位：　　　　　　　　　　编制时间：_____

产品名称	项目	月份								合计
		1月	2月	3月	4月	5月	6月	……	12月	
产品1	销售数量									
	销售单价									—
	销售收入									
产品2	销售数量									
	销售单价									—
	销售收入									
……	……									
合计	销售总量									
	销售总收入									

（二）编制预计利润表

利润表是一种动态的会计报表，反映了企业在一定期间的经营成果及其分配情况。编制利润表的主要依据是收入实现原则和配比原则，将同一周期（常为年）的营业收入与营业费用（成本）相配比，从而计算出企业在该期间的净收益或净损失（新创企业通常为负利润）。如果企业在两个周期的成本相同，那么净损失金额就等价于大学生创业者需要在下一周期额外投入的营运资金。利润表能够反映企业在一定期间内的营业收入、营业费用、各项期间费用和营业外收支等项目。表6-3所示为预计利润表模板。

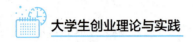

表 6-3　预计利润表模板

编制单位：　　　　　　　　　　　　编制时间：　　　　　　　　　　　　　　　　　　单位：万元

项目	本期金额	上期金额
一、营业收入		
减：营业成本		
税金及附加		
销售费用		
管理费用		
财务费用		
资产减值损失		
加：公允价值变动收益		
投资收益		
二、营业利润		
加：营业外收入		
减：营业外支出		
三、利润总额		
减：所得税费用		
四、净利润		

（三）编制预计资产负债表

　　资产负债表是反映企业某一特定日期内财务状况的静态会计报表，能够表现企业所拥有或控制的经济资源的数额及其构成情况、企业所负担的债务数额及其构成情况、企业的所有者享有的经济利益数额及其构成情况，反映了资产、负债和所有者权益这 3 个要素的相互关系、总体规模和结构，确切地反映了企业的营运状况和企业需要外部融资的数额，对于预估企业所需资金有很大的参考价值。

　　资产负债表是以"资产＝负债＋所有者权益（股东权益）"为制作依据，将企业在某一特定日期的资产、负债和所有者权益各项目按照一定的分类标准和排列顺序编制而成。也就是说，资产负债表反映了企业资产有多少，企业资产中的流动资产、非流动资产各有多少，流动资产中的货币资金、应收账款、存货各有多少等；企业的负债有多少，其中流动负债、非流动负债分别有多少；所有者权益有多少，所有者权益中的实收资本（股本）、资本公积、盈余公积、未分配利润各有多少等。表 6-4 所示为预计资产负债表（简表）模板。

表6-4 预计资产负债表（简表）模板

编制单位： 编制时间： 单位：万元

资产	期末余额	期初余额	负债和股东权益	期末余额	期初余额
流动资产：			流动负债：		
货币资金			短期借款		
交易性金融资产			应付账款		
应收票据			应付票据		
应收账款			应付职工薪酬		
其他应收款			应交税费		
存货			其他应付款		
合同资产			流动负债合计		
持有待售资产			非流动负债：		
其他流动资产			长期借款		
流动资产合计			应付债券		
非流动资产：			租赁负债		
在建工程			长期应付款		
长期应收款			其他非流动负债		
使用权资产			非流动负债合计		
投资性房地产			所有者权益：		
长期待摊费用			实收资本（股本）		
无形资产			资本公积		
开发支出			盈余公积		
其他非流动资产			未分配利润		
非流动资产合计			所有者权益合计		
资产总计			负债及所有者权益总计		

任 务 二

创业融资

【名人名言】

拿你需要的钱，而不是拿你想要的钱。

——陈五福（知名创业家、风险投资家）

一、创业融资概述

创业活动需要资金作为支撑。共青团中央的一项调查数据显示，80.1%的大学生认为"缺乏启动资金"是创业最大的障碍。由此可见，对于大部分大学生创业者来说，创业的成本超出了自己能负担的范围。因此，融资就成了大学生创业者必须掌握的事项。

（一）创业融资的含义

创业融资是指创业企业根据自身发展的要求，结合生产经营、资金需求等现状，通过科学的分析和决策，借助企业内部或外部的资金来源渠道和方式，筹集生产经营和发展所需资金的行为和过程。

相较于成熟企业融资，新创企业的创业融资更为困难，其主要原因有以下3点。

（1）新创企业缺少可供抵押的资产。银行贷款是最常用的融资方式，而大额的银行贷款普遍要求有对应的资产进行抵押。新创企业本身规模小、实力弱，普遍缺少可供抵押的资产，银行贷款给新创企业需要承担更大的风险，这就导致有些银行不愿为新创企业提供贷款。

（2）新创企业没有可参考的经营记录。过去的经营记录反映了企业的经营状况，据此可以推断企业未来的经营状况与盈利可能。因此，有过良好经营记录的企业或创业者哪怕身无分文甚至负债累累，也有可能吸引到投资，因为投资者相信其可以东山再起。没有经营记录的新创企业则难以获得投资者的青睐。

（3）新创企业的融资规模相对较小。对于投资者而言，向一家企业投资100万元和向10家企业分别投资10万元虽然在资金规模上一致，但后者毫无疑问需要投资者付出更多的管理成本。新创企业的融资规模普遍较小，而投资者往往倾向于选择融资规模大的企业。

（二）创业融资的作用

创业融资是初创企业生存发展的基础，主要用于保持企业的正常生产经营。在微观上，创业融资的作用通常有以下3个方面。

（1）满足企业正常生产经营活动的需要。企业创建时，需要按照经营方针来确定生产规模，同时配置相应的厂房、设备、原材料、人员等，遇到资金不足的情况就需要通过融资来解决。

（2）满足扩大再生产的需要。新创企业在初期的发展通常较快，因扩大生产规模等需要投入大量的资金，而此时企业还需要维持相当的现金流，因此也要通过融资来满足扩大再生产的需要。

（3）满足偿还到期债务的需要。新创企业的债务需要通过企业自身在生产经营中取得的收入来偿还。但有时企业在偿债的窗口期需要"借债偿债"，这样的融资叫作偿债融资。如果企业有能力偿还到期债务，仅仅因为调整资金结构来新增融资，这样的融资就叫作调整性偿债融资；如果企业已无力支付到期债务，被迫新增融资来偿还旧债，这样的融资就叫恶化性偿债融资。

（三）创业融资的原则

创业融资需要企业付出代价，如向银行贷款需要支付利息，向投资者融资则需要付出企业的股权等。因此，大学生创业者应该遵循一定的融资原则来进行融资，以降低融资成本、规避融资风险。大学生创业者进行创业融资的原则包括以下4点。

（1）规模适当原则。一方面，企业对于资金的需求会不断变化，大学生创业者应该根据创业计划和创业阶段，运用财务手段合理地预测资金需求量。新创企业的融资规模应该保持在一定的尺度，使融资额度与资金需求达到平衡，避免因融资过剩而支出不必要的成本，或因融资不足耽误正常的经营活动。

（2）融通及时原则。新创企业的融资活动应该根据企业自身的资金安排来进行，使企业的融资与资金使用相匹配。融资过早会造成资金的闲置，产生不必要的资金成本；融资滞后则可能错过有利的资金使用窗口期，影响企业的正常生产经营。企业融资越及时，资金的使用效率越高，则资金成本越低。

（3）来源合理原则。新创企业的融资活动不仅影响企业自身，还影响社会资源的流向和流量，涉及相关利益主体的经济利益。因此，大学生创业者在融资时一定要遵守国家的相关法律法规，选择来源合理的融资渠道，避免因非法融资行为给企业自身及其他相关利益主体造成损失。

（4）方式经济原则。新创企业在融资上需要讲究效益。由于资金的筹集与使用都会产生成本，所以大学生创业者在融资前必须事先确定该笔资金的使用方式及其收益，只有在资金使用收益大于资金成本的情况下才能够进行融资。另外，不同融资方式的资金成本有高有低，大学生创业者应该对各种融资方式进行分析、对比，选择经济、可行的融资方式。

二、创业融资的类型

创业融资有很多方式和渠道可供选择。按照不同的标准，创业融资可以划分为不同的类型，这些类型各具特点，往往长期共存于企业经营的过程中。

（一）直接融资和间接融资

直接融资是指资金供求双方直接融通资金的方式，是指资金盈余单位（投资方）在金融市场购买资金短缺单位（融资方）发行的有价证券，如商业汇票、债券和股票等。另外，政府拨款、占用其他企业资金、民间借贷和内部集资也属于直接融资的范畴。直接融资具有直接性和流通性（股票和债券可流通）等特点。

间接融资是指企业通过金融中介机构间接向资金供给者融通资金的方式。它由金融机构充当信用媒介来实现资金在盈余单位和短缺单位之间的流动，具体的交易媒介包括货币、银行存款及银行汇票等。另外，融资租赁、票据贴现也属于间接融资。间接融资具有间接性、集中性、安全性和周期性等特点。

（二）债权融资和股权融资

债权融资是指企业通过举债的方式进行融资，包括向政府、银行、亲友、民间借贷和向社会发行债券等。债权融资的特点是融资企业必须根据借款协议按期归还本金并定期支付利息，债权融资一般不影响企业的股东及股权结构。

股权融资是指企业的股东让出部分企业所有权获取资金的融资方式，包括争取国家财政投资、与其他企业合资、吸引投资基金投资等方式。股权融资的特点在于无须偿还引入的资金，不需要支付利息且不必按期归还本金，但需按企业的经营状况支付红利。同时，当企业引入新股东时，企业的股东构成和股权结构将会发生变化，可能会导致企业的决策权和控制权发生变化。

三、债权融资方式

债权融资的本质是企业凭借自身的信用或抵押资产，与债权人约定期限，获取相应资金的使用权。到达约定期限后，企业需要将资金还给债权人。新创企业能够使用的债权融资方式一般包括向家人及亲戚朋友借款、大学生创业贷款、银行商业贷款、商业信用融资和融资租赁等。

（一）向家人及亲戚朋友借款

新创企业早期所需的资金具有高度的不确定性，但是需求量较少，因此在这一阶段，除了大学生创业者本人的个人积蓄外，家人及亲戚朋友的借款就是最为常见的资金来源。他们之间有一定的亲情、友情关系，更容易建立起信赖感。

向家人及亲戚朋友借款具有一定的局限性，只适用于家庭物质条件较好的大学生创业者，并且如果创业失败，可能会影响双方关系。因此，大学生创业者应该在对方自愿的情况下进行借款，并以公事公办的态度将家人或朋友的借款与其他投资者的资金同等对待、按期偿还。

（二）大学生创业贷款

大学生创业贷款是银行等资金发放机构对大学生（专科生、本科生、研究生等）创业者发放的无抵押、无担保的信用贷款。大学生创业贷款是国家对大学生创业者提供的一项重要的创业扶持政策。相比于普通的银行商业贷款，大学生创业贷款通常具有利率低（甚至无息）、审核宽松、放款速度快等优点，是一种理想的融资手段。同时，大学生创业贷款也有额度较低、有申请条件限制等缺点。

各地纷纷设立大学生创业贷款的优惠鼓励政策

据调查，北京市创业者可以得到最高 50 万元的贷款，且由各区财政进行贴息。上海市特别成立了大学生创业"天使基金"。大学生开办企业可获得 5 万～30 万元支持。重庆市规定，半年以上未就业、有固定户口的大学毕业生可在其户口所在地居委会登记，申请 3 000～4 000 元的银行抵押和担保贷款。太原市登记失业的高校毕业生，想自主创业的，可申请不超过 5 万元的小额担保贷款。福建省高校毕业生进行自主创业，可享受小额担保贷款和其他形式小额贷款贴息政策，贴息贷款额度最高 5 万元，由财政部门按中国人民银行公布的同期贷款基准利率上浮 3 个百分点以内给予其全额贴息。青岛市人民政府有关部门拨款 1 000 万元，设立"青岛市高校毕业生创业扶持资金"来扶持高校毕业生自主创业。

（三）银行商业贷款

如果大学生创业者需要的创业启动资金无法通过创业贷款的方式满足，也可以向银行申请商业贷款。银行是依法成立的经营货币信贷业务的金融机构，向银行申请商业贷款是非常普遍的企业融资手段之一。银行商业贷款主要有以下 5 种形式。

（1）担保贷款。担保贷款是指以担保人的信用为担保而发放的贷款。随着国内中小企业信用担保体系的建立和完善，目前各地均有专业化的信用担保机构。如果大学生创业者缺乏合格的抵押物品，就可以向信用担保机构申请担保贷款。

（2）抵押贷款。抵押贷款是指以借款人或第三人的财产作为抵押物发放的贷款。办理抵押贷款时，银行会保管抵押物的有关产权证明（所有权不变更），且抵押贷款的金额一般不会超过抵押物评估价的 70%。

（3）质押贷款。质押贷款是指以借款人或第三人的动产或权利作为质押物发放的贷款。大学生创业者可用自己甚至亲朋好友（需要本人书面同意）未到期的存单、国债、国库券等作为抵押物，从银行申请有价证券面值 80%～90% 的贷款。与抵押贷款相似，在质押贷款中，借款人或第三人的动产或权利凭证被转移给了银行。

（4）贴现贷款。贴现贷款是指借款人在急需资金时，以未到期的票据向银行申请贴现而融通资金的贷款方式。贴现贷款具有流动性高、安全性大、自偿性强、用途确定、信用关系简单等特点。贴现贷款与质押贷款的区别在于：贴现是由银行购买借款人的未到期票据，而质押则转移了动产或权利的占有权。

（5）信用贷款。信用贷款是指银行仅凭对借款人资信的信任而发放的贷款，借款人无须向银行提供抵押物或担保。信用贷款具有无抵押、手续便捷的优点，借款人的门槛也比较低，只要工作稳定、征信记录良好就能获得贷款。但银行对信用贷款的审核非常严格，贷款额度相对较低，所以只适合创业者的短期小额贷款。

（四）商业信用融资

商业信用融资是指企业之间在买卖商品时，以商品形式提供的借贷活动，即交易双方依靠延期付款或延期交货的形式形成借贷关系来筹措资金。商业信用融资是经济活动中非常普遍的债权债务关系。

商业信用融资建立在企业的良好信用之上，具体包括应付账款融资、预收货款融资和商业票据融资3种。商业信用融资具有筹资便利、筹资成本低以及限制条件少的优点，但是其期限较短、筹资数额较小，而且必须有良好的企业信用才能实施。

（1）应付账款融资。应付账款融资也叫买方融资，是指企业购买货物未付款而形成的对供货方的欠账（先货后款）。在这种交易中，卖方为了促销而同意买方在购货后延迟支付货款。应付账款融资易于取得，无须办理筹资手续和支付筹资费用，而且在一些情况下不用承担资金成本。

（2）预收货款融资。预收货款融资又叫卖方融资，是指卖方按照合同或协议约定，在交付货物之前向买方预先收取部分或全部货物价款（先款后货），相当于卖方向买方先借一笔款项，然后再用货物抵偿。此信用形式的应用非常有限，仅限于市场紧缺商品、买方急需或必需商品、生产周期较长且投入较大的建筑业和重型制造业等。

（3）商业票据融资。商业票据融资是一种商业信用工具，主要通过商业票据进行融通资金。商业票据是指由金融企业或某些信用较高的企业签发，无条件约定自己或要求他人支付一定金额，可流通转让的有价票据，如汇票、本票、支票等。商业票据融资的特点是利率低、限制少、见票即付、期限短。

（五）融资租赁

融资租赁是指出租人根据承租人对租赁物件的特定要求和对供货人的选择，出资向供货人购买租赁物件，并租给承租人使用，承租人则分期向出租人支付租金，在租赁期内租赁物件的所有权属于出租人所有，承租人拥有租赁物件的使用权。融资租赁是目前国际上最为普遍的一种非银行金融形式。依靠融资租赁，需要添置设备的企业只需付少量资金就能使用所需设备进行生产，相当于企业获得了一笔中长期贷款。

由于融资租赁具有融资与"融物"相结合的特点，企业无法还款时，租赁企业可以回收、处理租赁物以挽回损失。融资租赁对企业资信和担保的要求不高，非常适合中小企业融资。

四、股权融资方式

股权融资的本质是企业股东出售部分企业所有权（股份），获取相应资金的所有权，而资金所有者也就成了企业的股东。因此，股权融资所获得的资金，企业无须还本付息，但新股东将与老股东同样分享企业的盈利（红利）。股权融资的最高阶段是上市，此时，企业可以通过证券交易所向投资者公开发行股票，上市企业的股票可以在股票市场自由流通，为企业带来高额的资金。

新创企业的股权融资方式包括天使投资、风险投资和私募股权投资等。

（一）天使投资

天使投资（Angel Investment）是自由投资者或非正式风险投资机构对原创项目构思或小型新创

企业进行的一次性的前期投资。

"天使投资"一词起源于纽约百老汇的演出捐助。"天使"这个词是由百老汇的内部人员创造出来的，用以形容百老汇演出的资助者。后来那些给创业者带来投资和帮助的投资者都被称为"天使投资人"。天使投资一般具有以下特点。

（1）通常只提供"第一轮"融资。天使投资的资金往往是投资者自己的积蓄，不足以支持较大规模的资金需求，因此只有那些处于最初发展阶段的创业项目能够得到他们的青睐。

（2）带有强烈的感情色彩。创业者说服天使投资人投资的过程常常需要一定的感情基础，要么是志同道合的朋友，要么是有亲戚关系，要么是得到了熟悉人士的介绍等。

（3）融资程序简单迅捷。天使投资人只是代表自己进行投资，其投资行为带有偶然性和随意性。天使投资人的投资决策主要基于自己的想法，不需要经过复杂而烦琐的投资决策程序。

（4）投资者通常只进行短期投资。因为是使用自己的资金进行投资，投资者对投资回报的期望较高，加上创业企业抗风险的能力不如大型企业，所以天使投资人对亏损的忍耐力不强，往往只进行短期投资。

（二）风险投资

风险投资（Venture Capital，VC）是指由创业投资家或其他出资人和机构出资，投入拟创立的新企业或刚刚诞生的创业企业，向创业项目或新创企业提供资本支持，并通过提供资本经营等一系列的服务，帮助创业者完成创业过程。在创业成功后，投资者一般会卖出股份套取现金。

风险投资的投资额一般较大，在投入资金的同时也会占据一定的管理权限，并且会随着所投资企业的发展而逐步增加投入。风险投资一般具有以下特点。

（1）高度风险性。风险投资者主要的投资对象是刚刚起步或尚未起步的高科技创业企业，这些企业往往各方面的资源都比较匮乏，市场上的用户认可程度很低，团队的企业经营管理经验也较少，因此投资的风险性和失败率都非常高。

（2）超额回报率。与高度的投资风险相伴随的是超额的回报。风险投资者在注入资金之后，往往会与创业者签订一系列的投资条款，以方便其在企业成长之后回收投资。企业上市后，风险投资者就可以在金融市场上出售自己的股份，实现风险投资的高额回报。

（3）权益性投资。权益性投资是风险投资的首要特征。风险投资者更看重投资对象的发展前景和投资增值状况，以便在未来通过上市或出售取得高额回报。

（4）投资中长期性。风险投资的流动性较小，具有长期性的特点。在实际投资的时候，一种常见的风险投资方式是分期投资。

（5）投资者积极参与。风险投资者往往拥有企业的部分控制权，部分风险投资者在投资时还会要求在董事会中的席位以及一些特定的否决权。为降低投资风险，风险投资者在向企业注入资金的同时，必然会介入该企业的经营管理，参与企业的战略决策。

（6）投资专业化。由于风险投资的高度风险性和投资中长期性，为了降低投资失败率，风险投资者往往更愿意投资自身熟悉的产业，即风险投资者一般要求所投资的产业具备很高的专业水准。在投资并介入企业运作后，风险投资者也会提供专业化的增值服务，为企业提供有针对性的战略支持。

（三）私募股权投资

私募股权投资（Private Equity，PE）是指通过私募形式对私有企业，即非上市企业进行的权益性投资，并且在交易实施过程中附带考虑了将来的退出机制。私募股权投资目前在我国发展迅速，已成为非上市企业重要的融资方式之一。私募股权投资具有以下特点。

（1）高回报。私募股权投资是对非上市企业的股权投资，因其流动性差被视为长期投资，所以投资者会要求高于公开市场的回报。

（2）没有上市交易。没有现成的市场供非上市企业的股权出让方与购买方直接达成交易，所以有投资意愿的投资者和需要投资的企业必须依靠个人关系、行业协会或中介机构等来对接并合作。

（3）深度合作。对新创企业来说，私募股权融资可能给企业带来管理、技术、市场和其他需要的专业技能。如果投资者是大型知名企业或著名金融机构，其名望和资源在企业未来上市时还有利于提高上市的股价。

（4）资金来源稳定。相对于波动大、难以预测的公开市场，私募股权投资对企业而言是更稳定的融资来源。

（5）保密程度高。在引进私募股权投资的过程中，企业可以对竞争者保密，因为信息披露仅限于投资者，而不必像上市那样公之于众。

股权融资的主要轮次

股权融资分为多个轮次，各轮中投资者的关注点和投资金额都不同。

（1）种子轮。种子轮指的是投资者在企业发展的最初阶段进行的股权融资。这轮融资的目标通常为培育创业的种子或想法。种子轮的企业往往只有一个想法和尚未完成的产品，商业模式未被验证，所以投资风险极高，但成功后的收益也极高。投资金额通常在50万～200万元。

（2）天使轮。天使轮融资通常关注项目团队到位、有初步的商业规划和成熟的产品或服务的企业。天使轮的主要投资者是天使投资人，融资金额大多是几百万元。

（3）A轮。A轮投资资本关注新创企业是否已具备成熟的团队，是否已拥有产品和有数据支撑的商业模式，是否在行业内拥有强大的技术优势，并不看重企业的实际盈利。A轮的风险资金一般来自垂直领域的风投基金或行业技术领先的龙头企业，投资金额多在1000万～1亿元。

（4）B轮。B轮风险资本主要面向有了成熟的产品和盈利模式、企业业务迅速扩张、发展进入相对成熟稳定阶段的企业。随着轮次的不断递增，投资的风险也在逐渐减小，资金来源大多是上一轮跟投、新的风险投资以及私募股权投资，量级一般在2亿元左右。

（5）C轮。C轮融资大部分是为企业上市做准备。此时，资本更看重的是企业的盈利能力和用户规模。企业的覆盖范围、应用场景和市场占有率都是衡量企业成功与否的重要标准。C轮投资的风险已经较小，往往会吸引对冲基金、投资银行、私募基金公司和大型二级市场集团等机构投资人参与，投资金额往往在10亿元以上。

（6）上市。企业上市意味着得到了一个非常好的融资平台，股票可以在证券市场上自由交易，这时所有的股民都可能成为企业的投资者。

任务 三

股权设计

一、企业股权与股权结构模型

对于企业来说，股权分配是"人""权""利""责"之间的平衡。如果在创业之初股权设计就存在问题，那么一定会为之后的发展埋下隐患。创业团队在企业成立之前就需要分配好股权。

（一）企业股权分配

创始人、合伙人、投资人、核心员工对于企业的管理、运营和发展有着重要的作用，因此大学生创业者在分配股权时，一定要照顾到这些人的利益。

1. 创始人

创始人成立了企业，并且掌控着企业的发展方向，担任着企业中最重要的角色。对于创始人的股权设计需要注意以下几点。

（1）在对企业的股权分配上应该首先保障创始人对企业的控制权，使企业有一个明确的领导核心，否则企业很容易陷入无谓的内部消耗。

（2）如果企业有多个创始人，可以依据各个创始人投入的资本分配股权。同时，对于创业团队的召集者、创业机会的提供者、创业项目的关键执行者、企业的总经理等人，应该增加其股权。

（3）如果有的创始人全职工作，而有的联合创始人兼职工作，那么全职创始人应该获得更多的股权。

（4）限制股份所有者自由退出企业。如果某一创始人退出企业并同时保留了自己持有的股份，就会成为企业的隐患，因此应该限制持股人的随意退出。例如，规定持股人退出时，其他股东可以强制回购股份。

（5）为保护企业其他股东的利益，所有创始人都应该签署股权协议。协议中会约定一些对股权的限制条款，以防止某些创始人做出损害企业利益的行为，如泄密或携带知识产权另立门户等。

2. 合伙人

合伙人为企业带来了企业所需的关键资源、技术、资金等，同样在企业中具有重要地位。大学生创业者需要通过股权与合伙人结成利益共同体，增强企业的凝聚力。

合伙人的股权份额应基于其对企业的贡献而定：一要考虑其对企业投入的资源，投入越多，股份越多；二要考虑其对企业的贡献，如拉到了投资、打通了销售渠道、引进了重要人才等，这样的合伙人应增加股权。

3. 投资人

投资人向企业投入了大量资金，理应分享企业的成长收益。但是，投资人一般不会参与企业的经营管理，即"出钱不出力"。因此，对投资人的股权分配，可以将表决权和分红权分离。

投资人的投资目的是获得收益，因此可以增加投资人的分红权，这样可以吸引投资人向企业投资；同时，应该减少投资人的表决权，因为投资人不参与企业的具体工作，拥有过高的表决权可能会干扰企业的决策。例如，可以规定某投资人持有企业20%的股份，但是拥有30%的分红权、10%的表决权。当然，当该投资人出售这笔股权时，分红权和表决权应该回归正常，即都是20%。

4. 核心员工

核心员工是企业赖以发展的重要人才。给员工发放股权是很有效的激励手段，能够将员工的利益与企业的经营业绩捆绑在一起。核心员工的股权分配一般采用期权制，即通过员工持股计划来实现。

员工持股计划是一种新型股权形式，是指企业内部员工出资认购本企业股份，并参与到企业的分红和决策中。员工持股计划一般会保证员工拥有的总体股份达到企业股份的5%～15%。同时，大学生创业者还需要为之后可能加入的核心员工预留一定的股份，以免后进入企业的人才无股可分。

拓展阅读

期权池

期权池是在企业融资前为未来引进高级人才而预留的一部分股份，用于激励员工（包括创始人、合伙人、高管、骨干、普通员工），是初创企业实施股权激励计划（Equity Incentive Plan）普遍采用的形式。按照欧美等地创业企业的惯例，企业会预留全部股份的10%～20%作为期权池，因为较大的期权池对员工和风险投资人有更大的吸引力。风险投资人一般要求期权池在其进入前设立，并要求期权池在其进入后达到一定比例。由于每轮融资都会稀释期权池的股权比例，所以一般在每次融资时均扩大期权池，以保证企业对人才的吸引力。

（二）企业股权结构模型

企业的股权结构各不相同，总体来看，企业股权结构可以用3种模型来概括，即绝对控股型、相对控股型和不控股型，如图6-1所示。值得注意的是，这3种模型仅展示企业发起时的股权状况，并没有加入投资人。

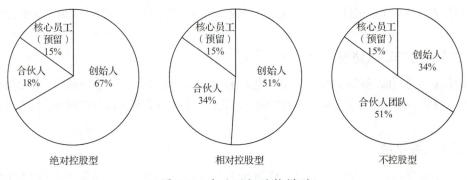

图 6-1　企业股权结构模型

1. 绝对控股型

绝对控股型的典型股权分配方式是创始人占三分之二以上，即67%的股权，合伙人占18%的股权，预留核心员工 15% 的股权。

《公司法》规定："股东会会议作出修改公司章程、增加或者减少注册资本的决议，以及公司合并、分立、解散或者变更公司形式的决议，必须经代表三分之二以上表决权的股东通过。"创始人占据 67% 的股权，可以在股东大会上实现企业所有事项的"一票通过"，拥有绝对的决策权，有效保证各项决定通过，大大提高了决策的效率。但同时，绝对控股会导致"一家独大"，创始人的权力缺乏制衡。绝对控股型适用于创始人投入最多、能力最强的情况。

2. 相对控股型

相对控股型的典型股权分配方式是创始人占 51% 的股权，合伙人占 34% 的股权，预留核心员工 15% 的股权。《公司法》规定："股东大会作出决议，必须经出席会议的股东所持表决权过半数通过。"因此，在这种模型下，除了少数重大事宜需要集体决策，其他绝大部分事情，创始人能够"一票通过"。

3. 不控股型

不控股型的典型股权分配方式是创始人占 34% 的股权，合伙人团队占 51% 的股权，预留核心员工 15% 的股权。这一模式下，创始人虽然是最大的股东，但只在重大事宜（如增资、解散、更新章程等）上有"一票否决权"（其他股份低于三分之二），其他事情都需要表决，企业的决策效率较低。不控股型股权结构主要适用于合伙人团队能力互补，每个人能力都很强，创始人只是有战略相对优势的情况，所以基本合伙人的股权就相对平均一些。

二、企业控制权的获取

对于大学生创业者而言，保持自己在企业中的领导地位，维持企业的实际控制权是绝不可让步的底线。但哪怕在创业初期采用的是绝对控股型股权结构，经历多次融资后，创始人本身的股权也会不可避免地下降。纵观国内外上市且发展良好的互联网企业，创始人占 20% 左右的股权是较常见的情况，但他们能保持自己对企业的控制权。实际上，每轮融资、每次有投资人进入，企业的控制权都可能面临一轮调整。如何在每次调整中都能掌握控制权，是创始人必须考虑的问题。

事实上，并非只有控股才能控制企业，不控股的情况下，创始人也能控制企业。在持有股份较少的情况下，大学生创业者可以采取以下几种方式获取企业控制权。

（一）投票权委托

投票权委托即其他股东将投票权委托给另一股东使用。使用这一方式的企业中，最典型的是京东集团。

（二）一致行动人协议

一致行动人协议即所有事项先在董事会内部进行民主协商，得到一致意见后施行；如果得不到一致意见，就以创始人的意见为准。一致行动人协议使得创始人在绝大部分情况下能够推行自己的决定。

（三）持股平台

持股平台通常由有限合伙企业担任。创始人可以把合伙人、员工的股份放在员工持股平台上，以此把合伙人跟员工的股权全部集中到自己手里。

普通合伙人和有限合伙人

有限合伙企业由普通合伙人和有限合伙人组成。普通合伙人对合伙企业债务承担无限连带责任，有限合伙人以其认缴的出资额为限对合伙企业债务承担责任。普通合伙人不能随意分配财产。有限合伙人不享有表决权，但依法享有财产权。

普通合伙人享有全部的表决权，这样就可以用极少的出资获得企业全部的控制权。所以，很多企业发行员工持股计划时，也常常成立有限合伙企业作为持股平台，高管、骨干、普通员工大都是有限合伙人，而创始人是普通合伙人。这既保障了高管、骨干、普通员工的经济利益，又能避免股权激励造成创始人对企业的控制权下降。

（四）AB股计划

AB股计划即将内部运营团队的股份和外部投资者的股份分开，赋予不同的投票权。例如，把外部投资者的B类股设置为一股一票，而内部运营团队的A类股设置为一股10票。这样就能使内部运营团队始终保持对企业的控制，基本不受外部投资者的干预。

有些企业在AB股基础上增加了不含投票权的C类股，用于向外部投资者增发新股或对内部员工进行激励。这样，即使企业的总股本继续扩大，或者创始人减持了股票，也不会减弱创始人对企业的控制权。

三、股权退出机制设计

创业企业的发展过程中总是会出现核心人员的流动，特别是已经持有企业股权的合伙人退出团队，此时自然不能任由其保留自己的股权。因此，大学生创业者需要预先设计好股权退出机制，既使退出者获得相应的收益，又能保持企业平稳正常地运营。

（一）限制性股权

简单来讲，限制性股权就是在交易权利上有限制的股权。限制性股权是股权，可以直接办理工商登记，并行使相应权利；但同时它也有权利限制，如若干年内不能卖出、卖出时需优先卖给企业大股东、中途离职时企业可以按事先约定的价格进行强制回购等。

限制性股权能够有效防止持股人中途离场套现，有利于稳定企业合伙人团队。如果没有采用限制性股权，那么可能会出现合伙人在企业刚刚走上正轨、估值大幅提升的情况下直接套现离场，影响企业的利益。

（二）股权分期兑现

股权分期兑现即企业不一次性向持股对象分配股权，而是分若干期，每次兑现部分，只有已兑现部分的股权可以正常行使股东权利。若股权未兑现完，持股人即离职，未兑现部分由企业无偿收回。股权分期兑现有4种实现方式，下面以分期4年为例进行介绍。

（1）约定4年，持股人每年兑现1/4。

（2）任职满2年兑现50%，满3年兑现75%，满4年兑现100%。

（3）逐年增加，第一年兑现10%，第二年兑现20%，第三年兑现30%，第四年兑现40%。任职时间越长，兑现得越多。

（4）任职满一年兑现1/4，剩下的在3年之内每个月兑现1/48。

（三）股权回购

股权回购是指企业购买股东所持的本企业股权。创业者可预先与股东约定股权回购机制，设计股权回购机制的关键是确定回购价格，回购价格过低会损害股东利益，过高则会使企业难以负担。以下几种方式是相对合理的回购定价方式。

（1）参照原来购买价格的溢价。如果持股人是通过财务投资获得股份，那么企业可以参照其购入股份的金额，加上一定的溢价回购。溢价的幅度可以通过持股年限、企业发展状况、企业利润增长幅度来确定。

（2）参照企业净资产进行定价。对于一些重资产企业，可以参照净资产来定价。例如，股东买入股份时企业的净资产为100万元，卖出股份时企业的净资产达到了500万元，就可以按照500%的价格回购。

（3）参照企业最近一轮融资估值的折扣价。企业可能会经历多轮融资，每一次都会更新估值。例如，投资者甲在A轮融资中向企业乙投资500万元，获得25%的股份，企业乙的估值就是2 000万元。但是估值代表的是"企业未来可能达到的价值"，因此难免有"虚高"的成分，所以需要打一定的折扣来确定回购价格。之后，企业乙经过B轮融资，获得2 000万元，投资者乙占有20%的股份，此时企业乙的估值就是1亿元，是投资人甲投资时的5倍。此时，企业就可以以2 500万元为基数，打一定折扣后回购投资人甲所持的全部股份。

◎ 案例6-1 —— "西少爷"合伙人纠纷案

2013年6月19日，宋鑫、孟兵、罗高景3人以40%、30%、30%的股份比例创立计算机科技公司，注册资本50万元，开展金融搜索引擎业务，但是这个项目的进展并不顺利。

同年10月，由于业绩实在不佳，他们不再坚持之前的项目，转而进军餐饮业，创立"西少爷"品牌。袁泽陆也在这时候加入，因此"西少爷"品牌总共有4个创始人。

第一次众筹，9小时便募集了来自40多位股东的50万元启动资金。2014年4月8日，西少爷正式开业，客流、销量很快呈爆发式增长，被各家媒体争相报道。孟兵更是以"创业新星"的姿态接受采访及洽谈投资机构。当时有投资机构为"西少爷"给出4 000万元的估值。2014年5月，西少爷再次进行众筹，但由于新的餐饮管理公司还没有完成注册，众筹来的85万元并未进入公司账户。这两次众筹给"西少爷"的发展埋下了隐患。

没多久，股权纠纷爆发。孟兵在与投资方的洽谈中认识到了股权架构的问题所在。因此，他向其他股东提出了两个方案：方案一，CEO拥有3倍投票权；方案二，组建VIE架构（也称"协议控制"，实际上是指拟上市公司在开曼群岛或英属维尔京群岛设立一个平行的离岸公司，以这个离岸公司作为未来上市或融资的主体，然后这个离岸公司经过一系列投资活动后，最终在国内落地为一家外商投资企业）。

其实，这两个方案都不失为"解决不当股权架构"的方法。方案一即表决权与分红权分离，同股不同权，确保创业股东的战略构想能在企业的发展过程中稳定地执行下去。方案二同样可以稳定创业股东决策权，方便企业日后上市。

但是，宋鑫及其他股东均不同意3倍投票权的方案，且觉得此时花钱组建VIE架构成本较高。2014年5月30日，奇点兄弟餐饮管理（北京）有限公司正式成立。在没有经过股东会议、没有投票表决的情况下，孟兵直接将3倍投票权条款加入投资条款中，仅通过邮件的方式告知其他股东。"3倍投票权"已经成为投资条款，其他股东也唯有让步"同意"，仅剩宋鑫没有同意，他最终不得不离开公司。

课堂思考与讨论

（1）本案例中宋鑫、孟兵、罗高景 3 人以 40%、30%、30% 的比例分配股权，股权架构设计合理吗？存在哪些缺点？为什么？

（2）通过本案例，你认为在股权分配上，创业团队需要注意什么？

实践训练

1. 了解大学生创业贷款

目前，全国各地基本都出台了大学生创业贷款优惠政策，试通过网络搜索、请教相关人员的方式，了解学校所在地（或生源地）的大学生创业贷款政策，尤其注意了解以下信息。

（1）当地大学生创业贷款的优惠有哪些？利率是多少？

（2）大学生创业贷款的额度是多少？

（3）大学生创业贷款的申请条件是什么？

（4）大学生创业贷款的申请流程是什么？所需资料有哪些？

（5）申请大学生创业贷款的其他注意事项有哪些？

2. 寻求投资

（1）沿用"项目五"的实践训练"撰写创业计划书"的分组情况，根据本小组编写的"创业计划书"预估企业所需资金。

（2）两个小组结为一队。其中，一个小组扮演投资人，另一个小组扮演大学生创业者。大学生创业者尝试向投资人阐述自己的创业项目与资金需求，努力打动投资人并获取投资。完成后，两组调换角色，重复这一活动。

课后练习

1. 名词解释

投资资金　　营运资金　　创业融资　　债权融资　　股权融资

2. 判断题

（1）企业所需创业资金可分为投资资金和营运资金。　　　　　　　　　（　　）

（2）大学生创业者需要对投资资金进行统一考量和整体估计，以得到最终的结果。（　　）

（3）大学生创业者一般至少要准备企业开办后前 3 个月所需的营运资金。（　　）

（4）相较于成熟企业融资，新创企业的创业融资更为困难。　　　　　　（　　）

（5）间接融资是指企业通过金融中介机构间接向资金供给者融通资金的方式。（　　）

（6）科学的股权分配结构中，创始人、合伙人、投资人占据所有股份。（　　）

（7）只有控股才能控制企业，不控股就不能控制企业。　　　　　　　　（　　）

（8）股权分期兑现，即企业不一次性向持股对象分配股权，而是分若干期，每次兑现一部分，只有已兑现部分的股权可以正常行使股东权利。（　　）

（9）大学生创业初期最大的瓶颈就是资金，因此应该尽其所能多渠道筹措到最多的资金，以保障创业项目顺利开展。　　　　　　　　　　　　　　　　　　　　　　　　　（　　）

（10）商业信用融资是经济活动中非常普遍的债权债务关系，一般需要建立在企业的良好信用之上。　　　　　　　　　　　　　　　　　　　　　　　　　　　　　　　　　　（　　）

3. 单选题

（1）房屋、建筑场地建设或租赁费用属于（　　　）。

A. 固定资产投入　　　　　　　　　　　B. 一次性费用支出

C. 营运资金　　　　　　　　　　　　　D. 其他费用支出

（2）预估营运资金需要进行的行动不包括（　　　）。

A. 测算新创企业的营业收入　　　　　　B. 编制预计利润表

C. 编制预计资产负债表　　　　　　　　D. 编制创业计划书

（3）大学生创业者进行创业融资的作用不包括（　　　）。

A. 满足企业正常生产经营活动的需要　　B. 满足创业团队盈利的需要

C. 满足扩大再生产的需要　　　　　　　D. 满足偿还到期债务的需要

（4）下面关于创业融资类型的说法中，错误的是（　　　）。

A. 直接融资是指资金供求双方直接融通资金的方式

B. 间接融资是指企业通过直接联系向资金供给者寻求资金的方式

C. 股权融资是指企业的股东让出部分企业所有权获取资金的融资方式

D. 债权融资是指企业通过举债的方式进行融资

（5）商业信用融资不包括（　　　）。

A. 应付账款融资　　　　　　　　　　　B. 预收货款融资

C. 商业票据融资　　　　　　　　　　　D. 融资租赁

（6）企业的股权结构模型不包括（　　　）。

A. 完全控股型　　　　　　　　　　　　B. 绝对控股型

C. 相对控股型　　　　　　　　　　　　D. 不控股型

（7）下列关于企业控制权的说法，错误的是（　　　）。

A. 投票权委托即其他股东将投票权委托给另一股东使用

B. 一致行动人协议规定董事会无法取得一致意见时，以创始人的意见为准

C. 持股平台可以由任何合伙企业担任

D. AB 股计划将股票分为不同类型，赋予其不同的权利

（8）股权回购中，能借以确定回购价格的方法不包括（　　　）。

A. 参照原来购买价格的溢价　　　　　　B. 参照企业净资产进行定价

C. 参照现实的股价　　　　　　　　　　D. 参照企业最近一轮融资估值的折扣价

（9）创始人占51%的股权，合伙人占34%的股权，预留核心员工15%的股权。这种企业股权结构模型是（　　　）。

A. 完全控股型　　　　　　　　　　　　B. 绝对控股型

C. 相对控股型　　　　　　　　　　　　D. 不控股型

（10）一般情况下，向企业投入了大量资金，但不会参与企业经营管理，即"出钱不出力"的主体是（　　　）。

A. 创始人　　　　　B. 合伙人　　　　　C. 投资人　　　　　D. 核心员工

4. 多选题

（1）投资资金包括（　　）。

A. 固定资产投入　　　　　　　　　B. 一次性费用支出

C. 营运支出　　　　　　　　　　　D. 其他费用支出

（2）创业融资的原则包括（　　）。

A. 规模适当原则　　　　　　　　　B. 融通及时原则

C. 来源合理原则　　　　　　　　　D. 方式经济原则

（3）股权融资方式包括（　　）。

A. 天使投资　　　　　　　　　　　B. 风险投资

C. 私募股权投资　　　　　　　　　D. 众筹融资

（4）在股份较少的情况下，获取企业控制权的方式主要有（　　）。

A. 投票权委托　　　　　　　　　　B. 一致行动人协议

C. 持股平台　　　　　　　　　　　D. AB 股计划

（5）新创企业能够使用债权的融资渠道一般包括（　　）。

A. 向家人及亲戚朋友借款　　　　　B. 大学生创业贷款

C. 银行商业贷款　　　　　　　　　D. 商业信用融资和融资租赁

项目七

CHAPTER 07

产品定位与品牌建设

学习目标

- 了解宏观、中观、微观、企业内部营销环境的内容。
- 掌握营销环境的分析方法。
- 掌握产品市场细分的方法。
- 掌握品牌的基本知识与建设规划方法。
- 掌握品牌建设过程中创业者应具备的创业素质和创业能力。

学习重点与难点

- 分析产品营销环境的方法。
- 产品市场的选择与定位。
- 品牌建设规划。

任务一

产品营销环境分析

▶▶【名人名言】

　　当我第一次做营销时，我真的相信我们能够了解外部市场环境，设计营销产品与服务以满足市场的需求；我真的相信我们能够使用某些设计得相当完美的营销渠道与消费者直接进行沟通。然后，营销便会获得奇迹般的成功。

　　　　　　　　　　——巴里·沃尔菲斯（Barry Wolfish，蓝德雷有限公司首席营销官）

一、营销环境理论

营销指企业发现或发掘消费者需求，让消费者了解该产品进而购买该产品的过程。在大学生创业过程中，营销是必备的活动。产品营销的开展需要借助外部环境，而企业无法操控外部环境，只能努力了解、预测和适应环境，这就要求大学生创业者在开展产品营销前做好营销环境分析。

（一）营销环境的含义

市场中存在各种不可控制的因素和力量。这些因素和力量构成了企业的营销环境，影响企业产品营销及目标实现的内外部条件，因此，可以说营销环境是指与企业产品营销有潜在关系的所有内外部力量和机构的总和。

美国著名市场营销学家菲利普·科特勒（Philip Kotler）指出，一个企业的营销环境由企业营销管理机能外部的行动者与力量所组成，这些行动者与力量冲击着企业管理者发展和维持同目标顾客进行成功交易的能力。营销环境包含的因素如图7-1所示。

（二）营销环境的分类

传统理论将营销环境分为宏观、中观和微观三个层次，但是有的学者认为，企业自身也会对产品营销产生重要影响，因此也将企业内部环境归入营销环境的范畴。

图 7-1 营销环境包含的因素

1. 宏观营销环境

宏观营销环境是指给企业造成市场机会和环境威胁的主要社会力量，包括政治法律环境、社会文化环境、经济环境、人口环境、自然环境及科学技术环境等因素。企业无法预见、操控这些宏观因素的变化，只能被动承受这些变化带来的影响。

宏观营销环境对企业的影响是间接的、巨大的，因为这些因素的变化往往导致整个市场环境、行业环境发生剧变。例如，深圳市在2020年发布了《深圳经济特区全面禁止食用野生动物条例》，当地的"野味餐馆"便只能停业或转行。

2. 中观营销环境

中观营销环境是指企业所处行业内的营销环境，包括新进入企业、替代品生产企业、供应商、购买者和行业内现有企业等的情况。企业市场的行业环境是一个不断变化的环境，在行业发展的不同阶段，会表现出不同的特征，对创业企业的发展和产品营销也会产生不同的影响。

中观营销环境的影响既直接又全面。例如，全球半导体产业的产能出现瓶颈，导致"全球缺芯"，众多汽车生产企业因此陷入停工状态。

3. 微观营销环境

微观营销环境是指企业的运营环境所涉及的主体及其行为方式。微观营销环境是企业赖以生存和发展的特殊空间，能对企业产生直接影响。它由与企业有着密切联系、直接影响企业为目标市场服务的能力与成效的力量所构成。例如，企业的主要原料供应商发生生产事故，无法按时按量供应原料，就会影响产品的正常生产销售。

4. 企业内部营销环境

企业内部营销环境是指企业内部所有能够影响企业市场产品营销及其绩效的要素、资源和能力，如活动策划能力、广告投放能力、分销能力等。这些因素是每个公司所能控制的一些自变量，

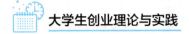

也是企业进行营销决策的基础。

👁 案例 7-1 比亚迪：成就你的梦想

比亚迪公司创立于 1995 年，是中国著名的高新技术企业。其品牌的英文全称是"Build Your Dream"，简称 BYD，意思是"成就你的梦想"。

比亚迪最先是从电池产业起家，找到镍镉电池的技术突破口，迅速占领镍镉充电电池市场。1997 年，比亚迪正式进军 IT 产业，主要生产锂离子电池，很快成为诺基亚、摩托罗拉手机的重要供应商。近年来，随着国家政策的各项推进，新能源汽车得到了许多用户的关注。比亚迪作为"电池大户"，在新能源汽车市场当中更是一马当先。

比亚迪的业务是随着宏观环境的改变而不断调整的。进入 21 世纪以来，随着人们收入提高，购买力增强，汽车越来越成为基本生活必需品。国家放宽了经济政策的限制，不断出台相关措施保障和支持自主品牌汽车企业发展壮大。2003 年，比亚迪开始向传统汽车工业出击，成立比亚迪汽车研发中心，开展汽车车身、汽车电子、安全装置及电动汽车等领域的研发工作，建立构架齐全的汽车研发体系和整车检测中心。2008 年，比亚迪推出全球首款插电式混合动力轿车。党的十八大把生态文明建设提到国家发展战略的高度，着力建设资源节约型和环境保护型社会，倡导低碳生产生活。汽车节能减排已成为汽车行业未来发展的大趋势。比亚迪作为全球新能源整体解决方案开创者，致力于全面打造零排放的新能源生态系统。

课堂思考与讨论

（1）宏观环境的变化在比亚迪的业务转型过程中有着什么样的影响？

（2）搜集相关资料，说一说微观环境的变化对比亚迪公司带来了哪些影响？

（三）营销环境的特点

营销环境是一个多因素、多层次且处于不断变化之中的综合体，它主要有以下几个方面的特点。

1. 客观性

企业只要开展营销活动，就必然需要面对这样或那样的营销环境，必然受到各种各样宏观的、微观的环境因素的影响和制约。

营销环境是不以企业的意志为转移的客观存在，有着自己的运行规律和发展趋势，对营销环境的主观臆断必然会导致决策的盲目与失误。如果企业善于适应环境，就能获得良好的生存和发展，否则，就难逃被淘汰的命运。因此，大学生创业者必须清醒地认识到营销环境的客观性，及早做好心理建设，随时应对企业面临的各种营销环境的挑战。

2. 差异性

不同企业的营销环境存在着差异，这主要是由企业所处的地理环境、生产经营的性质、政府管理制度等方面的差异导致的。营销环境的差异性要求大学生创业者不能盲目照搬其他企业的应对策略和做法，而要自主地对本企业的营销环境进行了解和分析。

3. 相关性

营销环境本身就是一个复杂的大系统，有着丰富的构成因素，这些因素间存在着各种各样的相互联系和制约。某一个或某些环境因素的变化首先会对与其直接相关的因素产生影响，进而对其他因素产生作用，最终形成新的"平衡"，改变整个营销环境。例如，2021 年 3 月，货轮搁浅，造成苏伊士运河堵塞 12 天，航路断绝，间接导致众多商品无法按时运抵目标市场，多种原料短缺或涨价，进而改变了众多企业的营销环境。

> **小故事——蝴蝶效应**
>
> 美国气象学家爱德华·洛伦兹（Edward N. Lorenz）提出了蝴蝶效应："一只南美洲亚马孙河流域热带雨林中的蝴蝶，偶尔扇动几下翅膀，可以在两周以后引起美国得克萨斯州的一场龙卷风。"这是因为蝴蝶扇动翅膀的运动，导致其身边的空气系统发生变化，并产生微弱的气流，而微弱的气流又会引起四周空气或其他系统产生相应的变化，由此引发一个连锁反应，最终导致其他系统的极大变化。
>
> **故事感悟**：企业的营销环境和气象系统一样，是高度复杂的系统。因此，营销环境也存在着蝴蝶效应，微小的变化能带动整个系统产生长期、巨大的连锁反应。

4. 动态性

动态性是指企业所处的外部环境会随着时间的推移不断发生变化，因为构成营销环境的诸多因素本就处于不断变化中。所以，企业要长期不间断地对营销环境进行研究分析。企业应该建立与健全信息网络，将信息收集、整理、分析的工作常态化。同时，企业还应该分配专门力量，以适应突发性的资料搜集工作的需要，预测营销环境发展变化的趋势，以便能够提前计划并有所准备。

5. 不可控性

营销环境的不可控性体现在两个方面：其一，影响营销环境的因素较多、较复杂，且会相互影响，因此企业无法穷尽所有信息，无法保证对营销环境因素的影响能得到确定的效果；其二，对于一些因素，如国家的政治法律制度、人口增长及社会文化习俗等，企业无法对其进行控制。

营销环境的不可控性对不同企业的影响表现不一。有的因素对某些企业来说是可控的，而对另外一些企业来说则可能是不可控的；有些因素现在是可控的，而未来则可能变成不可控的。同时，各个环境因素之间也经常存在着矛盾关系。

当然，强调营销环境的不可控性，并不意味着企业对营销环境无能为力，只能消极、被动地改变自己以适应环境，而是要求企业以各种不同的方式增强适应环境的能力，从而避免来自营销环境的威胁，并能够在变化的环境中寻找到自己的新机会，或许还可以在一定条件下改变环境。

二、营销环境分析方法

营销环境非常复杂且具有动态性，想要行之有效地分析营销环境，大学生创业者必须掌握营销环境的分析方法。

（一）PESTEL 分析方法

PESTEL 分析方法是对宏观环境进行分析，即主要是对政治（Political）、经济（Economic）、社会（Sociocultural）、技术（Technological）、环境（Environmental）、法律（Legal）6 个因素进行分析，如图 7-2 所示。

（1）政治因素，包括政治制度、政治结构、政治体制、方针政策、政治形势等。

（2）经济因素，包括经济发展水平、规模、增长率、政府收支、通货膨胀率等。

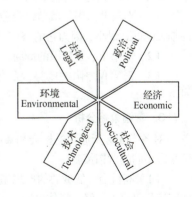

图 7-2　PESTEL 分析方法

（3）社会因素，包括人口数量、普遍价值观念、平均道德水平等、社会盛行风气等。

（4）技术因素，包括技术发展方向、高新技术、工艺技术、基础研究的突破性进展。

（5）环境因素，包括水资源、土地资源、生物资源、气候资源等因素的集合体，也是关系社会和经济发展的复合生态系统。

（6）法律因素，包括国家或地方政府颁布的各项法规、法令、条例等。

PESTEL 分析方法作为外部环境分析的基本工具，可以有效地帮助企业分析其所处的宏观环境对于战略的影响。但是使用 PESTEL 分析方法需要掌握大量的、充分的相关研究资料，并且要求对所分析的企业有着深刻的认识，否则将难以进行或无法取得较好的效果。

（二）机会威胁分析法

营销环境中必然存在着有利于企业发展的因素和不利于企业发展的因素。机会威胁分析法将环境中有利于企业发展的因素称为环境机会，不利于企业发展的因素称之为环境威胁，并通过机会矩阵图（见图7-3）和威胁矩阵图（见图7-4）分别对环境中的机会和威胁进行分析。

图 7-3　机会矩阵图　　　　图 7-4　威胁矩阵图

1. 机会分析

企业可以列举所有已知的潜在机会，将其分别填入机会矩阵图中的相应位置。

（1）第Ⅱ象限的机会出现可能性和吸引力都很高，是最佳机会，企业应准备若干计划以追求其中一个或几个机会。

（2）第Ⅰ、Ⅲ象限的机会虽然目前仍有不足，但是很可能会转化为第Ⅰ象限的最佳机会，企业应密切关注。

（3）对第Ⅳ象限的机会，企业通常可不做考虑。

2. 威胁分析

企业应该列举所有能预想到的威胁，并将其分别填入威胁矩阵图中的相应位置。

（1）对第Ⅱ象限的威胁，企业应保持高度警惕状态，并制订相应的措施，尽量避免损失，或者使损失降低到最小，因为它的潜在严重性和出现的概率均很高。

（2）对第Ⅰ、Ⅲ象限的威胁，企业也不应掉以轻心，要给予充分的重视，制订好应变方案。

（3）对第Ⅳ象限的威胁，企业一般应注意其变化，若其出现向其他象限转移的趋势，应制订对策。

3. 营销策略分析

对各类业务所遇到的机会和威胁进行综合分析后，企业可以将产品的营销环境分为4类，并分别采取不同的营销策略。

（1）高机会、低威胁的理想型环境。潜在利益较大而危险较小，是产品营销难得的好环境，企业应该积极投入、努力抓住机遇。

（2）高机会、高威胁的风险型环境。这类营销环境中利益与风险并存，企业需要对其进行全面评估，慎重抉择，以争取利益。

（3）低机会、高威胁的困难型环境。这类环境会导致产品的营销十分困难，企业必须想方设法扭转局面，若仍没有起色，则应果断另寻市场。

（4）低机会、低威胁的成熟型环境。这类环境通常是成熟稳定的市场，企业按照常规经营即可取得平均利润，但由于竞争激烈，利润空间不大。

产品市场的选择与定位

▶▶【名人名言】

产品或服务的质量不是取决于供应商做了什么，而是要看顾客能够得到什么，看他们是否愿意为此掏腰包。

——彼得·德鲁克

一、产品市场细分

无论何种产品，最终都要流入市场，因此对于产品营销而言，市场是不可忽视的因素。要想使产品取得理想的营销效果，企业就需要首先对产品的目标市场进行细分，之后再进行合理的选择和准确的定位。

（一）目标市场细分的基础

目标市场细分指在市场调研的基础上，根据消费者对产品或服务的不同需要、不同购买行为和偏好，把某一产品的整体市场分割成若干个需求不同的子市场（细分市场）的分类过程。例如，服装产品的市场可划分为童装市场、青年服饰市场、中老年服饰市场等。

需要注意的是，目标市场细分并不是通过对产品本身的分类来细分市场，而是以消费人群在消费需求上的差异性作为市场细分的基础。因此在对目标市场进行细分时，企业需要考虑消费者需求的差异性和相似性。以服装产品市场为例，图7-5所示为消费者对某服装产品的差异需求和相似需求。

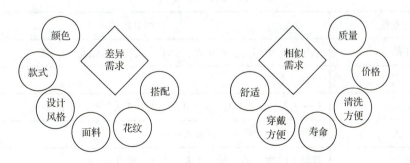

图7-5 消费者对某服装产品的差异需求和相似需求

（1）消费者需求的差异性。消费者因其年龄、性别、工作、家庭环境，以及消费心理、消费动机的不同，对产品的质量、价格、款式、服务等的要求也不同。例如，针对服装产品，有的消费者追求新颖的款式和潮流的元素，有的消费者讲究精良的质地和高档的做工，还有的消费者看重服装的设计风格是否合意。

（2）消费者需求的相似性。人的群居性特性使得有相同社会背景、文化氛围、经济层次、生活习俗的消费者形成了在某一需求、行为或习惯等方面的相似性，因而具有相似消费需求的消费者也可以统一归类为同一消费群体。

（二）目标市场细分标准

市场中有各式各样的消费者，根据不同的变量，市场可以划分为不同的子市场。市场细分的常见变量包括地理变量、人口变量、心理变量和行为变量等。

1. 根据地理变量细分

根据地理变量细分，可以选用的变量主要有消费者所在的国家/地区、城乡/规模，以及所在地的气候条件、交通环境、通信条件、面积、地理环境、资源分布等。例如，根据地区细分，我国市场可以分为东部市场、中部市场、西部市场等。根据地理变量细分的结果如表7-1所示。

表7-1　根据地理变量细分

细分变量	细分市场
国家/地区	东部市场、中部市场、西部市场……
城乡/规模	一线城市、二线城市、三线城市/特大城市、大城市、小城市、城镇……
气候条件	热带气候、亚热带气候、温带气候、亚寒带气候……
交通环境	飞机、高铁、汽车……
通信条件	网络覆盖率较好、网络覆盖率一般、网络覆盖率差
其他	……

2. 根据人口变量细分

根据人口变量细分，可以选用的变量包括消费者的年龄、性别、家庭人口、收入、职业、受教育程度、宗教、国籍、家庭生命周期等，细分结果如图7-2所示。

表7-2　根据人口变量细分

细分变量	细分市场
年龄	老年人、中年人、青年人、少年、儿童、婴幼儿
性别	男性、女性
家庭人口	1～2人、2～3人、3～4人、4～5人、5人以上……
收入	高收入、中等收入、低收入……
职业	教师、医生、销售员、工人、农民、学生……
其他	……

3. 根据心理变量细分

根据心理变量细分，可以选用的变量包括消费者的生活方式、个性/兴趣、价值取向、价格敏感度、购买动机、对商品和服务方式的偏好等，细分结果如表 7-3 所示。

表 7-3 根据心理变量细分

细分变量	细分市场
生活方式	简朴型、精致型、奢侈型……
个性/兴趣	追求新奇、追求潮流、追求独特、追求大众化……
价值取向	经济、实用、美观……
价格敏感度	追求物美价廉、追求品牌、追求高奢定制……
其他	……

4. 根据行为变量细分

根据行为变量细分，可以选用的变量包括消费者的购买时机、追求的利益、使用状况、忠诚程度、使用频率、对产品的态度等，细分结果如表 7-4 所示。

表 7-4 根据行为变量细分

细分变量	细分市场
购买时机	日常时、营销活动期间、节假日期间……
追求的利益	质量、性价比、服务、舒适性、使用寿命……
使用状况	经常使用、首次使用、未曾使用、曾经使用、计划使用、有可能使用……
忠诚程度	绝对忠诚、十分忠诚、比较忠诚、一般忠诚、无忠诚度……
使用频率	经常使用、不常使用、不使用……
对产品的态度	热情、积极、不关注、否定、敌视……
其他	……

（三）目标市场细分步骤

在进行市场细分时，企业可以基于某细分变量中的一个细分因素细分市场，也可基于多个细分因素细分市场。例如，某企业根据消费者家庭经济状况和年龄，将市场分为经济型年轻化市场、品质型年轻化市场、经济型传统化市场、品质型传统化市场。

理论上，细分市场时所使用的细分因素越多，找到市场机会的希望就越大。但是增加市场细分因素会提升市场细分的难度，降低市场细分的准确性，因此企业应该结合自身情况综合权衡，合理选择细分因素，既不可太多，又不能太少。

为确保目标市场细分的有效性和科学性，企业可按照以下步骤细分目标市场。

（1）确定产品进入市场的范围。

（2）列举该市场范围中的消费者的潜在需求，以及产品的功能特点。

（3）评估和筛选消费者需求，选择消费者最迫切的需求作为细分市场的基础。

（4）筛选出相似需求和差异需求，以差异需求作为细分市场的标准，并根据消费者的差异需求划分具体的细分市场。

（5）针对每一个细分市场进行分析，了解该细分市场产生的原因、消费者的购买行为特征、消费者的购买力、市场规模等信息，选择适合本企业且有发展潜力的细分市场。

👁 案例 7-2 ——格力电器对于空调市场的细分

珠海格力电器股份有限公司（以下简称格力电器）成立于 1991 年，是一家集研发、生产、销售、服务于一体的国际化家电企业。格力电器自成立以来，以"一个没有创新的企业是一个没有灵魂的企业"为座右铭，致力于技术创新，把掌握空调的核心技术作为企业立足之本。

格力电器对空调进行市场细分时，根据购买规模和是否长期合作，将目标消费群体分为 4 种：开发商为主的商用市场，个人、机关为主的商用市场，开发商为主的高级住宅市场，个人为主的高级住宅市场。根据目标消费者购买空调后的放置位置，将空调市场细分为 3 种：卧室用的空调，讲究形体小巧，功能重在安静舒适，能够控制噪声；办公室、会客厅用的空调，其中，柜式空调是目前高端商务空调市场潜力最大、利润最丰厚的一块，是空调细分市场最大的"金矿"；厨房用的空调，克服了油烟多、温度高等因素的影响，能够快速除油烟、强制冷且易安装。根据空调的主打功能，将空调市场细分为 4 种：超低噪声、睡眠控制功能类；独立换气、健康杀菌类；制冷制热强劲、功能简化类；高效节能、绿色环保类。

课堂思考与讨论

（1）格力电器对空调进行市场细分的标准有哪些？

（2）思考一下格力电器对空调进行市场细分的具体流程有哪些？

二、产品市场选择

新创企业资源有限，在对市场进行细分后，只能集中力量，选择一个或几个细分市场作为最终的目标营销市场。在选择目标市场时，企业可以遵循一定的选择标准和恰当的选择模式。

（一）目标市场的选择标准

在市场中，可能会存在很多个有潜力、有价值的细分市场，但并非每一个细分市场都适合企业进入，企业必须对目标市场的市场规模、市场潜力、市场中的竞争者以及自己的竞争力等进行分析和评估，选择最适合自己的细分市场，以降低经营风险。一般来说，对企业价值较高的细分市场需要满足以下 4 个标准。

（1）市场存在潜在需求量。企业所选择的目标市场应该能满足消费者的现实需求和潜在需求，同时可以让企业获得更多的销售机会，扩大销售规模。

（2）市场有一定的购买力。市场中的消费者必须具有一定的购买力，企业的销售规模才能达到预期的利润目标。

（3）企业具有竞争能力。企业应该在目标市场具有竞争优势，可以通过恰当的营销策略占领该细分市场。

（4）企业有经营市场的能力。企业应该具备足够的人力、物力、财力等实力，可以进入市场开展经营活动，满足市场的需求。

（二）目标市场选择模式

企业应该根据自身的实际情况，选择合适的进入市场的模式。常见的目标市场选择模式包括单一市场集中化、产品专业化、市场专门化、选择专门化和完全市场化。

（1）单一市场集中化模式。单一市场集中化模式指企业选择一个细分市场，生产某一种产品，为该目标市场中的消费者提供产品和服务。图 7-6 所示为单一市场集中化模式，企业仅为办公市场中的消费者提供办公显示器一种产品。

（2）产品专业化模式。产品专业化模式指企业选择几个细分市场，生产某一种产品，将该产品提供给不同细分市场的消费群体。图 7-7 所示为产品专业化模式，企业分别为不同的市场提供显示器产品。

	办公市场	市场2	市场3
产品1	办公显示器		
产品2			
产品3			

图 7-6　单一市场集中化模式

	办公市场	设计市场	家用娱乐市场
产品1	办公显示器	高色准显示器	高刷新率显示器
产品2			
产品3			

图 7-7　产品专业化模式

（3）市场专门化模式。市场专门化模式指企业针对某一类消费群体，专门为他们生产各种产品，提供满足他们需要的产品和服务。图 7-8 所示为市场专门化模式，企业向办公市场提供多种产品。

（4）选择专门化模式。选择专门化模式是指企业选择若干细分市场，生产多种产品，满足不同消费群体的需要。图 7-9 所示为选择专门化模式，企业分别为办公市场、设计市场、家用娱乐市场提供一种产品。

	办公市场	市场2	市场3
产品1	办公显示器		
产品2	传真打印机		
产品3	企业广播系统		

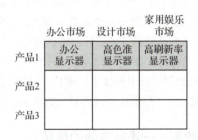

图 7-8　市场专门化模式

（5）完全市场化模式。完全市场化模式是指企业为满足所有细分市场的消费需求而生产各种产品。图 7-10 所示为完全市场化模式，企业分别为不同市场中的不同消费人群提供不同的产品。

	办公市场	设计市场	家用娱乐市场
产品1	办公显示器		
产品2		专业大幅面打印机	
产品3			音响组合

图 7-9　选择专门化化模式

	办公市场	设计市场	家用娱乐市场
产品1	办公显示器	高色准显示器	高刷新率显示器
产品2	传真打印机	专业大幅面打印机	蓝牙便携照片打印机
产品3	企业广播系统	数字音频工作站	音响组合

图 7-10　完全市场化模式

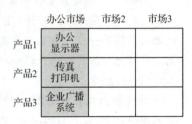

三、产品市场定位

产品市场定位即企业根据产品在细分市场中所处的地位，创立产品、品牌在目标消费者心目中的某种形象或某种个性特征。产品市场定位的重心就是体现产品与竞品的差异。这些差异可以来自产品本身价值、产品附加价值、产品价格、产品档次、地理因素、员工素质、品牌的差异、企业文化与形象的差异等。下面以产品本身价值、产品附加价值为例进行介绍。在实际进行产品市场定位时，企业往往不会选择单一的定位途径，而是多种途径结合使用。

（一）以产品本身价值体现差异

以产品本身价值体现差异指以产品本身的形状、成分、构造、性能等与同类产品进行差异化对比，进而进行定位。以产品本身价值体现差异主要可通过以下 4 种定位方法。

（1）新产品差异。企业在针对某个细分市场提供新产品时，为产品赋予竞争产品所不具备的特性，产品的差异化就十分明显。例如，市面上都是普通牛奶，而某企业开发出一款无乳糖牛奶产品，就能够很好地满足乳糖不耐受人群的需要，占领对应市场。

（2）老产品差异。老产品差异是为老产品找到一种新用途，从而为该产品创造新的市场定位。例如，蓝染是我国古代印染工艺，是一种非物质文化遗产，蓝染制品曾在我国居民服饰中占有很大的比重，但随着新兴印染技术的推广，蓝染制品几乎绝迹。于是一些大学生将蓝染技术运用到文创产品的开发上，于是蓝染制品便转化为文创工艺品，重新焕发了生机。

> **小故事——不能改版的畅销书**
>
> 1943 年，法国著名哲学家萨特完成了《存在与虚无》书稿的编写，交由伽利玛出版社出版。这本哲学论著晦涩难懂，出版社仅首印 1 000 册。不料，不久后萨特就接到出版社电话，说他的书销售一空，多家书店要求补货。萨特为此激动不已，通宵达旦地对书的内容做了补充，然后把作品交给出版社加印。可新印的书很快被退了回来，书店要求出版社必须提供跟上次同样的版本。
>
> 萨特和出版社对此都一头雾水，多方了解才明白真相。原来，当时正值战争，法国的金属原料奇缺，砝码价格大涨，而家庭主妇生活中又离不开天平和砝码。碰巧的是，首印的《存在与虚无》正好重 1 千克，可代替等重的砝码，价格也更便宜。有个主妇意外地发现了该书的特殊用途，于是，一传十，十传百，人们争相抢购萨特的这本书。
>
> **故事感悟：** 市场是复杂的，产品的真实表现可能与设想的市场定位毫无关系。

（3）产品利益差异。产品利益差异指产品为消费者提供的利益点与同类产品不同。例如，有些显示器给消费者提供的利益点是"性能稳定、发热小、省电"，有些显示器给消费者提供的利益点是"高色准、广色域、高色深，极致色彩体验"，还有些显示器给消费者提供的利益点是"高刷新率，流畅观影体验"。

（4）消费者差异。消费者差异指产品所面对的消费者与同类产品不一样，企业可以通过细分市场中消费人群的特点来进行定位。例如，某款相机定位为高档专业摄像器材，同类型的另一款相机则专为喜欢户外旅行的摄影爱好者提供。

（二）以产品附加价值进行定位

以产品附加价值进行定位指以服务、情感等赋予产品与众不同的附加价值，从而与同类产品产生差异。

（1）服务差异。服务差异指根据产品的服务质量进行定位。例如，某产品售后服务的方式、流程、特点等与其他同类产品不同，可以带给消费者更好的服务体验，因此该产品可以以优质的服务定位体现与其他产品的差异。

（2）情感差异。情感差异指企业为产品或品牌赋予与众不同的情感，通过这种情感建立起消费者对产品的基本认知，从而进行市场定位。例如，某饰品店的产品以"潮流时尚"为卖点，而另一家饰品店就以"精致典雅"为卖点，客户就能根据自己的情感需要选择产品。

任务三 品牌建设

▶▶▶【名人名言】

品牌是一种错综复杂的象征，它是品牌属性、名称、包装、价格、历史、声誉、广告方式的无形总和，品牌竞争是企业竞争的最高层次。

——大卫·奥格威（David Ogilvy，现代广告之父）

一、品牌的概念、特点与作用

在日常生活中，产品总是与品牌紧密相连，"大品牌""好牌子""品牌过硬"等往往是人们选购产品的重要标准。因此，大学生创业者必须重视品牌建设，打造良好的品牌形象，以品牌促进产品销售。

（一）品牌的概念

通俗地说，品牌就是企业对产品的"特有标记"，可以让消费者将该品牌的产品与市面上其他产品区分开来。商家使用品牌已有悠久的历史，我国现存最古老的品牌"六必居"始于明朝嘉靖九年（1530年），有近500年历史。

品牌是由名称、术语、标记、符号、图案等组成的综合标识。品牌信息主要包括品牌名称、品牌标识、商标和品牌角色4部分。

（1）品牌名称。品牌名称指品牌信息中可以读出的部分，包括词语、字母、数字或词组等的组合，如华为、格力、中国电信等。

（2）品牌标识。品牌标识指品牌信息中可以被认出、易于记忆但不能用语言直接读出的部分，包括符号、图案或明显的色彩或字体。

（3）商标。商标是经注册后受法律保护其专用权的整个品牌、品牌标识、品牌角色或各要素的组合。在我国，使用商标时，要用"R"或"注"明示，意指注册商标。未经注册获得商标权的品牌不受法律保护。

（4）品牌角色。品牌角色指用人或拟人化的标识来代表品牌的方式，常见于品牌的吉祥物，如海尔兄弟等。

品牌与商标

品牌是市场概念，强调的是企业（经营者）与顾客之间关系的建立、维系与发展。而商标是法律概念，强调的是对生产经营者合法权益的保护。

《商标法》规定："任何能够将自然人、法人或者其他组织的商品与他人的商品区别开的标志，包括文字、图形、字母、数字、三维标志、颜色组合和声音等，以及上述要素的组合，均可以作为商标申请注册。"《商标法》为注册商标提供保护。有下列行为之一的，均属侵犯注册商标专用权。

（1）未经商标注册人的许可，在同一种商品上使用与其注册商标相同的商标的。

（2）未经商标注册人的许可，在同一种商品上使用与其注册商标近似的商标，或者在类似商品上使用与其注册商标相同或者近似的商标，容易导致混淆的。

（3）销售侵犯注册商标专用权的商品的。

（4）伪造、擅自制造他人注册商标标识或者销售伪造、擅自制造的注册商标标识的。

（5）未经商标注册人同意，更换其注册商标并将该更换商标的商品又投入市场的。

（6）故意为侵犯他人商标专用权行为提供便利条件，帮助他人实施侵犯商标专用权行为的。

（7）给他人的注册商标专用权造成其他损害的。

（二）品牌的特征

经过数百年的发展，品牌衍生出了丰富的内涵，甚至形成了独特的品牌文化。以今天的视角来看，品牌通常具有以下几项特征。

（1）排他性。品牌的排他性体现在两个方面：其一，特定的品牌只和特定的产品或企业联系在一起，其他任何产品都不能冠以这个品牌；其二，消费者在同种产品或同类产品中进行挑选时，对一个品牌的认同意味着对其他所有品牌的不认同。

（2）价值性。品牌赋予产品附加价值。对消费者来说，品牌名称和品牌标识可以帮助认准了品牌的消费者快速、直接购买产品，简化其购买决策流程。同时良好的品牌形象降低了消费者的购买风险。对企业来说，拥有知名的、形象良好的品牌通常意味着高额的利润回报，企业品牌作为无形资产也能使企业价值增加。

（3）丰富性。一个品牌之所以能够吸引消费者，除了它本身的产品质量和产品的一些特点外，还因为其独特的品牌内涵。这种内涵是由品牌信息、过去的品牌宣传、品牌的口碑等形成的品牌文化。例如，小米手机"为发烧而生"的广告语就赋予其"不断探索前沿科技"的内涵，吸引了很多"手机发烧友"消费者。

（4）长期性。开发一个品牌需要大量的长期投资，如对广告、促销、包装的投资。品牌的维护和开发也需要不断的努力与创新。因此，企业往往会长期、持续地使用同一个品牌，世界上甚至有很多比企业寿命更长的品牌。

（三）品牌的作用

一个优质的品牌对企业的作用是难以估量的。具体而言，品牌的作用主要体现在以下几个方面。

（1）区分标识。品牌通过名称、标识、色彩、标语等确定了一个产品的来源或制造者，在消费者心中树立其独特的形象，同时通过品牌将自身产品与其他产品相区别，便于消费者记住和再次选择该品牌产品。

（2）提供附加价值。品牌不仅代表了一定的质量水平，还能向消费者传达企业理念、品牌内涵，甚至还能向消费者传达情感、文化、艺术、视觉、智能、环保、节能等品牌附加功能。

（3）帮助企业构建竞争优势。具有良好口碑的品牌能够使企业和产品与竞争对手形成差异，吸引目标消费群体，帮助企业在市场竞争中取得优势地位。

（4）带来经济价值。成功的品牌能吸引更多的消费者，并使产品获得更大的溢价空间，给企业带来丰厚的经济效益。而且，品牌作为无形资产，是一项能影响消费者行为的、具有法律效力的资产。

二、品牌决策与品牌成长

大学生创业者的创业活动虽然才刚刚起步，但也要有打造自主品牌的意识。新创企业往往需要从零开始打造品牌，一步一步地进行品牌决策，推动品牌成长。品牌决策的内容可分为 4 种，品牌的成长则通常经历 3 个阶段。

（一）品牌决策的内容

品牌建设，决策先行。品牌决策是一个连贯的过程，需要回答企业是否品牌化、用什么品牌、如何使用品牌等一系列问题。概括而言，企业品牌决策的内容涵盖了品牌化决策、品牌归属决策、品牌质量决策和家族品牌决策。

1. 品牌化决策

品牌化决策是品牌决策的起始，指企业对是否要建立品牌做出选择。如果选择建立品牌，那么企业需要进一步做出后续的决策；反之，则无须展开后续决策。

2. 品牌归属决策

品牌归属决策主要是在决定建立品牌之后，进一步决定使用谁的品牌。一般企业有 3 种选择：使用制造商品牌（自主品牌）、使用中间商品牌（贴牌）以及使用混合品牌（即有些产品用自主品牌，有些产品贴牌生产）。

3. 品牌质量决策

品牌质量决策主要是决定其品牌产品的质量水平。品牌质量反映了产品耐用性、可靠性、精准性等价值属性。品牌质量决策实质是要确定品牌在市场中所处的"档次"。品牌质量越高，成本越高，产品的定价也越高。

4. 家族品牌决策

家族品牌决策主要是决定其产品都使用统一的品牌名称还是分别使用不同的品牌名称，具体可分为以下不同的表现方式。

（1）所有产品都使用同一品牌。例如，微星电子旗下的主板、显卡、内存、机箱、硬盘、显示器、键盘、鼠标、耳机等产品都是微星牌。

（2）不同产品线使用不同品牌。例如，纳爱斯集团的洗涤产品品牌是"雕牌"，洗发产品品牌是"100 年润发"，牙膏品牌则是"纳爱斯"。

（3）不同档次使用不同的品牌。例如，大众集团旗下的汽车品牌有斯柯达、大众、奥迪、兰博基尼等，分别对应不同档次的汽车。

（4）根据产品特点使用不同品牌。例如，联合利华的洗发水品牌包括力士、多芬、清扬、夏士莲等，各个品牌虽然都是同类产品，但是特点不同，面对的目标消费者也不同。

（二）品牌成长的阶段

一个初创的品牌要成长为优质的品牌，需要经过以下 3 个成长阶段，每一阶段的任务都不同。

（1）品牌扩展阶段。品牌扩展阶段是品牌从创立到被大众认识的这段时间。这一阶段品牌发展的主要任务是打造品牌知名度，让目标客户了解品牌。通常做法是企业通过广告、拜访、产品发布会、展会、行业大会等形式对品牌进行宣传。

（2）品牌形象树立阶段。品牌形象树立阶段即企业让消费者接受、认可品牌的时间段，需要赢得消费者满意，获得较好的口碑。要实现这一目标，企业需要着力提高客户的获得感，让他们认为"物超所值"，并尽量减少消费者的不满和抱怨，积极化解消费矛盾。

（3）品牌文化渗透阶段。品牌文化渗透阶段即企业通过持续维持品牌满意度，让消费者接受品牌文化，成为品牌"忠实粉丝"的时间段。忠诚于品牌的消费者会重复购买并向他人推荐品牌，为企业带来可观的收益。

三、品牌建设规划

品牌建设与发展是一个循序渐进的过程，需要企业持之以恒地投入人力、物力，因此，先期规划就十分重要。大学生创业者应该对品牌建设做出详细的规划，才能获得理想的效果。

（一）品牌诊断和定位

品牌诊断和定位是指企业对品牌所在市场环境、品牌与消费者的关系、品牌与竞争品牌的关系等进行事先的调查、分析和评估，对品牌的资产情况以及品牌的战略目标、品牌架构、品牌组织等进行先期规划，以做出可靠的品牌决策。

品牌诊断和定位是品牌建设规划的第一步，是整体规划的基础。如果品牌诊断失真、定位不当，后续的规划也就会脱离实际，无法取得理想的效果。

（二）规划品牌愿景

通俗地说，品牌愿景就是品牌未来的发展方向和目标，这也是品牌最先需要传递给消费者、股东及员工的信息。品牌愿景并不是企业高层开会讨论出的结果，而需要代表员工的共同愿望和目标，这样才能促进品牌的健康发展。

对于消费者而言，品牌愿景代表了该品牌的价值。只有品牌愿景符合目标消费者对这类品牌的期望，品牌才能得到消费者的认可。

（三）提炼品牌核心价值

品牌核心价值是品牌一切营销传播活动的中心，提炼品牌核心价值应遵循以下原则。

（1）品牌核心价值应有鲜明的个性，以与其他品牌区分开来。当前市场上充斥着很多同质化的品牌，大量使用"优质""高性价比""方便""高档"等词语作为核心价值，但这已经很难打动消费者。品牌核心价值应该瞄准细分市场的特定目标消费者，与其他品牌形成差异化，才能吸引消费者的眼球。

（2）品牌核心价值要能打动消费者。企业提炼品牌的核心价值时，一定要充分地进行市场调查，分析目标消费群体，从消费者的价值观、审美观、喜好、愿望等出发，打动消费者。

（3）品牌核心价值要有包容性。随着企业的发展，品牌也需要不断延伸。如果此时发现原来的品牌核心价值不能包容新产品，企业就只能改造品牌或建立新品牌，这就容易造成极大的资源浪费。

因此品牌的核心价值应该具有包容性，如格力的"掌握核心科技"就能够应用于各种产品。

（四）制订品牌战略

品牌战略是指企业将品牌作为核心竞争力，以获取差别利润与价值的企业经营战略。品牌核心价值确定后，企业应该围绕品牌核心价值制订较长时期内的品牌战略，并尽最大可能使其具有操作性。

（1）远期品牌战略。远期品牌战略是指品牌建立5年后实施的战略，由于间隔远，不可控因素较多，所以通常只有简要的描述。远期品牌战略要起到"搭架子""树路标"的作用，为整个品牌战略搭好框架，并为中期和短期品牌战略提供目标。

（2）中期品牌战略。中期品牌战略是指品牌建立第2～5年实施的战略，通常以企业的生产计划、研发计划、营销计划为依据，对品牌的推广、展示、优化进行设计，使品牌战略契合企业的相关业务，能助力企业发展。

（3）短期品牌战略。短期品牌战略是指品牌建立一年内实施的战略。企业管理者应当详尽且具体地列出品牌建设相关的工作，以及负责人、实施方法、预计取得的效果等。

（五）配置品牌管理组织

由于品牌建设是一项长期性工作，所以企业应该设立专门的品牌管理组织，配置专门的人员来负责相关工作。这个管理组织的人数、级别、权责都可以根据企业自身情况来决定，通常新创企业可以设立一个品牌工作组或品牌发展办公室。待企业走上正轨后，则可以建立品牌部、品牌事业部等较高级别的部门。一些企业甚至会任命品牌总监、首席品牌官、分管品牌事务的高级副总裁等来领导品牌管理部门。

品牌管理组织的运行需要各个方面的人才，包括设计人才、企划人才、公共关系管理人才、客户关系管理人才、数据分析人才、营销人才、市场调查人才等。新创企业可以选择在品牌管理组织中只设置数个岗位处理日常事务，剩下的难处理事务则通过多部门合作来推进，这样可以提高人才的利用效率。

（六）品牌传播与推广

品牌战略一旦确定，就应该进行全方位、多角度的品牌传播与推广，使品牌深入人心。品牌传播与推广没有一成不变的模式，企业应该结合自身情况制订相应的传播与推广策略。进行品牌传播与推广时，企业应把握以下原则。

（1）多种方式并行。单一的广告往往只能提高品牌知名度，难以形成品牌美誉度，更难积淀成品牌文化。企业应该合理运用广告、公关赞助、关系营销等多种手段进行品牌传播与推广。

（2）合理选择媒体。大众传媒的方式非常多样，电视、广播、报纸、网络、广告牌、户外大屏等都能作为品牌传播与推广的媒介，企业应该根据目标消费群体的触媒习惯选择合适的媒体。例如，以老人为目标消费群体，则可以选择电视和广播作为传播媒体。

（3）资源聚焦。新创企业资源有限，不可盲目乱投，而应进行合理规划与聚焦，在某一细分市场集中资源，创造优势。例如，某企业将其2/3的市场推广费用都投入楼宇广告宣传中，特别是在写字楼的电梯显示屏中循环播放其产品广告，很快便在当地"白领"中拥有了一定知名度。

（4）持续连贯。品牌的提升是一项系统工程，需要长久的投入与坚持。品牌传播要持续、连贯，否则就将前功尽弃。

（七）维护品牌的一致性

品牌具有长期性，其核心价值一旦确定，企业就需要持之以恒地维护，以保持品牌的一致性，不断加深品牌的影响力和可信度。如果出现品牌文化自相矛盾、品牌内涵被频繁改动、品牌涉及的营销活动违背其愿景等情况，品牌本身的作用和价值就会大打折扣，而这种损失需要大量的时间才能补回。品牌的一致性包括横向一致和纵向一致两个方面。

（1）横向一致。同一时期内，产品的包装、广告、公关、营销活动等都应围绕同一主题和形象。

（2）纵向一致。品牌在不同时期的不同表达主题都应围绕同一品牌核心价值。例如，同仁堂坚守"炮制虽繁必不敢省人工，品味虽贵必不敢减物力"的训条 300 余年。

（八）精心策划品牌延伸

一个品牌发展到一定阶段，就会推出新的产品线。借助原有品牌的号召力，新的产品能够获得较好的市场效益。雀巢经过品牌延伸后，产品拓展到咖啡、婴儿奶粉、炼乳、冰淇淋、柠檬茶等多个细分市场，每个产品都取得了可观的销量。

然而，品牌延伸是把双刃剑，错误的品牌延伸可能造成新产品滞销甚至损害品牌本身。企业对品牌延伸应该谨慎决策，遵循品牌延伸的原则。

（1）延伸的新产品应与原产品符合同一品牌核心价值，否则就很容易失败。某品牌以"温和、原生态"闻名，却为了吸引年轻消费群体推出了"激爽"系列产品，结果不仅"激爽"系列产品销售惨淡，该品牌的忠实用户也出现了较大规模的流失。

（2）新老产品的产品属性应具有相关性，否则就容易失败。例如，霸王集团以"中药防脱洗发水"闻名，但其推出的"霸王凉茶"没能得到市场的认可。

（3）延伸的新产品必须具有较好的市场前景，否则一款不够畅销的产品可能会拖累品牌形象。海尔公司就要求延伸产品发展到一定规模后，必须能在同类产品中位居前三名；如果达不到预期效果，就取消这一延伸产品。

实践训练

1. 市场细分

（1）假设你是一名创业者，请自行选择某一产品，对其进行市场细分。要求明确列出市场细分的标准与细分出的子市场。

（2）选择一个细分市场作为自己产品的目标市场，并说明理由。

2. 品牌设计

请根据上一题中选择的产品和细分市场，为自己的产品设计一个品牌。要求包括品牌名称、品牌标识、品牌角色、品牌诊断与定位、品牌愿景、品牌核心价值等内容，并解释所设计品牌与产品和市场的联系。

课后练习

1. 名词解释

营销环境　　目标市场细分　　产品市场定位　　品牌　　品牌战略

2. 判断题

（1）宏观营销环境是指给企业造成市场机会和环境威胁的主要社会力量，包括经济环境、自然环境、科学技术环境、政治法律环境及社会消费环境。　　　　　　　　　　　　（　　）

（2）PESTEL 分析方法主要是对经济、文化、科技、教育、政治和社会 6 个要素进行分析。（　　）

（3）目标市场细分并不是通过对产品本身的分类来细分市场，而是以消费人群在消费需求上的差异性作为市场细分的基础。（　　）

（4）单一市场集中化模式指企业选择一个细分市场，生产某一种产品，为该目标市场中的消费者提供产品和服务。（　　）

（5）产品市场定位的重心就是体现产品本身价值与竞品的差异化。（　　）

（6）品牌名称指品牌信息中可以读出的部分。（　　）

（7）品牌扩展阶段是品牌形象树立阶段，即企业让消费者接受、认可品牌的时间段。（　　）

（8）只有品牌愿景符合目标消费者对这类品牌的期望，品牌才能得到消费者的认可。（　　）

（9）品牌诊断和定位是品牌建设规划的第一步，是整体规划的基础。（　　）

（10）品牌信息主要包括品牌名称、品牌标识、商标 3 部分。（　　）

3. 单选题

（1）不属于中观营销环境所涉及主体的是（　　）。

A. 员工　　　　　B. 供应商　　　　C. 新进入企业　　　D. 购买者

（2）以下关于机会威胁分析法的营销策略分析中，错误的是（　　）。

A. 高机会、低威胁的是风险型业务　　　B. 高机会、高威胁的是风险型业务

C. 低机会、高威胁的是困难型业务　　　D. 低机会、低威胁的是成熟型业务

（3）根据"年龄"这一变量，市场可以细分为（　　）。

A. 一线城市、二线城市、三线城市　　　B. 高收入、中等收入、低收入

C. 教师、医生、销售员、工人、农民　　　D. 老年人、中年人、青年人、少年

（4）以产品本身价值体现差异不包括（　　）。

A. 新产品差异　　B. 服务差异　　　C. 产品利益差异　　D. 老产品差异

（5）品牌的特征不包括（　　）。

A. 排他性　　　　B. 战略性　　　　C. 丰富性　　　　D. 长期性

（6）下列关于家族品牌决策的做法，不恰当的是（　　）。

A. 所有产品都使用同一品牌　　　　　B. 每一个产品使用一个品牌

C. 不同档次使用不同的品牌　　　　　D. 根据产品特点使用不同品牌

（7）提炼品牌核心价值应遵循的原则不包括（　　）。

A. 品牌核心价值应有鲜明的个性，以与其他品牌区分开来

B. 品牌核心价值要能打动消费者

C. 品牌核心价值是企业高层管理开会讨论出的结果

D. 品牌核心价值要有包容性

（8）营销环境是一个多因素、多层次且处于不断变化之中的综合体，它的特点不包括（　　）。

A. 客观性　　　　B. 差异性　　　　C. 可控性　　　　D. 相关性

4. 多选题

（1）目标市场的选择标准包括（　　）。

A. 市场存在潜在需求量　　　　　　B. 市场有一定的购买力

C. 企业具有竞争能力　　　　　　　D. 企业有经营市场的能力

（2）品牌信息主要包括（　　　）。

A. 品牌名称　　　　　　B. 品牌标识　　　　C. 商标　　　　　　　D. 品牌角色

（3）目标市场选择模式包括（　　　）。

A. 单一市场集中化　　　　　　　　B. 产品专业化

C. 市场专门化　　　　　　　　　　D. 选择专门化

（4）一个初创品牌要成长为优质的品牌，需要经历的成长阶段包括（　　　）。

A. 品牌进入阶段　　　　　　　　　B. 品牌扩展阶段

C. 品牌形象树立阶段　　　　　　　D. 品牌文化渗透阶段

（5）企业品牌决策的内容涵盖了（　　　）。

A. 品牌化决策　　　　　　　　　　B. 品牌归属决策

C. 品牌质量决策　　　　　　　　　D. 家族品牌决策

CHAPTER 08

项目八

建立分销渠道

学习目标

- 了解分销渠道的定义、功能和特点。
- 了解分销渠道的模式和类型。
- 掌握确定分销渠道战略目标的方法。
- 掌握选择分销渠道的三大标准。

学习重点与难点

- 制订分销渠道战略的步骤。
- 网络分销渠道与传统分销渠道的整合。

任务一
认识分销渠道

▶▶【名人名言】

　　企业应当全力以赴发现分销渠道。分销渠道越多，企业离市场越近。

——菲利普·科特勒

一、分销渠道的定义

分销渠道又称为分配通路或分配路线，是指产品或服务从生产者向消费者流通的方式和路线。换句话说，如果将生产产品或提供服务的企业和购买产品或服务的消费者比喻成两座小岛，分销渠道就是连接小岛的桥梁，如图8-1所示。

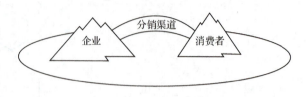

图 8-1　分销渠道示意图

生产企业需要集中、持续、大量地生产产品，而消费者对商品的需求是不定时、零散的，因此双方存在天然的矛盾。分销渠道的作用就是高效、低成本、适时、适地地实现生产企业与消费者之间商品的转移，化解这样的矛盾，使企业的供给能满足消费者的需求。

完整的分销渠道往往包含多个组织或个人，这些组织或个人即分销渠道成员。经销商、代理商、批发商、零售商等都是分销渠道成员，它们统称为分销商或中间商。

（1）经销商。经销商一般是独立的企业，它们从生产企业购买产品，并销售给批发或零售商。经销商通过交易获得产品实际的所有权，通过自己的经营获得利润。

（2）代理商。代理商受企业的委托，在一定的区域和处所内，在一定的代理权限下，以企业的名义代替企业向消费者或零售商销售产品，它们并不取得产品的所有权，只是促成交易，从中赚取佣金。

（3）批发商。批发商从生产企业、经销商甚至代理商处购进产品，然后转售给零售商，具有"批量进货、批量发售"的特点，通常局限于某一区域市场。

（4）零售商。零售商从生产企业或其他分销商处购买产品，并将产品直接销售给最终的消费者，是分销渠道系统的终端，直接对接消费者。门店、商场、超市、线上店铺等都是常见的零售商形式。

分销渠道的质量直接关系到产品的销售情况和销售成本。新创企业往往没有现成的分销渠道，因此更要重视分销渠道。

📌 小故事——枸杞的分销之路

宁夏回族自治区某县盛产枸杞，但当地农户都自己采收枸杞，等待外地客商上门收购，这就导致该县枸杞不仅售价较低，还容易滞销，农户收入都不高。该县的几个大学生为帮助乡亲们增收，利用暑假进行了市场调查。他们发现，随着人们生活水平的逐渐提高，枸杞已不再只是纯粹的中药材，还是滋补品、桌上佳肴和馈赠亲友的礼品；家乡的枸杞质优价廉，具有不错的市场前景，只是地处偏远、销售渠道单一，因此无法取得良好的经济效益。

这几个大学生回乡后建立了农业合作社，积极疏通附近各大城市的酒店、超市、药店等零售渠道，并开设网上店铺，面向全国市场进行销售。经过几年的努力，枸杞的销路打开了，并且成功打出了品牌，农户收入普遍提高。

故事感悟： 由于产地与市场脱节，所以枸杞的销路不佳。找到合适的分销渠道后，枸杞的销售大增，而且打出了品牌。由此可见，产品卖得好，品质固然重要，分销渠道也同样重要。

二、分销渠道的功能

分销渠道并不是简单地将产品按照既定环节一步步地交给消费者，而是实现消费者需求与产品生产的匹配，将合适的产品在合适的时间、合适的地点提供给合适的消费者。要实现这4个"合适"，就需要依靠分销渠道的8个主要功能。只有了解分销渠道的功能，大学生创业者才能真正理解分销渠道对企业的意义。

（1）信息搜集功能。分销渠道的成员能够收集、整理有关当前消费者与潜在消费者、直接竞争者、替代品竞争者、其他参与者及营销环境等方面的信息，生产企业可以借此获取市场信息。例如，某批发商同时经营多家企业产品的批发业务，就可能与生产企业交流其他企业同类产品的价格、销量等信息。当然，分销渠道也可能导致企业的相关信息被传播。

（2）接洽功能。一些分销商具有广泛的人际关系网络，能够为生产企业介绍其他分销商，或者与其他经济组织展开关于合作或交易的磋商。对于新创企业而言，找到一个有实力的经销商，就大大拓宽了自身的商务关系网络。

（3）销售促进功能。生产企业可以与分销商合作，通过各种促销手段，把产品或服务的有关信息传递给消费者，激发消费者的消费欲望，促进产品销售。例如，生产企业可以印刷产品的宣传资料，交由各零售商张贴于其经营场所，就能够向消费者宣传产品。

▶ 小故事——换掉零售商

在日本，打火机通常在小商店或专门卖香烟的小卖部里售卖。然而，日本丸万（Maruman）公司推出了电子煤气打火机，却没有选择将其交给这些传统的打火机零售商，而是放在钟表店出售。钟表店是出售贵重物品的高档场所。丸万公司以钟表店为零售商，将电子煤气打火机放在金光闪闪的钟表旁边。此举可以让电子煤气打火机显得更加高档，能够有效将其与小商店或小卖部里的普通打火机区分开来。依靠在钟表店销售这一分销方式，丸万公司的电子煤气打火机虽然价格高昂，但也取得了惊人的销量。

故事感悟： 零售商是消费者最容易接触的分销渠道，对于产品的销售有着重要影响。丸万公司充分发挥了"钟表店"的分销功能，有效地促进了产品销售。

（4）实体分销功能。分销商能够通过交通运输，将产品实体运送到各个地区的市场，交给众多的消费者。

（5）谈判功能。分销商能够作为买方或卖方，参与产品价格和其他交易条件的谈判，尽力在双方都能接受的条件下促成交易。例如，零售商可能需要与消费者讨价还价（谈判），而如果没有零售商，生产企业就可能需要与各个消费者一一进行谈判，消耗大量人力和精力。

（6）配合功能。生产企业需要根据分销商和消费者的要求，调整供应的产品，包括对产品进行分级、分类和包装等。例如，某地的水果，原本只是按照固定价格出售，后来应经销商的要求，根据大小、外观等分为一级果、二级果、三级果，以不同的价格出售。

（7）融资功能。分销渠道能够帮助生产企业分摊销售的成本，并帮助企业尽快收回成本。特别是对于新创企业，相较于自己慢慢零售，将产品一次性卖给经销商虽然价格更低，但显然回款更快，且分销成本更低。

（8）风险承担功能。通过产品出厂价与零售价之间的价差，各个分销商都可以赚取一部分收益，但同时它们也需要承担产品积压、产品价格下降等风险。新创企业可以通过分销渠道有效降低自身的经营风险。

三、分销渠道的特点

大部分情况下，分销渠道位于企业外部，企业对分销渠道的控制有限。大学生创业者想要更好地发挥分销渠道的作用，就需要了解分销渠道的特点，才能因势利导。分销渠道有以下 5 个特点。

（1）分销渠道的建立具有利益性。分销渠道是由一系列相互依存的组织和个人按一定利益目标结合起来的，分销渠道成员因共同利益而合作，也会因不同利益而引发竞争甚至冲突。如果无利可图，分销渠道的销售促进功能就会失灵。一般而言，生产企业的产品越畅销，出厂价与市场价的差距越大（分销商利润越高），分销商的积极性就越高，分销渠道也就越顺畅、高效。

（2）分销渠道具有多样性。同样的产品可以通过不同的分销渠道、不同的分销商到达消费者手中。例如，企业生产的电视机可以通过多种分销渠道到达消费者手中，如图 8-2 所示。因此，大学生创业者应该积极地为产品开拓新的分销渠道，避免对某一分销商产生依赖，失去话语权。

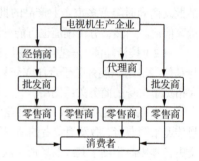

图 8-2　电视机的多样分销渠道

（3）分销渠道具有固定性。分销渠道的起点和终点界限明显。分销渠道的起点是生产企业，中间不论是否经过经销商、零售商等分销渠道成员，终点始终是消费者。因此，分销渠道始终是为消费者服务的，企业应该尽量选择高效、低成本、触及范围广的分销渠道。

（4）分销渠道具有稳定性。建立分销渠道的过程是比较复杂的，需要做大量的调查研究，投入大量的人力、物力和财力。一旦生产企业与分销商建立了经销关系，并以一定条件将产品售卖给分销商，这种分销关系很难立即改变。例如，果蔬生产商定期向超市供货，果蔬生产商有了稳定的销路，超市有了稳定的货源。双方就算发生了矛盾，也会倾向于通过协商解决，而不会轻易终止合作。

（5）分销渠道成员的职责明确。在每个具体的分销渠道中，每个渠道成员的职责都很明确。例如，在"生产企业→批发商→零售商→消费者"这种分销渠道中，企业的职责是生产产品，批发商的职责是集中购进产品再分散卖出（集散），零售商的任务是选择在合适的时间和地点将产品售卖给消费者。

任务二

分销渠道的模式和类型

▶▶▶【名人名言】

善于选择要点就意味着节约时间，而不得要领的瞎忙等于乱放空炮。

——弗朗西斯·培根（Francis Bacon，哲学家、散文家）

一、分销渠道的模式

企业要建立分销渠道，首先就要选择分销渠道的模式。分销渠道模式是指分销渠道成员之间相互联系的紧密程度以及成员相互合作的组织形式，具体可分为传统分销渠道模式、垂直分销渠道模式、水平分销渠道模式和多渠道模式 4 种。

（一）传统分销渠道模式

传统分销渠道模式又称松散型分销模式，是指由独立的生产企业、经销商、批发商、零售商等分销渠道成员组成的分销模式。相较于其他模式，该模式下分销渠道成员之间的关系是暂时的、偶然的、不稳定的。渠道成员之间各自追求利益最大化，最终导致整个分销渠道效率低下。

例如，某地蔬菜种植户每天都将自家蔬菜运到农贸市场，等批发商来收购，但具体卖给哪个批发商、卖什么价钱都是现场谈判决定。如果哪天某种植户的蔬菜没卖出，或某批发商没收购到蔬菜，都只能自认倒霉。这样的分销模式显然是低效且不稳定的。

（二）垂直分销渠道模式

垂直分销渠道模式是由生产企业、经销商和零售商组成的统一分销网络模式。该模式下，每个成员都把自己视为分销渠道中的一分子，关注着整个垂直分销渠道。

在垂直分销渠道模式下，部分渠道成员通过整合其他渠道成员和其他成员的所有权，实行特许经营；或有足够实力让其他成员愿意相互合作，使得分销渠道稳定。垂直分销渠道模式包括管理式分销、公司式分销和合同式分销 3 种。

1. 管理式分销

管理式分销是指由一个或几个规模大、实力强的分销渠道成员，通过强有力的管理措施将众多其他分销商聚集在一起进行分销活动。在这一模式下，规模大、实力强的分销渠道成员具有较大的话语权，能够对其他成员的分销活动进行干涉。例如，宝洁公司会参与沃尔玛、大润发等零售商对其产品的陈列设计、促销方案制订等。

2. 公司式分销

公司式分销是指分销渠道中的某一成员拥有并管理其他成员，控制分销渠道的多个层级，甚至整个分销渠道。公司式分销可分为前向一体化和后向一体化两类。

（1）前向一体化。前向一体化指有实力的生产企业自行建立或兼并分销商，自主控制分销渠道，实现生产销售一体化。鸿星尔克实业有限公司就采用了前向一体化的公司式分销模式，如图 8-3 所示。公司建立自己的营销中心，专门负责分销事务，管理众多分销渠道。有实力的分销商控制下游分销商，如经销商自己控制零售网络也属于前向一体化。

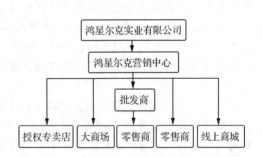

图 8-3　前向一体化的公司式分销示例

（2）后向一体化。后向一体化指有实力的分销商控制上游分销商或直接控制生产企业，掌握分销渠道。例如，某连锁超市本来定位为零售商，在发展壮大后，兼并了生产企业，使自己掌握了完整的分销渠道。同理，零售商开展批发业务、批发商成为某企业的经销商或代理商也属于后向一体化。

3. 合同式分销

合同式分销也称为契约式分销，即生产企业不同层次的独立分销商以签订合同的方式建立分销网络并确定各个成员的权利与义务。该模式可以有效避免成员间的冲突和争议。例如，某日用品生产企业与当地超市签订合同，约定超市的某个货架专门销售其产品，并按月结算销售费用。

合同式分销和管理式分销的最大区别是其通过合同来规范各方的行为，而不是根据成员的实力确定。合同式分销与公司式分销最大的区别在于其分销渠道成员之间只形成产品分销的关系，而没有隶属关系，各成员之间相互独立。

（三）水平分销渠道模式

水平分销渠道模式也称为共生分销渠道模式，是指两家或两家以上同层次的分销商横向联合在一起共同开发新的营销机会形成的分销渠道模式。该模式既有优势，又有劣势。

（1）优势。水平分销渠道模式下，渠道成员之间能实现优势互补和规模效益，快速拓展产品市场，还能充分发挥资源的协同作用，节约成本。

（2）劣势。由于分销渠道成员之间有不同的公司管理制度，合作中有可能产生冲突。水平分销渠道模式只适合实力相当并且分销优势互补的生产企业。

（四）多渠道模式

多渠道模式是指对同一细分市场或不同细分市场，采用多种渠道的分销模式，即一家生产企业建立两条及两条以上的分销渠道，每一条渠道都可以实现销售。多渠道模式包括以下两种形式。

（1）生产企业通过两条以上具有竞争性的分销渠道销售同一产品。例如，安踏集团通过实体品牌专卖店和天猫安踏官方旗舰店同时销售同一款运动鞋。

（2）生产企业通过多条分销渠道销售不同品牌、系列的差异化产品。例如，新希望集团对鲜奶产品实行"送奶工每日配送上门"的分销方式，对奶酪、乳饮料等产品则采用超市零售的分销方式。

> **小故事——多渠道助力猕猴桃销售**
>
> 陕西周至县盛产猕猴桃，但猕猴桃不耐储存，因此每年10月销售猕猴桃就成了该县的头等大事。周至县某高速公路服务区得知这一情况后，决定帮助种植户销售猕猴桃。
>
> 首先，该服务区借助"十一"黄金周人流量大的特点，专门设点售卖猕猴桃。其次，该服务区工作人员通过朋友圈、抖音、快手、微博等网络平台参与分销猕猴桃。最后，部分工作人员通过线下分销渠道，将猕猴桃推销到服务区附近的农产品市场，成功吸引周边居民购买。
>
> 仅仅一个"十一"黄金周，该服务区便售出猕猴桃4 000千克，销售收入达5万余元。
>
> **故事感悟：** 服务区利用自己的优势，加入猕猴桃分销队伍，采用多渠道分销模式，短时间内就销售了大量猕猴桃，减轻了果农的负担。

二、分销渠道的类型

分销渠道可以粗略地分为直接渠道、间接渠道、短渠道、长渠道、宽渠道，窄渠道多种类型。这些类型各有其优势与不足，大学生创业者应理性分析、慎重对待，根据产品、市场等因素选择企业的分销渠道，并在企业经营过程中不断根据需求变化调整分销渠道。

（一）直接渠道和间接渠道

根据生产企业是否直接将产品销售给消费者，分销渠道可以分为直接渠道和间接渠道。

1. 直接渠道

直接渠道也称为零级渠道，是指生产企业直接将产品售卖给消费者，没有分销商参与的渠道类型，是最简单、最直接的一种渠道。例如，生产企业派业务员推销产品、建立网上商店等，这些措施都属于采用直接渠道分销产品。直接渠道的优点如下。

（1）生产企业负责承担分销渠道的所有任务，包括生产、安装、销售、维护等环节，因此生产企业对分销渠道具有很强的控制力。

（2）生产企业能获得消费者最直接、最及时的反馈，从而有针对性地安排生产，更好地满足消费者的需求。

（3）生产企业能直接将产品介绍给消费者，便于消费者了解产品的性能、特点和使用方法。例如，生产企业的技术人员与消费者面对面地交流产品参数，并签订购买合同。

（4）直接渠道不经过经销商环节，可以降低产品流通成本。生产企业直接面向消费者，能更好地掌握定价主动权，更好地制订生产计划。

直接渠道虽然有上述优点，但也存在不足，特别是生产企业在建立分销渠道时，需要投入大量人力、物力，且直接渠道的销售范围往往有局限性。例如，茶颜悦色作为长沙本土知名奶茶品牌，坚持采用直接渠道的分销方式，虽然消费者反馈良好，但是主要市场仅限于长沙一地。

小故事——没有经销商赚差价

小张开了一家画具画材销售公司，他凭着"一盒颜料也要送货上门"的精神，将公司慢慢越做越大。公司的客户基本都是文具经销商，由于小张公司的送货服务周到，这些经销商慢慢懒惰起来。小张公司的员工送货上门时，有时不仅要帮经销商把货摆上货架，还会被经销商要求直接把货送给客户。

有一次，一名员工被经销商指派给客户送货时，灵机一动，拿出名片给客户："要不以后你直接从我这里进货吧，省去经销商的环节，价格肯定更便宜。"客户一听很高兴，两人一拍即合。

员工把这件事报告给了小张，得到了小张的表扬。小张明确表示，员工们以后可以多印制名片，争取更大范围内直接对接客户。由于直接联系了客户，小张公司的交易成本开始递减。

2020年，小张经营的画具画材公司年营业额超过4 000万元，盈利达200多万元。

故事感悟：分销商依靠产品出厂价与零售价之间的价差而生存，企业在拥有稳定的客户群后，即可将原有分销渠道转变为直接渠道，降低交易成本。

2. 间接渠道

间接渠道是指生产企业通过分销商将产品销售给消费者的渠道类型。目前我国多数中小型生产企业依靠间接渠道分销产品。间接渠道的优点和缺点分别如下。

（1）优点。借助分销商现有的分销网络，生产企业的优质产品可以迅速占领市场。例如，某企业为开拓区外市场，便找到当地一家有实力的经销商合作，产品很快便在当地铺开。同时，间接渠道能有效减少生产企业建立分销渠道的成本，生产企业只需专注于生产、改进和研发产品，无须为搭建分销网络投入人力、物力。

（2）缺点。增加分销商会增加分销渠道的控制难度，当分销商实力过于强大时，往往会影响甚至左右生产企业的分销渠道；分销商的介入使生产企业与消费者之间的沟通变得不便。例如，消费者对产品有某种新的需求，分销商如果与生产企业沟通不畅，企业将难以及时准确地得到消费者的需求信息。

综合而言，如果生产企业想降低流通费用，掌握价格的主动权，积极参与竞争，可以选择直接渠道分销产品；如果希望扩大产品流通范围，集中精力生产，可以选择有分销商参与的间接渠道。

（二）长渠道和短渠道

根据分销过程中经过的中间环节（经销商、批发商、零售商）的多少，分销渠道可分为长渠道和短渠道。

1. 长渠道

长渠道是指产品在向消费者转移的过程中，要经过两个或两个以上的中间环节。图 8-4 所示的长渠道中，生产企业要通过经销商、批发商、零售商，才能将产品销售给消费者。

图 8-4　长渠道示意图

长渠道的优点如下。

（1）产品层层流通，中间环节分工明确，生产企业节省时间、人力和物力成本。

（2）分销网络触角广，能有效覆盖市场，有助于扩大产品销售。

（3）生产企业无须单独建立分销渠道、开展分销工作，生产企业运营成本低。

长渠道适合中小型企业。例如，新创企业为了将产品推向全国市场，自己又没有资源搭建面向全国的分销网络，就可以选用长渠道完成分销。

长渠道也存在不足：产品需要经过的中间环节较多，消费者承担的产品售价较高，不利于与同类产品竞争；由于不直接面向消费者，企业将难以及时获悉消费者对产品的市场需求。

2. 短渠道

短渠道是指在产品从生产企业到达消费者的过程中，参与流通的中间环节相对较少，即零层渠道（不通过中间环节）和一层渠道（只通过一层中间环节），如图 8-5 所示。

短渠道的优点如下。

（1）生产企业直接面对消费者，能快速获取市场需求信息。

图 8-5　短渠道示意图

（2）短渠道能减少中间流通环节和产品流通时间，有利于新款产品快速上市销售，有利于减少商品损耗。对于季节性产品（羽绒服、电热器、蚊帐）以及保质期较短的产品，减少中间流通环节极为重要。

（3）企业可以节省中间环节产生的分销费用，可降低流通成本。

短渠道也具有一定的劣势。

（1）生产企业不了解消费者的需求和购买习性，势必要自己进行前期调查。这样不仅会增加企业的管理费用，还会加重企业人员的工作负担。

（2）短渠道尽管减少了流通成本，但会增加企业销售产品的管理成本。

对于大学生创业者而言，如果自身的产品地域性强、市场单一、消费群体集中或对时效的要求较高，则可以选择短渠道；如果市场广阔、消费者分散或自身没有分销能力，则可以选择长渠道。

（三）宽渠道和窄渠道

以分销渠道同一层级中的经销商数量来划分，分销渠道可分为宽渠道和窄渠道。

1. 宽渠道

宽渠道是指生产企业在同一分销渠道层次上，选择两个及两个以上的同类分销商销售产品，如图 8-6 所示。

宽渠道的优势和劣势分别如下。

（1）优势。宽渠道有利于经销商之间展开竞争，提高销售效率，使产品迅速进入市场。生产企业可以快速获得产品利润，进而得以顺利开展再生产。因此，宽渠道适合日用品、小百货等使用量大、单价低的产品。

（2）劣势。同一层级的经销商数量较多，生产企业与经销商之间的合作需要统一协调。同时，渠道成员之间关系松散，生产企业需要花费较多的时间和精力处理与经销商的关系。

总体而言，如果大学生创业者希望产品通过较多的销售点供应给尽可能广阔的市场，可以选择宽渠道分销产品。

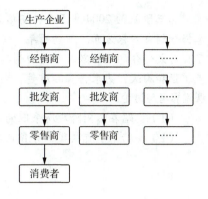

图 8-6　宽渠道示意图

2. 窄渠道

窄渠道指生产企业在同一分销渠道层次上选择一个或少数几个同类分销商销售产品。窄渠道具有以下优点。

（1）生产企业可以指导经销商开展销售业务，迅速获得市场需求信息，提高产品竞争力。例如，显微镜属于专业性较强的产品，生产企业采用窄渠道分销产品能直接了解显微镜的市场需求信息，知道什么型号产品的需求量较高，从而生产相应的产品。

（2）窄渠道能促使生产企业与经销商通力合作，促进产品销售，并阻止竞争产品进入同一分销渠道。

窄渠道的缺点是生产企业的产品销售风险较大。企业和经销商的利益关系密切，一方发生变化，另一方就会陷于被动。如果经销商有意外情况发生，生产企业容易失去已经占领的市场。

◉ **案例 8-1——安踏的分销体系与渠道建设**

2020 年，安踏的全年营收达到 355.1 亿元。能取得这样的辉煌成就，很大程度上要归功于安踏实施了顺应时代发展的分销渠道战略。安踏的分销渠道战略总体可分为 3 个阶段。

第一阶段为 1991—1999 年，属于安踏"百花齐放"式的分销时代。商家只要愿意销售安踏产品，就可以开店拿货。低门槛使得安踏的分销商迅速增加。经过几年的苦心经营，安踏一共设立 2 000 多个专营店，网点密度相当高。此时，安踏主打"以量取胜"策略，在华北、华南及西北等地区牢牢地占据了市场优势。

第二阶段为 2000—2003 年，安踏开始实施"明察秋毫"的分销渠道体系。2001 年年初，安踏开始完善整个分销渠道体系，将流通批发商、零售商迅速转为专营店和代理商，以提高渠道质量；并在城市人流量较大的商圈开设多家门店，开始走精品化路线。同时，安踏推出"订货证"制度，只有通过审核的分销商才能取得"订货证"，拥有进货的权利，这使得安踏获得了面对分销商的主动权。安踏也尽量保证分销商的利益，其许下承诺：分销商赚钱就是安踏赚钱，分销商的库存就是安踏的库存。为调动分销商的积极性，安踏邀请悉尼奥运会乒乓球比赛冠军孔令辉代言产品，取得了良好的广告效果，使分销商的进货风险降到最低。通过"订货证"制度，安踏不仅增强了经销商的凝聚力，还提升了分销渠道的质量。

第三阶段为 2004 年至今，安踏开启"自产自销"的直营时代。这主要体现在渠道回购、掌握分销自主权方面。不到两年，安踏就已经控制了接近一半的专营店。这部分专营店占据了公司大部分的销售额。渠道回购期间，安踏对网点的扩张有相当成熟的认识，同步进行网点扩张和淘汰，力求将产品质量、渠道控制、品牌形象结合在一起。

课堂思考与讨论

（1）安踏在不同阶段所采取的分销渠道策略，分别体现了分销渠道的哪些特点？

（2）安踏采用直接渠道分销产品能否在未来依然拥有市场控制力和自主权？

任务三
制订分销渠道战略

【名人名言】

凡事预则立，不预则废。言前定则不跲，事前定则不困，行前定则不疚，道前定则不穷。

——《礼记·中庸》

一、分销渠道战略的定义和特点

分销渠道的选择和管理需要以既定的战略为准绳，因此大学生创业者需要预先制订分销渠道战略。分销渠道战略是指生产企业为实现自己的销售目标，针对变化的内部条件和外部环境而制订的具有长期性、全面性、方向性的分销渠道规划，涉及生产企业在什么地方、什么时间、由什么组织和个人向消费者提供产品。分销渠道战略具有以下特点。

（1）全局性。分销渠道战略不是制订某一环节的分销渠道规划，也不是一个包含所有具体细节的分销渠道规划，而是指为了实现产品销售目标，帮助企业达到整体战略目标而制订的总体行动规划，包括产品运输、仓储、经销商协议等战略计划。

（2）纲领性。分销渠道战略确定了分销活动的长远目标、发展方向、发展重点和总体规划，以及基本行动方针、主要措施和基本步骤等具有原则性和开拓性的规定。分销渠道战略只有通过局部展开、分解和细节实施等过程，才能转化为具体的行动计划，这一实施过程体现了分销渠道战略具有行动纲领的意义。

（3）长期性。分销渠道具有稳定性，因此分销渠道战略不能只着眼于短期效果，而要谋求长远发展。通常而言，企业的分销渠道战略在几年甚至十几年内都不会有大的改变，即使有显著变化，一般也是分销渠道战略中预先设计好的。例如，安踏的分销渠道虽然在 20 年内 3 次变化，但其始终遵循的是"先铺开网络，后回购直营"的整体战略。

（4）抗争性。分销渠道战略是一种与竞争对手对抗的计划方案，是应对市场竞争对手带来的冲击、压力、威胁和困难等挑战做出的基本安排。在激烈的市场竞争中，生产企业的每一次行动都要考虑市场竞争的压力。分销渠道战略所具有的抗争性可以提高企业的市场竞争地位，提升产品的市场占有率和竞争力。

（5）归属性。分销渠道战略属于企业整体战略的子战略，成功、有效的分销渠道战略离不开企业整体战略目标的指导和其他子战略的配合。分销渠道战略应与其他子战略（产品定位战略、价格制订战略、促销活动方案等）有机结合，共同为企业的整体战略服务。

二、制订分销渠道战略的步骤

制订分销渠道战略实质上就是生产企业规划分销渠道战略怎样为整体战略服务。为保证分销渠道战略切合企业需要，具备可行性和科学性，大学生创业者需要按照以下步骤制订分销渠道战略。

（一）确定分销渠道战略目标

大学生创业者要制订分销渠道战略，首先就需要确定分销渠道战略目标，即明确分销渠道战略需要达成何种效果、产生什么作用。分销渠道战略目标不仅是制订分销渠道战略的出发点，也是评估分销渠道战略效果的重要依据。一个科学、可行的分销渠道战略目标需要满足以下两个条件。

1. 与企业整体战略目标保持一致

分销渠道战略目标是由生产企业整体战略目标决定的。大学生创业者首先必须熟悉企业的整体战略目标，且要知道其中哪一些会对分销渠道战略目标产生影响；其次，保证分销渠道战略目标与生产企业销售目标、产品价格目标、产品定位目标相适应；最后，协调分销渠道战略目标与生产企业整体战略目标之间的关系，使两者相辅相成。

2. 兼顾生产企业和消费者需求

目前，生产企业在确定分销渠道战略目标时通常有两种不同的思路。

（1）以产品销售为重点。生产企业围绕产品销售建立分销渠道，主要以提高产品销量和市场份额为目的来确定分销渠道战略目标。例如，某企业在人口密集区大量开店，尽量贴近消费人群，取得更高的销量。

（2）以消费者需求为重点。企业围绕消费者需求建立分销渠道。例如，苏宁易购为满足不同人群的购物习惯，开设网上商店和实体专卖店。

分销渠道战略制订者应将以产品销售为重点的分销渠道和以消费者需求为重点的分销渠道有机结合起来，制订兼顾生产企业利益和消费者需求的分销渠道战略目标。

（二）分析相关的内外部因素

分销渠道战略受到企业内部条件和外部环境的制约。只有结合生产企业的实际情况，分析内部条件和外部环境，才能制订出切实可行的分销渠道战略。因此在制订分销渠道战略时，大学生创业者需要分析相关的内外部因素，这些因素包括市场因素、产品因素、经销商因素和宏观环境因素。

1. 市场因素

分销渠道战略若无法满足市场需求，就无法发挥作用。因此，在制订分销渠道战略时，大学生创业者需要研究产品的市场条件。消费市场的规模大小、目标消费人群的集聚度等市场因素都会对产品分销产生影响。

例如，消费者分布广泛，需求零散，就应该选择较宽、较长的分销渠道；消费者集中且需求同步，则应选择直接渠道。一些建材企业就采用这样的策略：平时企业通过各地的零售商分销产品；当某小区集中交付，业主有集中的装修需求时，企业就会在小区附近开设短期的专营门店。

2. 产品因素

分销渠道战略要与产品相适应，产品以下3个方面的表现会影响分销渠道战略的制订。

（1）物理特性。一般来说，重量大、体积大的产品，其物流成本相对较高，适合选用短渠道，如采用直接渠道分销，由生产厂家统一配送。相反，重量轻、体积小的产品可采用间接渠道。

（2）产品识别程度。产品识别程度可以通俗理解为大众对产品的熟悉度。高识别度的产品可以通过任何分销渠道完成销售，如小家电、日化产品。识别度低的产品往往需要专业人员的参与才能完成销售，适合采用短渠道。例如，国防科技大学研制的"天河二号"超级计算机，其销售、安装和维护只能由生产企业完成。

（3）产品标准化程度。产品标准化程度即同种产品间的差异，差异越小，标准化程度越高。完全标准化的产品可以在任何分销渠道中完成销售，大部分工业制成品属于这一行列；半标准化产品适合采用分销成本较低的间接渠道，如组合家具、自选图案装饰画等；完全定制的产品需要通过直接渠道完成销售，如定制家具、量身定制的服装等。

3．经销商因素

确定分销渠道战略的任务之一是选择合适的经销商。如果经销商压低产品采购价，或是要求生产企业支付高昂的"产品推广费"，生产企业就应该考虑采取较短的分销渠道。经销商对分销渠道战略制订的影响包括 3 个方面。

（1）经销商的能力和服务。如果经销商能提供优质服务，帮生产企业将产品及时、准确、高效地送达消费者手中，生产企业可采用长、宽的分销渠道；反之则选择短、窄的分销渠道。

（2）经销商的可获得性。如果经销商不愿意合作，生产企业只能选择短、窄的分销渠道。

（3）经销商的分销成本。如果经销商的分销成本较高，那么产品的售卖价格也会随之提高，这样不利于市场竞争，生产企业只能采用短、窄的分销渠道。

4．宏观环境因素

宏观环境因素会对企业整体的经营和战略产生重大影响，自然也是制订分销渠道战略不可忽视的部分。影响分销渠道战略的宏观环境因素有以下 6 点。

（1）经济环境。经济环境的变化影响着各分销渠道成员的活动。生产企业必须制订灵活的分销渠道战略，以适应经济繁荣或经济衰退对分销渠道的影响。

（2）竞争环境。生产企业需要及时了解分销渠道的类型和分销渠道竞争环境的变化，进而明确哪些经销商可以为产品提供高效的分销服务，明确产品在分销渠道中将会面临什么样的竞争，从而制订适应竞争环境的分销渠道战略。

（3）人口环境。人口环境是构成产品市场的主要因素。人口环境因素对分销渠道战略的影响主要体现在人口数量和增长率、人口的地理分布与区域流动、人口组成结构等方面。如果某一地区消费者分布比较分散，但购买产品的频率高，一次性购买量低，就需要利用经销商进行分销。

（4）社会文化环境。社会文化环境是一个国家或地区的民族特征、价值观念、生活方式、风俗习惯、宗教信仰、伦理道德、教育水平、语言文字和社会结构的总和，会从不同的层面对分销渠道战略产生影响。例如，企业如果对于某地的生活方式、风俗习惯、宗教信仰等缺乏认识，就最好选择间接渠道，通过当地的成熟分销商销售产品。

（5）政治法律环境。政治法律环境是指与分销渠道有关的监督机构、各种法律法规等。生产企业必须关注与分销渠道相关的政治法律环境，并在该地区法律允许的范围内制订相应的分销渠道战略。例如，某城市管理条例明令禁止燃放烟花爆竹，生产企业就不得在该城市利用分销商销售烟花爆竹。

（6）技术环境。新技术会带来新的分销方式和手段，大数据技术、第五代移动通信技术（5G）、现代物流管理技术等为分销渠道的创新提供了条件，从而对生产企业的分销渠道战略产生影响。例如，直播销售、自动售货机等，这些都是新技术变化带来的新分销方式。

案例 8-2 ——"空调专家"的成功之路

　　格力公司是集开发、生产、销售和服务于一体的空调企业，2020 年实现营业总收入 1 704.97 亿元，净利润为 221.75 亿元。格力公司之所以取得这样的成绩，离不开其每个阶段依据分销渠道的特性制订的相应战略措施。

　　第一阶段：推广阶段。在格力公司成立的前 10 年里，对普通人来说，空调属于奢侈品。空调的主要客户是集团公司、商业企业和高校。此时格力的品牌尚未建立，市场上的空调质量参差不齐。面对这一情况，格力公司采用销售提成的方式调动销售人员的积极性，通过"先交货后付款"的方式与厂家实现合作。

　　第二阶段：大户型模式阶段。在空调全民普及的时代，空调厂家普遍根据经销商的完成情况，在年终返还一定的利润。经销商卖得越多，返还的利润就越多。格力公司为提升竞争力，推出"淡季返利"策略，加上原有的"年终返利"，使得一级经销商有了更大的利润空间。一级经销商为获得更多返利而大力推销格力空调，并发展二、三级经销商，由此迅速扩张了格力空调的销售网络。一段时间里，一级经销商对格力公司的返利期望过高，为提升销量不惜做赔本生意，此举严重损害了格力品牌的声誉。格力公司决定采取行动规范市场。

　　第三阶段：规范市场的初级阶段。格力公司采取"发展和均衡一级经销商"的措施，在继续和一级经销商合作的同时，将实力较弱但长期合作的二、三级经销商发展为一级经销商。这样，一个地区内有多个一级经销商，经销商之间能保持适度竞争。然而随着时间的推移，同一地区的各级经销商为争夺市场份额而摩擦不断，出现了经销商跨区降价销售产品、为抢占市场份额而恶意压价等行为，导致格力空调销量剧增而经销商利润却下降，由此格力公司开始采取联合分销模式。

　　第四阶段：联合分销阶段。格力公司以产品为纽带，把同一地区内多家经销商联合在一起，成立负责当地格力产品的销售、管理和服务的股份制公司。然而少数一级经销商利用格力公司给它的权力，给二、三级经销商不合理的销售回报，个别有雄厚资金和分销网络的经销商不听命于一个品牌，利用格力空调的分销网络销售其他品牌的空调。为此，格力公司开始制订新的分销渠道战略。

　　第五阶段：专业代理阶段。格力公司把有实力的经销商联合在一起，直接参与终端市场拓展，大大减少了经销商之间的直接冲突，此时格力公司主要是保护一级经销商的利益，维持市场优势。

课堂思考与讨论

　　（1）格力公司在制订分销渠道战略时考虑了哪些因素？

　　（2）格力公司在不同阶段制订不同的分销渠道战略，对大学生创业者有何启示？

（三）根据三大标准选择分销渠道

　　大学生创业者在综合考虑了多种因素后，可能仍然面临很多可行的选择，那么又该如何从中挑选出最具价值、最有效的分销渠道呢？大学生创业者可用以下三大标准来衡量。

1. 经济性标准

　　经济性标准是生产企业选择分销渠道的最重要标准，也是生产企业制订分销渠道战略的基本出发点。大学生创业者应该对"该分销渠道销售产品增加的销售收入"和"实施这一渠道方案所需要花费的成本"进行比较，从而评估此分销渠道决策是否有利可图。

大连某机床有限公司决定在南京市销售数字控制机床（以下简称"数控机床"），有两种分销渠道方案可供选择。方案一是派专业销售机构人员到南京市销售产品，方案二是利用该地区的经销商销售。方案一的优点是专业销售机构人员专注于推广数控机床，在市场研究、寻找目标客户等方面接受过专门的培训，工作效率较高；缺点则是消费者不能直接与生产企业打交道，对产品信息了解不够充分。方案二的优点是经销商在当地建立了广泛的分销网络，并且销售人员众多；缺点则是产品流通时间长、不容易协调和控制。反复比较两个方案后，公司认为数控机床属于耐用品，更新迭代速度慢，产品流通时间不会对销售造成太大影响；方案二的经销商分销范围可以触及南京周边城市，且经销商已经在当地建立了成熟的经销网络，产品分销成本更低。最终，公司决定采用方案二。

2. 控制性标准

稳定分销渠道对于企业保持市场份额和实现长期目标非常重要，因此，生产企业选择分销渠道时不仅要考虑经济效益，还要考虑企业能否实现对分销渠道的有效控制。

生产企业对直接渠道的控制力最强，因为分销行为是企业内部行为。例如，京东集团售卖自营商品，利用自建的物流完成配送，能够知晓所有的销售信息。企业对于间接渠道的控制力则根据分销商实力、市场情况、信息透明度等的差异而不同，但无论如何都达不到直接渠道的控制力度。相较于宽渠道，窄渠道通常更容易控制，因为窄渠道中每一级分销商都只有一个或少数几个，生产企业可以有效监控其行为。相较于长渠道，短渠道通常更容易控制，因为短渠道的分销层级更少，企业较容易了解相关信息。

就经销商和代理商而言，生产企业对代理商的控制力度往往强于经销商。代理商没有产品的所有权，只是帮助生产企业销售产品，产品的销售数量、销售价格都由企业控制；而经销商拥有产品的所有权，可以自定售价，甚至强势的经销商还能反过来影响产品的出厂价。

值得注意的是，不同的产品对于渠道控制力的要求不同。市场广阔、购买频率高的产品，如梳子、镜子和晾衣架等消费者偏好不明显的一般日用消费品，企业无须过分强调对分销渠道的控制，可以选择任何分销渠道；高价值、专业性强、易损的产品则需要企业对分销渠道有足够的控制力。

3. 适应性标准

在生产企业选择各分销渠道方案时，还有一项标准不容忽视，那就是分销渠道的适应性。出于适应性标准，生产企业应该做到"因地制宜"，在不同的时段、地点，灵活地采用不同的分销渠道。

（1）地区适应性。生产企业在某一地区建立产品分销渠道时，应充分考虑该地区居民的消费水平、生活习惯和市场环境，并据此建立与此相适应的分销渠道。例如，社区居民去超市的主要目的是购买食品和生活用品，因此永辉集团在社区附近开设以售卖生鲜产品为主的永辉超市mini 店。

（2）时间适应性。根据产品在当地市场一年不同时期的销售情况，生产企业可采取不同的分销渠道与之相适应。生产企业可以在旺季采取直接分销渠道，获得更高的利润；在淡季则采用间接分销渠道，尽量分摊成本。

（3）分销商适应性。生产企业应根据各个区域市场上分销商的不同状态，灵活地采取不同的分销渠道。例如，城市的人群密度高，人均消费水平较高，在城市开设直营专卖店能覆盖较多人口，取得利润；农村的消费者分散，市场覆盖率更为重要，可以利用经销商强大的分销网络。

案例 8-3 ——洗发露的分销战略

应届大学生小赵与人合伙，开设了一家生产洗发露等日化产品的企业。经过周密的前期调查和咨询相关专家后，小赵为企业制订了以下分销渠道战略。

第一，把农村地区作为突破口。目前企业没有强大的品牌号召力，与城区消费市场中众多名牌产品难以对抗，且一旦选择进入城区超市，高昂的"超市进场费"会大大增加企业的分销成本。农村市场和城市市场一样，也具有人口多的特点。因此，企业要寻找县级和乡镇级经销商，先进入农村市场。

第二，企业应选择分销不知名品牌产品的经销商。小赵生产的洗发露属于新品牌产品，虽然使用体验较好，但知名度较低。企业要想让经销商乐意分销该洗发露，需要寻找自身实力相对较弱的经销商。这类经销商一般难以取得热门品牌和产品的代理权，但是分销渠道成熟，且收费较低，本身也希望打造出一款热门产品，是最适合该企业的分销商。

第三，产品的零售点定位于中、小型超市。分销网络是产品与消费者连接的纽带，因此企业需要寻找既符合产品的品牌形象、市场定位，又能方便消费者购买的零售点。中小型超市具有进场费低、进入门槛低、交通便利的特点，是洗发露零售点的良好选择。

第四，企业需要推出一系列激励措施提升经销商的分销积极性。例如，企业在新品上市和召开全国经销商会议期间，给经销商安排培训；企业的业务人员为经销商提供销售技术指导；企业定期召开分销现场会，动员优秀经销商传授经验等，让经销商更愿意分销该企业的洗发露。

课堂思考与讨论

（1）该企业采用的是什么类型的分销渠道？其是否符合选择分销渠道的标准？

（2）该企业在选择分销渠道上考虑了哪些因素？

（四）设计分销渠道模式

在选定了分销渠道后，大学生创业者就可以着手设计企业的分销渠道模式了。设计分销渠道模式具体包括以下几步。

（1）选择分销渠道模式模板。传统分销渠道模式、垂直分销渠道模式、水平分销渠道模式和多渠道模式是 4 种经典的分销渠道模式，大学生创业者需要根据既定的分销渠道，选择适合的模式作为企业分销模式的模板。

（2）确定对分销渠道成员的要求。大学生创业者根据分销渠道模式模板，划分各个分销渠道成员的职责，即提炼出对各个渠道成员的要求。以经销商为例，大学生创业者需要明确：是否授予经销商独家经营权，经销商负责哪个区域的市场，是否只授予经销商定价权，是否需要借助经销商的零售网络，是否需要经销商在产品宣传、品牌形象传播方面提供助力，等等。待确定了所有渠道成员的要求后，大学生创业者还要综合分析各个渠道成员的要求是否有交叉、空白、重复等，并界定其权责。

（3）根据要求寻找合适的分销商或自建渠道。根据对分销商的具体要求，寻找合适的分销商，新创企业可以选择一个满意的、有实力的经销商，并借助其社交关系寻找其他合适的分销商。如果没能找到合适的分销商，又不愿意调整要求，企业就需要自建渠道。

（4）达成协议。通过与选定的分销商谈判，最终达成双方都可以接受的协议。企业的分销渠道模式就设计完成了。

👁 **案例 8-4 ——如何维持生产商和经销商双赢**

某公司为提升产品市场份额，实施了一种新的厂商合作方式——受控经销制。该项制度规定，如果经销商要采购货物，就必须将货款以入股的方式先交给公司，然后才能提走货物。这一高明的分销策略加快了资金周转，有效稳定了销售网络，大大提高了工作效率。当一些公司被经销商"拖欠"得筋疲力尽时，该公司不仅没有一分钱被拖欠，还有数亿元的流动资金。

目前，该公司在全国设立了 26 家销售公司。与该公司建立直接经销关系的经销商超过1 000 家，加上零售商，销售人员已达 5 万人。该公司维护经销商的方式不只是"预付货款"，更重要的是质量、价格和服务。

在质量上，该公司生产的热水器质量在市场上评价非常高，赢得广大消费者的青睐。

在价格上，该公司给经销商大幅度让利，有时高达售价的 20%，并在年末给予奖励。

在服务上，该公司专门成立了庞大的售后服务中心，有近万人的安装和维修队伍，可以为消费者提供 24 小时全天候服务，帮助经销商解决售后问题，让经销商的销售推广无后顾之忧。

该公司采取上述举措后，其产品销量遥遥领先于同行业其他公司。

课堂思考与讨论

（1）该公司的"受控经销制"是以哪种分销渠道模式为基础的？请阐明理由。

（2）该公司的分销渠道模式设计对你有何启发？

任务四
认识和管理网络分销渠道

▶▶ **【名人名言】**

网络的神奇之处，不仅仅是它缩短了物理距离，还极大地增加了怀有共同想法的人们聚集在一起的机会。我们可以为了解决同一个问题，一起工作。

——比尔·盖茨

一、认识网络分销渠道

消费者通过快捷便利的网络分销渠道可以获得足够多的产品信息，购买到符合自身需求的产品，因此愿意通过网上商店购买产品。生产企业为了在激烈的市场竞争中提升产品销量，需要通过网络分销渠道传播信息，实现网上售卖产品。目前，网络已成为重要的分销平台，利用网络进行产品分销已成为众多企业的选择。例如，美的集团开设美的商城，格兰仕公司开设格兰仕商城。

（一）网络分销渠道的定义

网络分销是指借助互联网，将产品从生产企业向消费者转移的交易活动。狭义的网络分销渠道是指生产企业借助计算机、网络软硬件技术创建的网络平台。广义的网络分销渠道则是在狭义网络分销渠道的基础上，包括分销过程中使用网络的各个环节，如物流运输、网上支付等。

案例 8-5 ——直播成为"新农活"

当下，"直播带货"已经成了农产品分销的新法宝。主播通过网络直播展示产品，消费者可以实时提问，与主播互动，并通过直播平台直接下单购买产品。

商务部的数据显示，2020 年我国电商直播超过 2 000 万场，100 多位县长、市长走进直播间为当地产品"代言"，全国农产品网络零售额达 5 750 亿元，直播带货显示出了强大的分销能力，成为助农新模式。

直播分销渠道不仅能够助力各地增收，同时还是破解农产品滞销等问题的有效手段。各大电商平台也在不遗余力地推动直播助农，并邀请地方市长、县长、区长参与助农销售。有网友表示："手机成为新农具，数据成为新农资，直播成为新农活。"

2021 年 9 月 7 日，淘宝直播发布了一份特殊的"成绩单"。数据显示，在直播助农计划上线 3 年后，淘宝直播平台累计已有 11 万名农民主播，开播超过 230 万场，带动农产品销售超过 50 亿元。通过直播，这些农民将家乡的特产卖到了全国，不仅提高了自己的收入水平，还带领乡亲们走上了直播致富的道路。

课堂思考与讨论

（1）直播带货是如何实现网络分销的？

（2）直播带货为什么能够取得出色的分销效果？

（二）网络分销渠道的特点

网络分销渠道的出现为消费者提供了新的选择，使得消费者可以随时随地通过网络挑选、购买自己需要的产品，不再依赖分销商构建的零售网络。相较于传统的线下分销渠道，网络分销渠道主要有以下 5 个特点。

（1）全球实时性。网络打破了国界和地域的限制，是空间和时间的延伸。一方面，网络分销渠道能整合全球产品市场，使分销渠道加大、加宽，而非局限于某一区域市场；另一方面，网络分销渠道不受时间、空间限制，生产企业可以一周 7 天、一天 24 小时面向全球市场经营。这是传统经销商无法做到的。

（2）虚拟性。网络空间是一个虚拟的世界，生产企业通过网上商店销售产品。在购物过程中，消费者和企业、产品都没有实际接触。消费者通过浏览网站上的图片和产品评论，了解产品的价格、规格、特性，并根据自己的需要下单。消费者下单后，生产企业只需要自行或借助其他物流公司将产品递送给消费者，即可完成产品销售。

（3）低成本。生产企业可以通过网络分销渠道直接面向消费者销售，而无须支付给线下经销商"产品推广费"。这种分销渠道能减少产品在中间环节的流通损耗，有助于节省中间流通环节产生的费用，降低生产企业的分销成本。

（4）整合性强。在网络分销模式下，产品从企业到消费者手中只有快递一个流程，相当于将传统的"生产企业→经销商→零售商→消费者"流程整合为一，大大提高了销售效率和企业的周转效率。

（5）渠道扁平化。网络分销渠道能够有效减少分销的中间环节，加强生产企业对分销渠道的控

制，让生产企业与消费者之间的信息传递更加及时、通畅，同时也能解决多级分销商"层层加价"的问题，有助于生产企业掌控产品的市场价格，形成产品的价格竞争优势。

> **小故事——线上能卖，线下不行**
>
> 美国有个 23 岁的女孩，为她的爷爷向政府申请了一个免费血压计。她所做的不过是准备了一些必要的文件，并填写了一份申请表。后来，她写了一篇文章专门介绍向政府申请免费血压计的具体流程，放在网上售卖，定价为 1 美元。一个月后她赚了 500 美元！女孩感到难以置信。第二个月，她在报刊上做广告推广这篇文章，这次她赔了钱。女孩感到很奇怪，这篇文章只能在网上赚钱。
>
> **故事感悟：** 网络平台有其特殊性，仅适合一部分产品。大学生创业者要根据自己产品的特性来决定是否采用网络分销渠道。

二、管理网络分销渠道

网络分销渠道具有显著区别于传统分销渠道的特点，因此在管理内容和方法上也不同于传统分销渠道。大学生创业者需要了解、掌握相关知识，才能有效管理网络分销渠道。网络分销渠道的管理要点有以下几个。

（一）网络分销模式管理

网络分销渠道有两种分销模式可供选择：一种是生产企业自主运营网络分销，对应传统分销渠道中的"零级渠道""直接渠道"；另一种是生产企业将网络分销渠道外包给专业的电子商务公司运营，对应传统分销渠道中的"一级渠道""间接渠道"。

（1）自主运营。自主运营模式下，网络分销渠道是企业的一个部门，企业对其有最强的控制力，与消费者的信息交流最顺畅，但是其中的各项事务都需要企业自己投入人力、物力来打理。自主运营模式的管理重点包括产品信息管理、产品视觉管理（产品照片、视频、详情页等）、产品价格管理、产品物流管理、退换货管理、收款管理、客服管理等。

（2）外包运营。外包运营模式下，企业引入专业的电子商务公司来管理网络分销事务，借助其专业人才和技术获得更好的销售效果，并摆脱网络分销渠道管理的日常事务。外包公司相当于企业的代理商，企业对网络分销渠道的管理重点在于选择外包公司、监督外包公司工作等。

（二）网络分销平台管理

随着网络技术的发展，网络分销可以借助的平台也在不断丰富。生产企业可以自主搭建平台，也可以借助第三方平台开展网络分销活动。不同的选择有不同的优劣势和管理重点。

（1）自主搭建平台。自主搭建平台即企业建立自有的购物网站或 App，供用户购买产品，实现分销，如小米公司的"小米有品"App。自主搭建平台的优点是企业可以自主设计、控制分销平台，甚至将分销平台打造为企业竞争力；劣势则是平台规模小、知名度低，需要长期经营才能覆盖广大市场。自主搭建平台的管理重点是开发、设计、维护平台，获取平台用户等。

（2）借助第三方平台。第三方平台即现有的电商平台，如淘宝网、京东、拼多多等。这些平台已经积累了大量的用户，可以直接将产品推向广阔的市场。第三方平台通常可以提供各种有效的电商工具（如图片工具、比价工具、数据分析工具、营销活动工具等），方便企业对网络分销渠道的管理。此外，这些平台还建立了完善的生态，方便企业对接支付、物流、金融等平台。但是，第三方平台中有众多产品，竞争比较激烈，而且企业在平台上推广产品也需要付费。第三方平台网络分销渠道的管理重点是商品上下架、商品信息管理、商品价格管理、发货管理等。

（三）物流网络管理

由于网络分销渠道的虚拟性，实物产品无法在交易的同时直接交予消费者，且消费者遍布各地，所以物流运输对网络分销渠道管理就显得尤其重要。生产企业可以选择自建物流网络、借助线下销售网络或与第三方物流公司合作来满足网络分销的物流需要。

（1）自建物流网络。自建物流网络是指自营型的生产企业通过独立组建物流中心，配置运输力量，实现将产品送达消费者手中的目的。生产企业能够完全控制自建物流网络，使其与销售紧密配合，高质高效地完成物流任务；但是自建物流网络的前期投入大，市场覆盖范围小，物流配送的专业性也较低。

（2）借助线下销售网络。企业如果拥有足够密集的线下网点，就可以借助线下网络解决物流配送问题，即先将售出的产品运输到消费者就近的线下网点，再由消费者上门自取或由网点负责送货上门。这种物流配送模式，可以充分利用企业资源，成本较低，但是无法覆盖没有网点的市场。

（3）与第三方物流公司合作。与第三方物流公司合作即委托专业的物流公司运输产品。常见的第三方物流公司有中国邮政、顺丰、韵达、中通、京东物流等。这些第三方物流公司有密集的网点和庞大的运力，能够满足生产企业的需求。

三、网络分销渠道与传统分销渠道的整合

网络分销渠道基于互联网，突破了产品销售和流通过程中时间与空间的限制，使得产品交易更加灵活；而传统分销渠道具有十分广泛的辐射能力，可以帮助产品快速占领市场。如果企业能够将二者整合起来，就能够得到"1+1 > 2"的效果。

网络分销渠道和传统分销渠道在形式上是相互独立的，要将二者整合到一起，需要从以下3个方面入手。

（1）在物流配送方面的整合。企业可以利用传统分销渠道建立区域仓储、配送网点，然后利用传统渠道方便、及时的优势，保证产品在线上、线下及时流通。

（2）在分销商方面的整合。企业可以与传统渠道中影响力较大的分销商合作，将产品辐射到三、四线城市，甚至农村地区，让产品深入网络渠道不方便触及的地域；利用方便、高效的网络渠道，快速打开一、二线城市的市场，提升产品知名度。

（3）在营销末端的整合。在最终的售后环节，企业可以在线下建立直接服务于消费者的售后渠道，及时、快速地解决消费者的售后问题。同时，企业可以从网络平台上收集消费者的反馈，对消费者提出的问题及时处理，建立良好的客户关系，提升企业形象。

（一）协调企业内部职能部门

如果网络分销渠道和传统分销渠道二者并行管理，各自独立，就难以形成有效的渠道整合。因此，企业应在内部设置专门的分销管理机构，将原本负责网络分销渠道和传统分销渠道的人员都纳入其中管理，并重新构建分销渠道的管理流程，使渠道整合具备组织基础。同时，还要建立起有效的交流机制和协调机制，使网络分销渠道和传统分销渠道做到数据互通、规划共享，为渠道整合建立良好的组织环境。

（二）体现渠道差异化

日常生活中，网络分销渠道和传统分销渠道常因市场分配、价格不同等原因产生矛盾。为此，企业可以通过渠道差异化减少冲突。渠道差异化可以从以下 3 个方面着手。

（1）产品差异化。生产企业可以针对不同的分销渠道推出专供产品，尽可能吸引更多的消费者群体。例如，厂商为了在某节日期间提升销量，会将某型号产品或某些库存品标注为"电商专供"进行降价促销。产品差异化可以避免经销商跨渠道销售产品（传统经销商通过网上商店销售产品）、故意降低价格来抢占市场份额等潜在的渠道冲突风险。

（2）服务差异化。服务差异化使在不同渠道购买产品的消费者可以获得不同的体验，更好地满足消费者的个性化需求。例如，传统分销渠道的网点注重消费者对产品的体验以及优质服务，而网络分销渠道则更注重产品丰富和价格便宜。

（3）市场差异化。生产企业可以定位多种类型的消费者群体，通过开设网上商店和线下专卖店，确保将不同的客户群体纳入网络分销渠道和传统分销渠道相应的范围，对消费者进行引导性分群。例如，某企业的淘宝店主要面对零散的网上买家，而线下专卖店则专注于为周边的企业用户和个人用户长期供应产品。

（三）布局新零售

新零售即企业以互联网为依托，通过大数据、人工智能等先进技术手段，对产品的生产、分销与后续服务过程进行升级改造，进而对线上服务、线下体验以及现代物流进行深度融合的零售新模式。新零售模式能高效运用各种资源，在降低总成本的情况下大大提高产品的分销效率。

2016 年 11 月 11 日，国务院办公厅印发《关于推动实体零售创新转型的意见》（国办发〔2016〕78 号），明确了推动我国实体零售创新转型的指导思想和基本原则。新零售是未来分销渠道的发展趋势。新零售体系主要从网络平台、线下实体店和物流 3 个方面构建。

（1）网络平台。网络平台在新零售体系中肩负着生产企业与消费者双方的信息收集、整理、反馈与决策等职能，同时承担了支付、交流等渠道功能。通过线上平台，消费者能够打破时间、空间的限制，自由地浏览并挑选产品。

（2）线下实体店。线下实体店是支撑新零售体系的基础性平台，扮演着优化体验过程的重要角色，生产企业可打造"产品＋服务＋场景＋体验"四位一体的线下实体店，不断优化消费者对产品的体验。

（3）物流。物流在各交易主体的购、存、销等业务活动中承担着产品存储与流转的职能，新零售体系要实现"线上线下一体化"，高产品配送效率、低运营成本和零库存目标，必须有高效、智能、精确、协同、环保的物流作为支撑。

👁 案例 8-6 ——小米公司的新零售转型

小米公司是新零售转型的成功典范。从 2010 年到 2015 年，小米公司的网络销售取得了前所未有的成功。然而，随着华为、OPPO、vivo 等竞争对手对网络销售模式的复制和技术积累，小米公司销量的增长在互联网流量达到顶峰后受到了抑制。小米公司的分销渠道也受到了质疑，庞大的线下用户被线下渠道和有经验的对手瓜分。2015 年第三季度，美国道琼斯公司（商业财经信息提供商）报道小米智能手机销量首次出现同比下降。销量下滑的原因之一是小米公司长期依赖线上渠道，缺少线下渠道。随后小米公司开始线下布局，并与经销商以开放加盟合作的方式拓展线下市场。其先后推出过官网报价统一采购的小米直供店，后又升级为小米专营店。与此同时，线下渠道有小米授权店、小米专卖店和小米之家。在国内一、二线城市，线下渠道注重体验和品牌形象展示。在三、四线及以下城市，专卖店、授权店、小米之家注重提升销量，分食OPPO、vivo的部分市场份额。

目前，小米公司的线上渠道包括小米商城、小米京东自营旗舰店、天猫小米旗舰店等；线下渠道包括自建自营的小米之家、第三方线下经销网络、小米授权服务网点；运营商渠道方面，小米公司先后与中国联通、中国电信、中国移动合作，通过运营商实体营业厅和网上营业厅销售小米手机。

课堂思考与讨论

小米公司是如何运用"新零售"战略构建其分销渠道的？

实践训练

1. 头脑风暴训练

（1）根据班级人数分组，每个小组3～6人，全班不超过8组。

（2）在教师的统一指导下，每组选出一个人作为组长，组长上台抽取纸条（分别写有"面包""玉米""照相机""字典""教科书""跳绳""矿泉水瓶""新能源汽车"）。

（3）小组成员共同发散思维，根据抽取到的产品，想出尽可能多的分销渠道，并由组长记录。

（4）组长上台讲解产品分销渠道，分销渠道多者获胜。

2. 分销渠道调查训练

（1）根据班级学生人数分组，每个小组5～7人。

（2）以小组为单位，每个小组选择一家制造型企业，开展网上调查。

（3）小组成员合理分工，分别采集不同的资料和数据，了解企业的分销渠道模式和类型、分销渠道管理的状况，指出企业分销渠道设计、运行、管理中的问题并提出解决措施。

（4）在调查的基础上，小组成员充分讨论，形成分销渠道调查课题报告。

（5）全班进行交流，师生共同评价。

课后练习

1. 名词解释

分销渠道　　垂直分销渠道模式　　间接渠道　　分销渠道战略　　网络分销渠道

2. 判断题

（1）生产企业需要集中、持续、大量地生产产品，而消费者对商品的需求是不定时、零散的，因此双方存在天然矛盾，分销渠道的作用便是高效、低成本、适时、适地地实现生产企业与消费者之间商品的转移，化解这样的矛盾，使企业生产的产品能满足消费者需求。　　　　（　　）

（2）分销渠道的起点和终点界限明显。分销渠道的起点是生产企业，中间不论是否经过经销商、零售商等分销渠道成员，终点始终是消费者。　　　　（　　）

（3）根据分销渠道成员之间的紧密程度，分销渠道的模式可分为传统分销渠道模式、垂直分销渠道模式、水平分销渠道模式3种。　　　　　　　　　　　　　　　　（　　）

（4）水平分销渠道模式是指两家或两家以上同层次的分销商横向联合在一起共同开发新的营销机会的分销渠道模式。　　　　　　　　　　　　　　　　　　　　　　　（　　）

（5）如果生产企业市场广阔、消费者分散或自身没有分销能力，最好选用长渠道。　（　　）

（6）分销渠道战略是企业整体战略的组成部分，但与生产企业整体战略目标无关。（　　）

（7）网络打破了国界和地域的限制，是空间和时间的延伸，网络分销渠道能整合全球产品市场。　　　　　　　　　　　　　　　　　　　　　　　　　　　　　　　　（　　）

（8）广义的网络分销渠道不涉及物流运输、网上购物付款等环节。　　　　　　（　　）

（9）生产企业评估渠道方案的标准有两个，即经济性标准和适应性标准。　　　（　　）

3. 单选题

（1）（　　）是经销商与代理商的根本区别。

A. 是否取得产品的所有权　　　　　　B. 是否为现货交易

C. 销售数量的多少　　　　　　　　　D. 产品是否为消费品

（2）根据分销渠道的环节，经销商处在（　　）。

A. 生产企业与生产企业之间　　　　　B. 批发商与消费者之间

C. 生产企业与消费者之间　　　　　　D. 代理商与零售商之间

（3）下面能够反映直接渠道特点的是（　　）。

A. 生产企业→消费者

B. 生产企业→经销商→消费者

C. 生产企业→批发商→零售商→消费者

D. 生产企业→代理商→批发商→零售商→消费者

（4）由生产企业、经销商和零售商组成的统一分销网络模式是（　　）。

A. 传统分销渠道模式　　　　　　　　B. 垂直分销渠道模式

C. 水平分销渠道模式　　　　　　　　D. 多渠道模式

（5）以下对间接渠道优点的描述，正确的是（　　）。

A. 对于用途单一、技术复杂的产品，可以有针对性地安排生产

B. 生产企业能直接将产品介绍给消费者，便于消费者了解产品的性能和使用方法

C. 间接渠道由于不经过经销商环节，可以降低产品流通成本

D. 生产企业只需专注于生产、改进和研发产品，无须为搭建分销网络投入人力、物力

（6）当生产量大且超过生产企业自身的分销能力范围时，其渠道策略应为（　　）。

A. 宽渠道　　　　　B. 直接渠道　　　　　C. 窄渠道　　　　　D. 短渠道

（7）分销渠道的宽度是指同一分销渠道层次上选用的同类（　　）数量的多少，多者为宽，少者为窄。

A. 生产商　　　　　B. 零售商　　　　　C. 分销商　　　　　D. 服务商

（8）分销渠道战略属于（　　）的子战略，成功、有效的分销渠道战略离不开其他子战略的配合。

A. 价格制订战略　　B. 企业整体战略　　C. 产品定位战略　　D. 促销活动方案

（9）网络分销渠道的特点包括（　　）。

A. 区域实时性、高成本　　　　　　　B. 全球实时性、低成本

C. 全球延时性、低成本　　　　　　　D. 区域实时性、低成本

（10）在学校附近开设学习用品专卖店，是根据（　　　）选择终端零售点。

A. 生产企业适应性　　　　　　　　　B. 时间适应性

C. 经销商适应性　　　　　　　　　　D. 地区适应性

4. 多选题

（1）影响分销渠道战略制订的因素包括（　　　）。

A. 市场因素　　　　B. 产品因素　　　　C. 经销商因素　　　　D. 宏观环境因素

（2）（　　　）不属于分销渠道的功能。

A. 销售促进　　　　B. 实体分销　　　　C. 生产制造　　　　D. 售后服务

（3）垂直分销渠道分为（　　　）分销模式。

A. 公司式　　　　　B. 合同式　　　　　C. 直销式　　　　　D. 管理式

（4）制订分销渠道战略需考虑的宏观环境因素不包括（　　　）。

A. 产品的市场特征　　　　　　　　　B. 经济环境

C. 聚合性　　　　　　　　　　　　　D. 竞争环境

（5）通过渠道差异化减少渠道冲突的方法包括（　　　）。

A. 产品差异化　　　　B. 质量差异化　　　　C. 服务差异化　　　　D. 市场差异化

（6）企业选择分销渠道的主要标准包括（　　　）。

A. 竞争性标准　　　　B. 经济性标准　　　　C. 控制性标准　　　　D. 适应性标准

CHAPTER 09

项目九
设立与管理新创企业

学习目标

- 了解企业组织形式及其特点。
- 掌握新创企业的设立流程。
- 了解新创企业管理的内容与基本原理。
- 掌握新创企业人力资源管理、营销管理和财务管理的方法。

学习重点与难点

- 企业的各种组织形式及其优劣势。
- 企业人力资源管理、营销管理和财务管理的方法。

任务一
设立新企业的前期准备

▶▶▶ 【名人名言】

如果事先缺乏周密的准备，机遇也会毫无用处。

——托克维尔（Tocqueville，法国历史学家、政治家）

一、认识企业

人类很早便开始进行商业活动，也形成了各式各样的商业组织。现代意义上的企业于 1769 年首先出现于英国。随着制度的不断发展与完善，企业很快淘汰了其他的商业活动组织形式，成为市场经济活动的主要参与者。今天，对大学生创业者而言，成立企业已经成为一个绕不开的话题。在设立企业之前，大学生创业者应该充分地了解企业的相关知识。

（一）企业的概念

企业一般是指以盈利为目的，以实现投资人、客户、员工、社会大众的利益最大化为使命，运用土地、劳动力、资本、技术和企业家才能等各种生产要素，向市场提供商品或服务，实行自主经营、自负盈亏、独立核算的法人或其他社会经济组织。

不同的学科从不同的方面对企业的内涵进行了解读，这些观点各有侧重。

（1）经济学：企业是创造经济利润的机器和工具。企业的唯一目的是获取利润，因此应该尽量增加收入而减少支出。而在近代，经济学吸收了伦理学的观点，认为从长远角度来看，只有具备商业信誉、社会责任的企业，其利润才会最大化。

（2）社会学：企业是人的集合，是社会运转的组成部分。企业的最终目的是满足人和社会的需要，也只有能够满足人和社会需要的企业才能够得到发展和壮大。

（3）法学：企业是一系列契约关系的结合体。这些契约包括企业与供应商、合作方、员工签订的书面契约，也包括企业与消费者之间的不成文契约，即"企业为消费者提供保证质量和数量的商品或服务，而消费者交付给企业货币"，企业能否成功取决于契约的订立与履行的情况。

（4）商业科学：企业是一类组织、一种商业模式。企业能否成功取决于其组织能解决什么问题，解决问题的效率有多高，以及商业模式是否可靠。

（5）现代管理学：企业本质上是"一种资源配置的机制"，能够实现整个社会经济资源的优化配置，降低整个社会的"交易成本"。

（二）企业的要素

作为一个组织，企业必须具备一些要素才能成立并正常运营。符合我国法律标准的企业需要具备以下要素。

（1）资源。企业必须拥有一定的资源，包括库存现金、固定资产、技术专利等。在设立企业时，资源体现为注册资本。2014 年起，我国实行注册资本认缴登记制度，工商部门（现市场监督管理部门）只登记公司认缴的注册资本总额。大学生创业者可以不在注册企业时实际缴纳资本，而可以自主承诺缴纳时间，这在一定程度上缓解了大学生创业者的资金压力。

（2）业务。企业必须有一定的业务范围，业务可以是产品的生产或流通，也可以是提供某种服务。企业的业务范围以工商登记中的营业执照及备案的企业章程为准，不能超出核准登记的经营范围从事经营活动。

（3）经营场所。经营场所指企业从事主要业务活动、经营活动的处所，是企业进行生产、经营、服务的基本条件。

（4）员工。企业必须拥有一定数量的员工，达到一定规模的企业也需要有一定数量的管理者。

（5）盈利目的。只有获取利润才能保持企业的经营与发展，企业必须有盈利目的，这也是企业区别于其他社会组织的本质要素。

二、企业组织形式的选择

企业组织形式是指企业存在的形态和类型。企业具有不同的组织形式。只有对企业组织形式有了深入的了解后，大学生创业者才能做出正确的选择。

（一）企业组织形式

我国法律规定的企业组织形式有很多，其中大学生创业者通常采用的企业组织形式包括公司和非公司企业两类。

1. 公司

公司是依照《公司法》在中国境内设立的以营利为目的的企业法人，是适应市场经济社会化大生产的需要而形成的一种企业组织形式，即公司是一类特殊的企业。公司包括有限责任公司、一人有限责任公司和股份有限公司3类。

（1）有限责任公司。有限责任公司又称为有限公司，指由符合法律规定的股东出资组建，股东以其出资额为限对公司承担责任，公司以其全部资产对公司的债务承担责任的企业法人。

（2）一人有限责任公司。一人有限责任公司本质上是有限公司中的特例，可简称"一人公司""独资公司"或"独股公司"，是指只有一个自然人股东或者一个法人股东的有限责任公司。一人有限责任公司的股东不能证明公司财产独立于股东自己的财产的，应当对公司债务承担连带责任。

（3）股份有限公司。股份有限公司又称为股份公司，是指其全部资本分为等额股份，股东以其所持股份为限对公司承担责任，公司以其全部资产对公司的债务承担责任的公司。

2. 非公司企业

不设立公司的企业组织形式包括个体工商户、个人独资企业、合伙企业。这些非公司企业都不具备法人资格，不能独立享有民事权利和承担民事义务。

（1）个体工商户。个体工商户是指在法律允许的范围内，依法经核准登记，从事工商业经营的自然人或家庭，是结构最简单的企业组织形式。个体工商户业主只需一个人或一个家庭。这类组织只需要业主有相应的经营资金和经营场所，然后到市场监督管理部门办理登记手续即可开业。个体工商户个人经营的，以个人全部财产承担民事责任；家庭经营的，以家庭全部财产承担民事责任。

（2）个人独资企业。个人独资企业简称独资企业，是指由一个自然人投资、全部资产为投资人所有的营利性经济组织。独资企业是一种很古老的企业组织形式，至今仍被广泛运用，其典型特征是个人出资、个人经营、个人自负盈亏和自担风险。

（3）合伙企业。合伙企业是指由两个或两个以上的自然人通过订立合伙协议、共同出资经营、共负盈亏、共担风险的企业组织形式。合伙企业又分为普通合伙企业和有限合伙企业。在普通合伙企业中，所有合伙人承担同等无限连带责任；有限合伙企业由普通合伙人和有限合伙人组成，普通合伙人对合伙企业债务承担无限连带责任，有限合伙人以其认缴的出资额为限对合伙企业债务承担责任。

（二）选择企业组织形式需考量的因素

大学生创业者选择企业组织形式需首先考虑拟创业的行业以及企业组织形式的特点，然后再根据自身的情况选择合适的组织形式。

1. 拟创业的行业

选择企业组织形式首先应当考虑的因素就是行业可以采用哪些形式，因为一些特殊的行业按我国法律规定只能采取特定的形式。例如，律师事务所不能采用公司制形式，而银行、保险等金融行业则必须采用公司制形式。对于法律有强制性规定的行业，大学生创业者只能按照法律的要求执行；若法律没有强制要求，大学生创业者可以自行决定。

2. 企业组织形式的特点

不同的企业组织形式有其自身的特点，各具优势与劣势。在行业对企业组织形式没有限制的情况下，大学生创业者应该充分考虑各企业组织形式的特点，选择适合自己的企业组织形式。各种企业组织形式的优劣势如表 9-1 所示。

表 9-1 各种企业组织形式的优劣势

企业类型	企业组织形式	优势	劣势
公司	有限责任公司	①股东只对企业承担有限责任，不用担心搭上个人的其他资产，风险较小；②公司的所有权与经营权分离，适应市场竞争；③多元化的产权结构有利于科学决策	①设立程序比较复杂；②不能公开发行股票，筹集资金的规模和途径受限
	一人有限责任公司	①设立比较便捷；②运营和管理成本较低	①筹资能力受限；②财务审计条件较为严格
	股份有限公司	①公司股东只对企业承担有限责任，风险较小；②公司产权可以以股票的形式充分流动；③可以公开发行股票，筹资能力强	①创立程序复杂，法律法规要求严格；②需要定期报告自身财务状况，相关事务无法严格保密
非公司企业	个体工商户	①从业人数无数量限制；②开办手续比较简单	①筹资能力极弱；②个人或家庭承担无限责任，风险高
	个人独资企业	①设立、转让和解散等行为手续简便且费用低；②企业经营灵活，对市场变化反应迅速；③在技术和经费方面易于保密	①个人承担无限责任，风险高；②筹资能力受限；③高度依赖创业者的个人能力
	合伙企业	①设立较为简单和容易；②企业经营具有高度的灵活性；③信用度较高，企业资金来源较广	①企业财产的分割和转让困难；②遭遇分歧时企业的决策困难；③合伙人的个人因素会在很大程度上影响企业的经营

3. 创业者的风险承担能力

企业组织形式与大学生创业者日后承担的风险息息相关。公司制企业股东仅以出资额为限承担有限责任，而个体工商户、普通合伙企业投资人、个人独资企业投资人都要承担无限责任。可以说，选择非公司企业组织形式，大学生创业者要承担更大风险。

不同的企业组织形式在创业者承担的风险上存在客观差距，因此大学生创业者必须在创业前衡量自身的风险承担能力，考虑"企业破产"这一最坏结果。

4. 税务因素

不同的企业组织形式所缴纳的税是不同的，个人独资企业和合伙企业的生产经营所得计征个人所得税，公司制企业既要缴纳企业所得税，又要在向股东分配利润时为股东代扣代缴个人所得税。因此，从税负筹划的角度看，个人独资企业和合伙企业的税负相对较低。

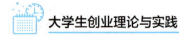

但是，政府也提供了各种税收优惠政策。一些特殊企业，如高新技术企业和小微企业，在可以享受税收优惠政策的情况下，选择公司制企业或许更加节税。

5. 未来融资的需求

如果大学生创业者资金充足，拟投资项目的资金需求也不大，采用合伙企业和有限责任公司组织形式均可；如果日后发展业务所需资金规模非常大，则建议采用股份有限公司组织形式，否则，当需要进行股权融资时，企业要更改组织形式。

6. 经营期限

个人独资企业和合伙企业的运营与大学生创业者的人身依附性非常强，根据我国企业经营现状，以上两种企业的经营期限均不长。而公司制企业除出现法定解散事由或约定解散事由外，理论上是可能永远存续的。因此，如果大学生创业者希望企业长久发展，建议采用公司制组织形式。

《公司注册资本登记管理规定》是为规范公司注册资本登记管理而制定的法规，经国家工商行政管理总局（现国家市场监督管理总局）局务会审议通过，2014年2月20日公布，自2014年3月1日起施行。

《公司注册资本登记管理规定》

三、创办企业必须考虑的相关法律问题

一方面，法律法规对新创企业有约束作用；另一方面，法律又为新创企业的运营与发展提供保护。遵纪守法是企业经营必须坚持的"底线"，大学生创业者应该了解企业经营时可能涉及的相关法律问题。

◎ 案例 9-1 ——大学生创业前应学习法律知识

在读大四时，张明通过熟人与中国联通某省分公司一级代理商美天通信工程设备有限公司（以下简称"美天公司"）取得联系，得知美天公司正准备推广校园卡业务。张明认为自己可以发动教师、同学购买，盈利几乎唾手可得。

美天公司要求张明必须同公司签订协议，于是张明注册了想云科技咨询公司（以下简称"想云公司"）。想云公司与美天公司签署了"校园卡集团用户销售协议书"，约定想云公司在张明所在大学发展手机与校园卡捆绑销售的业务，并约定想云公司对校园卡用户资料的真实性及履行协议承担保证责任，用户必须凭学生证或教师证购买，一人一台等；如想云公司发展用户不真实，美天公司有权停机，想云公司承担不合格用户的全部欠费。

在教师及同学的帮助下，张明的"生意"很红火，一共发展了 4 196 名用户。按照与美天公司的协议，想云公司可拿到 10 万元的回报。但是过了几个月，中国联通某省分公司发现想云公司发展的用户中有几百名用户资料虚假，并非校园用户，甚至还有冒用他人身份证的，这些用户恶意造成了大量欠费。

美天公司为此赔偿了中国联通某省分公司 442 名不良用户的欠费 52 万元，406 部虚假用户和不良用户的手机补贴款共 36 万元也被扣减。美天公司随即将想云公司诉至法院，要求对方承担上述赔偿款项，并赔偿 406 部虚假用户、不良用户手机的补贴差价 6 万元，以及未归还的手机价款 15 万元和卡款 5 100 元，总计 100 多万元。

法院认定张明以想云公司的名义与美天公司签订销售协议，并发动几十名教师、学生发展介绍用户，作为想云公司的唯一股东，应承担100多万元的赔偿责任。最终张明不但一分钱没挣到，还背上100多万元的债务。

课堂思考与讨论

（1）想云公司是什么性质？为什么张明会背上沉重的债务？

（2）如果张明想要避免这一情况，在最初注册企业时，应该选择哪种组织形式？

（一）创业项目本身必须具备合法性

企业合法经营的基础就在于经营的业务本身合法。例如，驾照销分、信用卡套现、办假证等业务违法，不可能得到法律的保护。企业一旦从事这些业务，就违反了法律，必将受到法律的严惩。

（二）创业需进行相关审批与许可

大学生创业者在进行工商注册时，必须了解并得到相关部门的审批和许可。例如，从事网站经营，应当取得"互联网信息服务业务经营许可证"；而从事经营性互联网行业，还应当取得"网络文化经营许可证"。除此之外，企业的消防、卫生等条件也需要相关部门审核通过。

（三）知识产权保护

很多创业者基于某个核心的技术优势创业，常见的如互联网、高端制造、科技研发等领域的企业，因此，知识产权显得极为重要。对于大学生创业者来说，知识产权保护的主要对象包括商标权、著作权和专利权。

（1）商标权。在通过商标注册程序后，商标即成为注册商标，注册商标受到《商标法》等法律法规的保护。商标权是指商标所有者（商标权人）对于注册商标所享有的权利，包括商标专用权、标记权、续展权、处分权等，其中最易被他人侵犯、需要特别注意保护的是商标专用权。

（2）著作权。著作权又称版权，是指作者对其创作的作品依据《中华人民共和国著作权法》享有的专属权利。作品是指在文学、艺术和科学领域内具有独创性并能以某种有形形式复制的智力成果。著作权包括人身权和财产权两个大类，其中，人身权包括发表权、署名权、修改权、保护作品完整权，财产权包括复制权、发行权、出租权、展览权、表演权、放映权、广播权、信息网络传播权、摄制权、改编权、翻译权、汇编权以及应当由著作权人享有的其他权利。

（3）专利权。专利是指获得国家机关颁发的专利证书的发明创造。《专利法》规定，受其保护的专利分为3类，分别是发明专利、实用新型专利与外观设计专利。专利权包括独占实施权、实施许可权、转让权和标示权等。

（四）正规的劳动用工

创办企业后，大学生创业者需要招聘员工以保证企业的正常运营。《中华人民共和国劳动法》等法律法规对企业用工进行了规定，新创企业在用工中应该注意以下几点。

（1）企业雇用员工时，应该及时签署正规的书面劳动合同。新招聘的员工应当已与前企业解除劳动合同。

（2）及时进行社保登记。企业应当自用工之日起30日内为新聘员工向社会保险经办机构申请办理社会保险登记，并在之后按时足额缴纳社会保险费。

（3）注意竞业禁止。竞业禁止是指员工在任职期间不得同时兼职于有业务竞争的单位，不得在离职后一段时间内就职于有业务竞争的单位，不得在离职后自行创建与本企业业务范围相同的企业。

为维护企业的权益，大学生创业者可以与技术骨干、企业高管等员工签订竞业协议。注意，竞业禁止的期限最长不得超过3年，且员工离职时企业需要向其支付一定的经济补偿金作为竞业禁止的补偿。

（五）财税问题

新创企业应聘请专业财务人员，依法妥当完善财务报表，依法足额为全体员工代扣代缴个人所得税，依法足额缴纳企业所得税、流转税和附加税等税费。

新创企业往往在财务管理上比较随意，特别是将企业财产与创业者财产混同，甚至将企业营业收入转入创业者个人账户，这种不合规操作（公款从私人账户走账）会被视为偷税漏税，为企业带来巨大的法律风险。

任务二
新创企业的设立流程

▶▶▶【名人名言】

世界上的一切都必须按照一定的规矩秩序各就各位。

——弗拉迪斯拉夫·莱蒙特（Wladyslaw Reymont，诺贝尔文学奖获得者）

一、"多证合一"工商注册

2017年4月，国务院常务会议审议通过《关于加快推进"多证合一"改革的指导意见》，2017年4月28日，国家工商行政管理总局（现国家市场监督管理总局）表示，要求2017年10月1日之前，在全国全面推行"多证合一"。今天，"多证合一"工商注册已经在全国普及。

（一）"多证合一"工商注册的含义

"多证合一"是指商事主体（企业）的营业执照、组织机构代码证、税务登记证、社保登记证、统计登记证、刻章许可证、住房公积金缴存单位登记等证照和事务，在商事登记部门"一表申请、一门受理、一次审核、信息互认、多证合一、档案共享"登记模式的基础上，只发放记载有统一社会信用代码的营业执照。

"多证合一"实现了企业"一照一码"走天下。"一照"即营业执照，成为企业唯一的"身份证"；而"一码"即统一社会信用代码，则成为企业唯一的"身份证代码"。办理工商注册是设立新企业必不可少的一步。"多证合一"后的营业执照如图9-1所示。

（二）"多证合一"工商注册的流程

由于各地产业分布存在较大差异、涉企证照数量不一，需要整合的证照也存在较多差异，所以，"多证合一"改革没有具体明确"多证"到底是指哪些证件。这需要由各省（区、市）根据实际情况来定，大多遵循

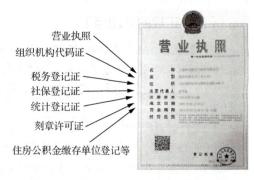

图9-1 "多证合一"后的营业执照

"能整合的尽量整合"原则。通常，"多证合一"工商注册的流程如下。

（1）提交申请。商事主体申请人通过全流程网上登记系统填写"多证"联合申请书，并把相关材料提交到商事登记部门，由商事登记部门统一受理，实现"一表申请、一门受理"。

（2）商事登记部门审核。商事登记部门审核"多证"联合申请材料后，视为同时经过机构代码部门、税务部门、公安部门及社保部门等相关部门审核。审核通过后，商事登记部门将相关登记信息和办理结果共享至机构代码部门、税务部门、公安部门及社保部门，实现"一次审核"和"信息互认"。

（3）领取证书。经商事登记部门审核通过后，商事主体申请人、法定代表人（法人企业）、负责人（分公司、分支机构）、投资人（个人独资企业）、执行事务合伙人（合伙企业）或者经营者（个体工商户）即可根据网上注册系统提示，持本人身份证前往指定发照窗口申请领取纸质营业执照。

（4）归档。档案原件由商事登记部门保存，档案影像共享给机构代码部门、税务部门、公安部门及社保部门，实现"档案共享"。

（三）"多证合一"工商注册的办理材料

和办理流程一样，"多证合一"工商注册所需的材料也根据各地情况不同而有所差异。通常，企业办理"多证合一"需要准备如下材料。

（1）拟任法定代表人签署的《企业设立登记（一照一码）申请书》（原件1份）。

（2）经办人身份证明（复印件1份，验原件）。

（3）全体股东（发起人）签署的章程（原件1份）。

（4）股东（发起人）的主体资格证明（复印件1份，自然人身份证明验原件，单位资格证明加盖公章，注明"与原件一致"）。

（5）法定代表人、执行董事/董事长、董事、监事、经理的任职文件（原件1份）及其身份证明（复印件1份，法定代表人身份证明验原件，执行董事/董事长、董事、监事、经理身份证明的复印件上需注明"与原件一致"并由法定代表人签字）。

二、印章刻制与管理

企业所用的印章具有法律效力，其刻制、补办、挂失等都有专门的规定。大学生创业者需要掌握相关知识，妥善管理企业印章。

（一）企业印章及其功能

新创企业申请刻制相应的印章，需持营业执照复印件、法定代表人和经办人身份证复印件各一份，以及由企业出具的刻章证明、法人代表授权委托书到公安局指定的机构进行刻章。

以公司为例，公司印章包括公司公章、法人代表章、合同专用章、财务专用章、发票专用章5种，它们有严格的使用场合，误盖和漏盖都会导致文件失效。

（1）公司公章。公章是公司所有印章中最具权威性的，代表着公司的最高效力。不管对内、对外，它都代表了公司法人的意志，使用公章可以代表公司对外签订合同、收发信函、开具公司证明。

（2）法人代表章。法人代表章是公司法定代表人的个人用章，它对外具备一定的法律效力，可用于签订合同、出示委托书文件等。

（3）合同专用章。合同专用章是公司对外签订合同时使用的。相关合同的签订在公司经营签约范围内必须盖上合同专用章才能生效，因此它代表着公司可由此享受的权利和应承担的义务，一般公章可以代表合同专用章使用。

（4）财务专用章。财务专用章的用途比较专业化，一般针对单位会计核算和银行结算业务使用。

（5）发票专用章。发票专用章是公司在经营活动中购买或开具发票时需加盖的印章。值得注意的是，在发票专用章缺少时，可以用财务专用章代替，反之则不可行。

（二）公章遗失

公章如果出现遗失、被盗等情况，就可能被他人盗用。为此，企业应该立即采取相应措施，以控制风险、减少损失。公章遗失的具体处理流程如下。

（1）报案。公章遗失，企业应该主动报案。法定代表人需持身份证原件及复印件、营业执照副本原件及复印件到丢失地点所在地的派出所报案，领取报案证明。

（2）登报声明。企业可遣人持报案证明原件及复印件、营业执照副本原件及复印件在市级以上每日公开发行的报纸（如晨报、晚报等）上做登报声明，声明公章作废。报纸会在第二天刊登声明。

（3）补办公章。自登报起公示3天后，公司法人代表需持整张挂失报纸、营业执照副本原件及复印件、法人代表身份证原件及复印件（身份证需正反面复印），以及法定代表人拟写并签名的丢失公章说明材料（需详细写明公章丢失的原因、时间、地点，报案的时间、地点，登报声明的时间和登报所在的版面）到公安局治安科办理新刻印章备案。

（4）刻章。原公章作废，新公章需要3～7个工作日完成刻制。

三、开立企业银行账户

依据我国相关法律规定，每个独立核算的经济单位都必须在银行开立存款结算账户；各单位之间办理款项结算，除现金管理办法规定外，均需通过银行结算。大学生创业者在完成工商注册后，即需要开立企业银行账户。

（一）银行账户的种类

企业的银行存款结算账户分为基本存款账户、一般存款账户、临时存款账户、专用存款账户4种，不同账户具有不同的规定。

（1）基本存款账户。基本存款账户是企业的主要存款账户，主要用于办理日常转账结算和现金收付，以及存款单位的工资、奖金等现金的支取。一个企业只能在一家商业银行的一个营业机构开立一个基本存款账户。

（2）一般存款账户。一般存款账户是企业因借款或其他结算需要，在开立基本存款账户以外的银行开立的账户。该账户只能办理转账结算和现金的缴存，不能办理现金的支取业务。

（3）临时存款账户。临时存款账户是企业的外来临时机构或个体工商户因临时开展经营活动需要开立的账户。该账户可办理转账结算以及符合国家现金管理规定的现金业务。

（4）专用存款账户。专用存款账户是企业因基本建设、更新改造或办理信托、政策性房地产开发、信用卡等特定用途开立的账户。企业从该账户支取现金时，必须报当地人民银行审批。

（二）银行开户手续的办理

2019年2月，《中国人民银行关于取消企业银行账户许可有关事宜的决定》发布，决定在2019年年底前完全取消企业银行账户许可。企业在银行开立、变更、撤销基本存款账户和临时存款账户由核准制改为备案制，中国人民银行不再核发开户许可证，开户许可证不再作为企业办理其他事务的证明文件或依据。这意味着企业只需在银行一端即可完成开户全部事宜，开户环节、开户时间将大幅压缩，现在的企业开立银行账户流程如图9-2所示。

办理银行开户手续需要填制开户申请书并提供有关证明文件。开立不同的账户，所需材料也不同。

（1）开立基本存款账户，需当地市场监督管理部门核发的营业执照正本。

（2）开立一般存款账户，需借款合同、借款借据或基本存款账户的存款人同意其附属非独立核算单位开户的证明。

（3）开立临时存款账户，需当地市场监督管理部门核发的临时执照。

（4）开立专用存款账户，需有关部门批准的文件。

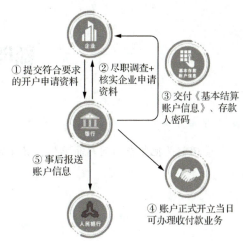

图 9-2　企业开立银行账户流程

（三）银行销户手续的办理

开户人（企业）可以根据需要撤销其在银行开立的存款账户。开户人撤销存款账户时，应与银行核对账户余额，经银行审查同意后，办理销户手续。销户时，企业应交回剩余的重要空白凭证。办理银行销户手续时应遵循以下规定。

（1）一般存款账户借款清偿后要办理销户。一般存款账户余额不得超过企业在开户银行的借款余额，超过部分开户行将通知开户单位 5 日内将款项划转至基本存款账户，逾期未划转的，银行将主动代为划转。

（2）临时存款账户的使用期限不得超过 1 年，超过 1 年的将予以销户。

（3）企业销货款、异地汇入款项中除基建或专项工程拨款外的非专项资金不得进入专用账户。

（4）开户人改变账户名称的应先撤销原账户，再开立新账户。

（5）1 年内未发生收付活动的单位账户，开户行将对开户人发出销户通知。开户人应当自收到通知之日起 30 日内（以邮戳日为准）到开户行办理销户手续，逾期不办理将视为自愿销户。

四、企业税务登记

新创企业领取由市场监督管理部门核发加载法人和其他组织统一社会信用代码的营业执照后，虽然无须再次进行税务登记、办理税务登记证，但仍需要前往税务机关办理相应的后续事项，才能正常缴税。企业在银行开立基本存款账户时，企业、银行与税务机关三方需要签订《委托银行划缴税（费）款三方协议书》。

需要特别注意的是，新创企业在办完首次涉税业务后，在之后的经营中要注意按时、按期、持续申报税费，以免因延误纳税影响企业的正常经营。各项税收的缴纳时间不同。

（1）增值税、消费税的纳税期限可以为 1 日、3 日、5 日、10 日、15 日、1 个月或者 1 个季度。纳税人以 1 个月或者 1 个季度为 1 个纳税期的，自期满之日起 15 日内申报纳税；以 1 日、3 日、5 日、10 日或者 15 日为 1 个纳税期的，自期满之日起 5 日内预缴税款，于次月 1 日起 15 日内申报纳税并结清上月应纳税款。

（2）企业所得税则分月或者分季预缴，企业应当自月份或者季度终了之日起 15 日内，向税务机关报送预缴企业所得税纳税申报表并预缴税款，年度终了后 45 日内申报，5 个月内汇算清缴。具体税务政策，大学生创业者可拨打 12366 纳税服务热线或登录国家税务总局 12366 纳税服务平台进行咨询。

新创企业管理

▶▶▶【名人名言】

管理就是把复杂的问题简单化，混乱的事情规范化。

——杰克·韦尔奇（Jack Welch，通用电气董事长）

一、新创企业管理的内容与基本原理

企业管理指在一定的生产方式和文化背景下，企业为提高经济效益，实现盈利目标，由企业经理人员或经理机构按照一定原理、原则和方法，对其人、财、物和信息等生产要素进行计划、组织、领导、控制和创新等活动的总称。企业离不开管理，大学生创业者必须掌握企业管理知识和技能。

（一）企业管理的内容

企业管理涉及企业的方方面面，了解其内容是大学生创业者做好管理的第一步。从企业职能的角度分析，企业管理主要包括以下内容。

（1）制度文化管理。制度文化管理主要是对企业的制度和文化进行管理，包括制度与文化的制订、制度与文化的执行、制度与文化的监督考核、制度与文化的更新和完善等。

（2）战略决策管理。战略决策管理主要包括企业发展方向、目标、任务的判断、评估和制订，以及企业战略和决策的制订。

（3）生产运作管理。生产运作管理主要包括计划管理、生产管理、供应链管理和质量管理等，通过生产组织、生产计划、生产控制等手段，对生产系统的设置和运行进行管理，同时对生产质量进行监督检验。

（4）市场营销管理。市场营销管理包括市场机会分析、目标市场选择、营销组合策略、营销活动开展等，市场营销管理的目标是实现企业的经营目标。

（5）人力资源管理。人力资源管理主要是对企业的劳动和人事进行全面计划、统一组织、系统控制和灵活调节，以适应企业各个环节的经济活动的需要。

（6）财务管理。财务管理主要是对企业的财务活动进行管理，包括企业的固定资产、流动资产、盈利能力、发展能力的管理。

（7）信息数据管理。信息数据管理主要是对企业的经营数据进行挖掘和分析，达到优化企业管理效果的目的。

（8）创新管理。创新管理主要是对企业产品、服务、制度等进行创新，从而提升企业管理的质量。

（二）企业管理的基本原理

企业管理的基本原理是经营和管理企业必须遵循的一系列最基本的管理理念和规则，是实现企业有效管理的基础。大学生创业者应该掌握的企业管理基本原理主要有以下6个。

（1）人本原理。一切管理活动应以调动人的积极性、挖掘人的潜能为根本。人是管理活动中最活跃的因素，既是管理的主体，又是管理的客体。因此，现代企业管理强调以人为中心，要求对组织活动的管理既做到"依靠人的管理"，又做到"为了人的管理"。

（2）系统原理。在管理活动中必须运用系统理论、系统思路、系统工程、系统方法来进行系统管理。企业是一个系统，由各子系统及要素构成，外部环境是一个大系统。管理者要正确掌握整体、局部及内外部彼此之间的关系和相互作用，使企业整体效益最优。

（3）整分合原理。现代管理的高效率和高效益要求企业的管理必须在整体的规划下，进行明确的分工，并在分工的基础上，进行有效的结合。"整"是集权、统一，"分"是分权、分工，二者要妥善结合、互相协调。

（4）反馈原理。管理者为了确保及时、准确、高效地完成既定计划，达成组织目标，必须快速、准确地掌握组织内部和外部环境的变化，及时将系统的运行状态和输出结果与原计划和目标进行比较，以便出现偏差时立即采取行动加以纠正或修改，保证组织目标的实现。

（5）能级原理。管理者应建立一个合理的能级结构，并按一定的规范和标准，将管理内容置于相应的能级之中，以实现管理的高效能。能级随组织机构层次的不同而不同，各部门应各尽所能。

（6）弹性原理。管理必须保持充分的弹性，并留有余地，以适应客观事物可能发生的变化，有效地实行动态管理。企业应随时保持应变能力，以信息方式运用弹性原理，并适当地掌握物质动力和精神动力，将其作为一切工作的推进力。

二、新创企业人力资源管理

企业是由人组成的，人是企业最根本的要素，也是创造产品价值的主体，因此人力资源管理是新创企业管理的重中之重。

（一）人力资源与人力资源管理

人力资源指一个社会具有智力劳动能力和体力劳动能力的人的总和。企业需要将社会中的人才吸纳进企业，转化为企业内部的人力资源，以承担企业制造产品和提供服务的工作。

人力资源管理就是以人力资源为管理对象的管理，通常指企业通过各种政策、制度和管理实践，以吸引、保留、激励和开发员工，调动员工工作积极性，充分发挥员工潜能，进而促进组织目标实现的管理活动。它是对人力资源的取得、开发、保持和利用等方面进行的有效计划、组织、指挥和控制。

（二）企业组织结构设计

组织结构是指组织内部各个部门、各个层次之间固定的排列方式，明确了各部门的决策权和各自的分工协作。企业组织结构得当，组织运行机制协调，就可能形成力量的汇聚和放大效应，充分发挥员工的能力。目前，主流的企业组织结构包括直线型组织结构、职能制组织结构、直线职能制组织结构、事业部制组织结构和矩阵型组织结构。大学生创业者可以参照这些组织结构设计自己企业的组织结构。

1. 直线型组织结构

直线型组织结构指职权直接从高层开始向下"流动"（传递、分解），经过若干个管理层次达到组织最底层。该结构中，一切管理工作均由领导者直接指挥和管理，不设专门的职能机构，上下级权责是直线关系，上级发出指令，下级服从，如图9-3所示。这种结构比较适合规模较小或业务活动简单、稳定的企业。

2. 职能制组织结构

职能制组织结构又称U型组织结构、多线型组织结构，是非常简单、传统的一种组织结构类型。这种组织结构采取自上而下的纵向管理，以职能为划分标准，将企业从高层到基层划分成不同的部门，各部门各司其职、分工协作，最终达成组织目标。职能制组织结构如图9-4所示。

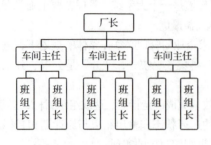

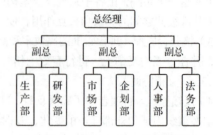

图9-3　直线型组织结构　　　　图9-4　职能制组织结构

3. 直线职能制组织结构

直线职能制组织结构集合了直线型组织结构和职能制组织结构的优点，是现代企业中常见的一种组织结构。

直线职能制组织结构以直线型组织结构为基础，在各级领导之下设置相应的职能部门从事专业管理，作为该级领导的参谋，下级机构既受上级部门的管理，又受同级职能部门的业务指导和监督。直线职能制组织结构如图9-5所示。

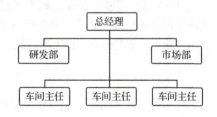

图9-5　直线职能制组织结构

4. 事业部制组织结构

事业部制组织结构是为满足企业规模扩大和多样化经营对组织机构的要求而产生的一种组织结构形式，在现在企业中比较常见。事业部制组织结构指在总公司的领导下，在职能制组织结构逻辑的基础上，按照地区、市场、产品或客户的相近性等属性，将组织划分为具备独立责任的部门和多个事业部，如图9-6所示。

通常各事业部都有自己的产品和市场，可自由规划未来发展。该组织结构适用于经营规模大、生产经营业务多样化、市场环境差异大、适应性要求较强的企业。

5. 矩阵型组织结构

矩阵型组织结构是一种"任务—目标"型的组织结构。该结构常见于协作性和复杂性强的大型组织，如管理咨询公司、培训公司、律师事务所或会计师事务所等。

矩阵型组织结构是在职能制组织结构的基础上，以完成某项具体工作任务或达成某个目标为目的，通过组成临时工作小组进行运作的一种组织结构。在该结构中，项目小组往往有较强的目的性和适应性，可以根据需要随时成立或解散。小组形成后，其内部成员会受部门负责人和项目小组负责人的双重领导，如图9-7所示。

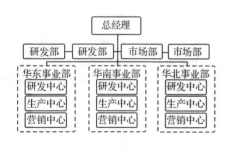

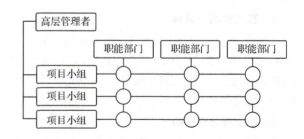

图9-6　事业部制组织结构　　　　图9-7　矩阵型组织结构

（三）薪酬管理

薪酬是指在员工在雇佣关系下从事劳动、履行工作职责并完成工作任务后，所获得的各种形式的酬劳。薪酬是企业的必要支出，也是重要的激励手段。薪酬管理做不好，要么企业遭受财务损失，要么员工不满。新创企业的薪酬管理，首要就是建立薪酬体系。

1. 薪酬调查

企业与市场中其他企业存在着竞争，企业只有高于市场水平，才能吸引到高素质人才。因此，新创企业的薪酬管理需要建立在薪酬调查的基础上。薪酬调查是指通过各种途径（公开数据、抽样、问卷）收集本地区、本行业，以及竞争对手的薪酬水平及相关信息，明确企业在本地区、本行业所处的薪酬地位。

在薪酬调查中，企业通常会调查某岗位在各家企业的薪酬数据，并按顺序排列，取10分位（该数据高于10%的统计样本，下同）、25分位、50分位、75分位和90分位的薪酬数据制作薪酬分位表。某行业的薪酬分位表如表9-2所示。

表 9-2　薪酬分位表

单位：元/年

岗位名称	薪酬结构				
	10 分位	25 分位	50 分位	75 分位	90 分位
总经理	300 000	570 000	780 000	1 500 000	1 900 000
事业部经理	200 000	230 000	410 000	500 000	630 000
总经理助理	100 000	140 000	200 000	270 000	290 000

2. 薪酬定位

薪酬定位就是确定企业的薪酬水平。通常在薪酬调查后，企业就可以结合企业自身情况与发展战略，选取不同的薪酬策略，确定自己需要参考的分位值，决定本企业的薪酬水平。薪酬定位的策略主要有以下4种。

（1）市场领先策略。该策略指企业的薪酬水平高于市场平均水平，薪酬向75分位或90分位看齐。这种薪酬策略一般适用于规模大、投资回报率高、薪酬成本占经营总成本的比率较低、市场竞争者较少的企业。其优点是能吸引大批求职者，提高员工质量和工作绩效，降低薪酬管理成本。

（2）市场跟随策略。该策略又称市场匹配策略，指根据市场平均水平来确定本企业的薪酬定位，一般是将企业薪酬向50分位看齐，保持市场中间值。其缺点是会造成企业在竞争性劳动力市场上没有独特的优势，需要花费大量的人力、物力用于招聘和甄选。另外，采用该策略需要随时关注外部市场薪酬的变动情况，加大了企业薪酬管理的成本。

（3）市场滞后策略。该策略指企业的薪酬水平低于市场水平，薪酬向25分位看齐。这种薪酬策略一般适用于规模较小、处于竞争性产品市场、边际利润率较低、成本承受能力较弱的中小型企业。其优点是如果这种策略是以提高未来收入作为补偿，则会提高员工的组织承诺、培养员工的团队意识；缺点是不利于企业吸引高素质人才，会造成现有人员的大量流失。

（4）混合策略。该策略指企业根据员工或职位的类型，分别制订不同的薪酬标准。其优点是具有灵活性和针对性，不仅有利于保持企业在劳动力市场中的竞争力，并合理控制企业的薪酬成本开支，还有利于传递企业自身的价值观。

3. 薪酬结构设计

薪酬结构设计指根据公司的经营战略、经济能力、人力资源配置战略和市场薪酬水平等，对企业内部不同价值的岗位或技能的工资水平进行安排。员工的薪酬通常由基本工资、绩效工资、福利和社会保险4个部分组成，其中福利和社会保险部分一般没有太大变动，在薪酬结构中较为固定，而基本工资和绩效工资则变动较大。常见的薪酬结构有以下3种。

（1）激励型薪酬结构。激励型薪酬结构又称高弹性薪酬模型，绩效工资是薪酬结构的主要组成部分，基本工资等处于非常次要的地位，所占的比例非常低，如图9-8所示。激励型薪酬结构对员工的激励性很强，员工的薪酬依赖于其工作绩效的好坏；但是员工收入波动很大，易使员工缺乏安全感及保障。激励型薪酬结构常用于销售岗位。

（2）保健型薪酬结构。保健型薪酬结构又称高稳定薪酬模型，其基本工资是薪酬结构的主要组成部分，而绩效工资等处于非常次要的地位，所占的比例非常小，如图9-9所示。保健型薪酬结构下员工收入波动很小，员工安全感很强，但是缺乏激励功能，容易导致员工懒惰。保健型薪酬结构常用于技术类岗位和专业性岗位。

（3）调和型薪酬结构。调和型薪酬结构是一种既有激励性又有稳定性的薪酬模型，绩效工资和基本工资的比例相差不大，如图9-10所示。调和型薪酬结构没有明显的短板，也没有明显的长处，常用于管理岗位和文员、秘书、设计等职能岗位。

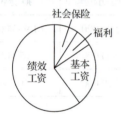

图9-8　激励型薪酬结构

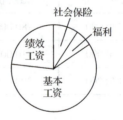

图9-9　保健型薪酬结构

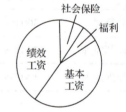

图9-10　调和型薪酬结构

小故事——薪资结构调整

王某已经在公司工作很多年，但他觉得自己吃力不讨好，因为公司设置的薪酬结构是"基本工资＋岗位工资＋工龄工资＋加班工资＋技能工资＋综合补贴"。除工龄工资、加班工资和技能工资之外，其他都是固定的。

王某虽然工龄较高，但是职称较低，因此技能工资较低，这就导致几个有高级职称的新进员工和王某的薪酬差不多。王某对此非常不满，于是向公司提出涨薪600元的要求。公司调查发现这一现象并非孤例，于是对薪资结构进行了微调，添加了绩效工资和分红结构，提高了技能工资的占比。年轻员工可以通过提高绩效、考取技能证书提高工资；老员工则可以通过有一定工龄年限的分红福利和考取技能证书提高自己的工资。这种调整方法获得了大家的认可，工人们的工作积极性得到了提高，同事关系也变得更加融洽。

故事感悟： 不适宜的薪资结构会打消员工的积极性，影响企业运营。企业应该根据实际情况对薪资结构进行优化和调整，尽量使员工需要与企业发展达成一致。

三、新创企业营销管理

企业营销是企业通过创造，提供出售，并同其他组织或个人交换产品和价值，以满足需要和欲望的一种社会的、管理的过程。企业的产品需要依靠营销活动实现销售，从而换回现金，然后投入再生产或实现利润。因此，营销管理是企业管理中非常重要的一个工作环节。新创企业的营销管理主要集中在产品策略、产品定价和产品促销上。

（一）产品策略

产品策略是企业通过在目标市场中为目标消费者提供其所需求的产品而达到营销目的的一种营销策略。大学生创业者在制订产品策略时，需要对与产品有关的品种、规格、式样、质量、包装、特色、商标、品牌以及各种服务措施等可控因素进行组合和运用。

产品组合是指企业生产或销售的全部产品线（一个产品大类，指产品类别中具有密切关系的一组产品）、产品项目（同一产品线内各种不同品种、规格、质量、形式、颜色和价格的产品）的组合。产品组合策略则是针对多种产品制订的扩大、缩减、延伸等适应市场需要的策略。当企业能够面向市场推出多种类型的产品时，可以使用产品组合策略对自己的产品销售结构进行搭配。产品组合策略具体包括以下4种。

（1）扩大产品组合策略。扩大产品组合策略主要包括增加产品组合的宽度（企业经营的产品线的数量）、长度（产品线中每种产品的品种、规格等）及深度（企业各条产品线在最终使用、生产条件和分销渠道等方面关联的密切程度）。其中，增加产品组合的宽度是指增加产品线，从而扩大企业的经营范围；增加产品组合的长度及深度则是在已有的产品线中增加新的产品项目。

（2）缩减产品组合策略。缩减产品组合策略主要包括降低产品组合的宽度、长度及深度，如取消一些需求疲软或企业营销能力不足的产品线和产品项目等。

（3）产品线延伸策略。产品线延伸策略主要包括向上延伸、向下延伸和双向延伸3种。其中，向上延伸是指企业在已有产品档次的基础上增加高档产品；向下延伸是指企业在已有产品档次的基础上增加低档产品；双向延伸是指企业在已有产品档次的基础上，同时增加高档产品和低档产品。

（4）产品线现代化策略。产品线现代化策略指企业对产品线实施现代化改造，如设备更新等，将先进技术应用到产品生产过程中。

（二）产品定价

定价对于营销有决定性影响。定价过高，则产品容易滞销；定价过低，则企业所获利润减少。如何确定既能吸引消费者，又能保证企业盈利水平的产品价格呢？大学生创业者可以通过以下方法来实现。

1. 折扣定价

折扣定价是指企业对基本价格做出一定的让步，直接或间接降低产品或服务的价格，其目的是利用较低的价格吸引消费者，让消费者有一种得利的感觉。折扣定价的典型方式有价格折扣、数量折扣和价格折让等。

（1）价格折扣。价格折扣指直接在价格上让步，包括打折、满减等形式，常见的如"全场限时5折""满300减30""3人同行，一人免单"等都属于价格折扣。

（2）数量折扣。数量折扣指价格不变，但是让消费者以同等价格多获得产品或享受服务，吸引消费者多买，如"满10赠2""买3免1""充值10次送3次"等。

（3）价格折让。价格折让指消费者需做出一定的"付出"才能享受价格折扣，如"以旧换新""朋友圈集赞打折"等就是价格折让的表现。

2. 高价策略

高价策略是指利用消费者求购心切的心理，将产品或服务定成高价格，先声夺人占领市场，以迅速增加销量并获利。例如，新品上市时定一个较高的首发价，既能标榜产品的档次，又能利用产品的相对稀缺性获得更大的溢价空间。

3. 心理定价

心理定价是指利用消费者对数字的不同联想而进行定价，具体分为尾数定价、小数定价、整数定价等。

（1）尾数定价。尾数定价指以8、9为尾数，给消费者以"不满10"的感觉，让其认为产品或服务很便宜，如"只卖998元""惊爆价9999元"等。

（2）小数定价。小数定价指价格带小数，给消费者以"价格经过认真核算，作风严谨"的感觉，常见于超市中周转快的日用品的定价。

（3）整数定价。整数定价指价格不设零头，针对的是消费者求名、求方便的心理，适用于高总价的产品以及面向企业用户的产品。

4. 差别定价

差别定价是指对同一种产品或服务采用差异化的价格，利用消费者的比较心理，吸引"自以为得利"的消费者。该定价策略可具体分为时段差别定价、消费者差别定价和时间差别定价。

（1）时段差别定价。时段差别定价指按照不同时段设定不同的价格，以吸引消费者，如某些景区会有淡季门票和旺季门票之分，电信公司会有资费较低的夜间流量、夜间通话等。

（2）消费者差别定价。消费者差别定价指针对不同的消费者设定不同的价格，如某航空公司在每年寒暑假为教师和学生提供优惠价、海底捞火锅有大学生专属优惠等。

（3）时间差别定价。时间差别定价指根据消费者使用产品或服务的时间来进行定价，对长期使用的消费者给予优惠，如游乐园的年票、足球赛的套票等，平均每次的价格就低于正常价格。

5. 招徕定价

招徕定价是指将某种产品或服务的价格定得较低，利用部分消费者求廉的心理，吸引消费者二次消费其他定价正常的产品。例如，超市推出早市特价蔬菜，特价蔬菜本身并不能赚钱，但是可以吸引大量客流，消费者如果购买其他定价正常的产品，就会贡献利润。

6. 组合定价

组合定价是指对于同一个系列的产品，先为一个产品的销售定低价，再以相对高价或正常价格售卖"互补"产品。其目的是通过低价产品带动其他产品的销售，从而获得利润。例如，某剃须刀品牌以非常便宜的价格售卖剃须刀，但是以较高的价格售卖与之配套的替换刀片，这样消费者购买了剃须刀后就会一直购买替换刀片。

7. 关联定价

关联定价是指企业对其关联企业的消费者实行优惠价，吸引消费者在该企业消费后到关联企业消费，双方企业互惠互利。例如，某商场与某酒店合作，推出"在××商场购物满600元，便可在××酒店享受8折住宿、用餐折扣""在××酒店住宿的消费者，在××商场购物即可享受8折优惠"的活动，结果商场和酒店的营业额双双增加。

8. 结果定价

结果定价是指企业根据产品的使用结果或服务效果进行定价，以吸引消费者放心地购买。例如，某广告公司规定，收费依据广告投放效果而定，效果达不到预期就减免费用。这种定价方式打消了客户的顾虑，广告公司也因此获得了大量客户。

（三）产品促销

为了促进产品销售，尽快将产品换为现金，企业需要进行产品促销。对于新创企业而言，有效的产品促销方式主要包括人员推销、广告促销、销售促进和公共关系促销4种。

1. 人员推销

人员推销是推销员通过口头宣传来说服消费者，实现产品销售的一种直接促销方式。人员推销的主要实施者是推销员。推销员可以通过各种沟通技巧和推销手段来吸引消费者，打消消费者的顾虑，促成消费者的购买，也可以通过优质的服务给消费者留下好的印象，树立良好的企业形象。

在人员推销中，推销员的个人能力直接影响促销效果，因此企业必须培养和提升推销员的推销技能，使推销员能够通过与消费者的交流，获得消费者的信息；能够快速区分并筛选出可发展的潜在消费者，以及需要维护的忠实消费者；能够通过对消费者的维护，与其建立友好的长期合作关系，从而为企业维系稳定的消费群体，保证企业的收益。

2. 广告促销

广告促销是企业通过各种广告媒体向消费者传递消费信息，进而促进产品销售的一种直接促销方式。这是一种企业单方面向消费者传递信息的促销方式，常用的广告媒体有电视、报纸、招牌、路牌、招贴、宣传单、交通工具、包装、广播、网络、新媒体平台等。企业可根据所开展的促销类型选择不同的广告媒体。一般来说，开业促销常选择报纸、宣传单、交通工具、广播、新媒体平台等进行传播。

广告促销需要一定的促销成本，且促销效果与企业所投入的成本关系密切，因此企业必须对广告促销的成本预算进行控制。一般来说，中小企业可以根据自身在某一时期能承担的支出来分配广告费用，也可以根据销售额、预计销售额或单位产品售价的百分比来计算广告费用。有实力的大企业则可以根据竞争者的广告投入成本来控制自己的预算，或根据企业当前阶段的营销目标来决定广告预算。

3. 销售促进

销售促进是一种通过利益刺激消费者需求的、辅助性的、临时性的促销方式，其常见的表现形式有优惠券、降价、奖券、赠品等。销售促进的优势是方式多样，见效较快，能够通过直接的利益刺激消费者立马产生消费行为，但其效果的维持时间较短。为了保证效果，在采用该方式时，企业应结合利益、销售对象、信息传播途径、促销时间等，考虑具体的销售促进方式，在实际操作中，也可以与广告促销搭配使用。

4. 公共关系促销

公共关系促销指企业通过公共关系活动向公众传递企业的信息，建立与公众的友好关系，从而以其知名度、美誉度等带动产品销售的一种间接促销方式。公共关系促销的方式较多，如利用各种媒体宣传企业的先进事迹和正面形象；开展联谊庆典等活动，加强企业与公众的联系与接触；参与公益活动或其他社会活动，为企业树立良好的口碑和美誉度等。公共关系促销的可信度较高，传达力较强，在树立企业形象、打造企业口碑等方面效果显著。此外，企业也可以通过公共关系促销间接带动产品的销售，甚至能借此开辟新的市场。

四、新创企业财务管理

如果说资金是企业的"血液"，那么财务管理就是企业的"心脏"。财务管理实时监测企业的流动资金和资产，能为企业决策提供依据，有效作用于企业的融资、生产、销售、投资等事务。因此，大学生创业者需要重视财务管理，做好财务管理。

（一）财务管理的含义

财务管理工作是企业管理的基础，一切跟"钱"有关的事项都离不开财务管理。现代管理学将财务管理概括为在一定的整体目标下，关于资产的购置、资本的融通和经营中现金流量以及利润分配的管理。财务管理的目标是实现企业产值最大化、利润最大化、股东回报最大化和企业价值最大化。

（二）筹资管理

筹资是企业由于自身需要，向企业外部单位或个人以及从其内部筹集所需资金的一种财务行为。本书项目六中"创业融资"的相关知识即属于筹资管理，但相较于创业融资，企业在经营期间的筹资渠道和筹资方式更加丰富。

（1）发行股票。发行股票是股份制公司筹集股权资本的基本方式，是指出售本公司股票筹集资金的行为。股票的发行可以公开，也可以不公开；可以自己发行，也可以由金融机构代销。上市公司的股票可以在证券市场自由交易，非上市公司的股票则只能在区域性股权交易市场流通。

（2）发行债券。发行债券是企业依照债券发行协议，通过发售债券筹集资金的行为。发行债券时，企业需要与投资者约定债券的金额、兑付条件和利率等事项。债券可以向公众公开发行，也可以向特定投资者专项发行。

（3）发行短期融资券。发行短期融资券是指具有法人资格的大型工商企业或金融企业，依照规定的条件和程序发行并约定在一定期限内还本付息的无担保商业本票，是企业筹措短期资金的直接融资方式。

（4）利用留存收益。留存收益指企业保留内部的收益，是企业取得自有资金的重要方式。

（三）投资管理

投资是指企业投入资金，期望在未来可预见的时期内获取收益或实现资本增值的一种经济行为。建设厂房是投资，购买设备是投资，引进专利也是投资，可以说，企业的投资管理就是对企业如何"花钱"进行的一种管理。

新创企业通常实力较弱、商业关系不广泛、资金有限，因此在投资上更需要小心谨慎。大学生创业者在进行投资管理时，要充分考虑自身的现金流量以及拟投资项目的预期收益、风险、投资回报周期等因素，以达成较好的投资效果。

（四）资产管理

企业筹资取得的资金一旦被投放或使用，就会形成企业资产。企业财务管理应该对企业所有能以货币计量的经济资源(包括各种财产、债权和其他权利)进行妥善管理。资产管理分为流动资产管理、应收账款管理、存货管理、固定资产管理和无形资产管理。

（1）流动资产管理。货币资金和可交易性金融资产都属于流动资产。流动资产比例过高，会降低投资收益；流动资产比例过低，则不足以应对经营风险与财务风险。因此，企业要根据生产经营的需要确定流动资产的持有量。

（2）应收账款管理。应收账款指企业以"先货后款"的方式销售了产品但还未收回的款项，本质是企业对应付款方的债权。"先货后款"在一定程度上能够增加销售或营业量，并减少产品库存和资金占用，但也会使企业面临坏账风险。新创企业应该根据买方信用决定其赊账的金额和时限，并做好应收账款的监督，及时处理拖欠的账款。

（3）存货管理。存货是指企业在日常生产经营过程中为生产耗用或销售而储备的物资，能够节约采购费用与生产时间，有利于生产的顺利进行。但同时，存货的增加势必占用更多的资金，产生更多的管理费用，使生产成本增加，不利于提高企业的获利能力。因此，企业要合理确定存货的数量，尽量提高存货的使用效率和效益。

（4）固定资产管理。固定资产大多是生产产品所必备的厂房、设备等，具有周转时间较长、变现能力差、资产数量相对稳定等特点。企业可制订固定资产管理制度，按计划进行固定资产的评估、维护、修理、更换。

（5）无形资产管理。无形资产是一切与企业生产经营有关，能够为企业带来经济效益，不具备物质实体的资产，如专利权、商标权、著作权、土地使用权、非专利技术、特许权等。企业应该正确评估无形资产的价值，提高无形资产的利用效果，并加强无形资产的维护。

实践训练

1. 企业设立攻略

搜集相关信息，制作班级的"企业设立攻略"，要求包括企业设立流程、企业设立条件、所需资料、相关注意事项等内容，并且按照不同的企业组织形式整理好。

2. 薪酬结构设计

某企业发现近期员工流失率升高，决定采取市场领先策略，对软件工程师、电话客服和销售人员的现有薪酬结构进行调整。该企业现有薪酬标准和薪酬分位表分别如表9-3、表9-4所示。请为该企业3个不同岗位设计合理的薪资水平和薪酬结构。

表9-3　现有薪酬标准　　　　　　　　　　　　　　　　　　单位：元／月

岗位名称	薪酬标准				
	基本工资	绩效工资（中位数）	社会保险	工龄工资	综合补贴
软件工程师	2 800	2 850	1 500	100× 工作年限	500
电话客服	3 000	1 150	1 000	150× 工作年限	300
销售人员	1 600	3 900	1 000	0	0

表9-4　薪酬分位表　　　　　　　　　　　　　　　　　　单位：元／月

岗位名称	薪酬结构				
	10 分位	25 分位	50 分位	75 分位	90 分位
软件工程师	4 350	6 950	8 650	12 100	15 500
电话客服	3 550	4 350	5 150	6 200	7 850
销售人员	2 550	4 050	6 550	10 250	17 800

课后练习

1. 名词解释

企业　　企业管理　　企业营销　　人力资源管理　　财务管理

2. 判断题

（1）大学生创业者可以不在注册企业时实际缴纳资本，而可以自主承诺缴纳时间。　（　　）

（2）公司是依照《公司法》在中国境内设立的以营利为目的的企业法人。　（　　）

（3）一人有限责任公司股东只对公司承担有限责任。　（　　）

（4）公章是公司所有印章中最具权威性的，代表着公司的最高权力。　（　　）

（5）一个企业能在一家商业银行的一个营业机构开立多个基本存款账户。　（　　）

（6）直线型组织结构指以职能为划分标准，将企业从高层到基层划分成不同的部门。（　　）

（7）对于新创企业而言，有效的产品促销方式主要包括人员推销、广告促销、销售促进和公共关系促销 4 种。　（　　）

（8）财务管理的目标是实现社会效益最大化、员工收入最大化。　（　　）

（9）如果说资金是企业的"血液"，那么财务管理就是企业的"心脏"。　（　　）

（10）企业管理中的系统原理是指一切管理活动应以调动人的积极性、挖掘人的潜能为根本。（　　）

3. 单选题

（1）以下关于企业的说法，错误的是（　　）。

A. 传统经济学认为企业是创造经济利润的机器和工具

B. 社会学认为企业是人的集合，是社会运转的组成部分

C. 法学认为企业是一类组织、一种商业模式

D. 现代管理学认为企业本质上是"一种资源配置的机制"

（2）以下企业组织形式中，有独立法人资格的是（　　）。

A. 有限责任公司　　B. 合伙企业　　C. 个人独资企业　　D. 个体工商户

（3）开具公司证明应使用（　　）。

A. 法人代表章　　B. 合同专用章　　C. 财务专用章　　D. 公司公章

（4）办理银行销户手续时应遵循的规定不包括（　　）。

A. 临时存款账户的使用期限不得超过 1 年，超过 1 年的将予以销户

B. 开户人改变账户名称的应先撤销原账户，再开立新账户

C. 企业销货款、异地汇入款项中除基建或专项工程拨款外的非专项资金不得进入专用账户

D. 一般存款账户借款清偿后，可以保留自用

（5）企业管理的基本原理不包括（　　）。

A. 分工原理　　B. 人本原理　　C. 系统原理　　D. 整分合原理

（6）内部成员会受部门负责人和项目小组负责人双重领导的组织结构是（　　）。

A. 直线型组织结构　　　　　　　B. 职能制组织结构

C. 矩阵型组织结构　　　　　　　D. 事业部制组织结构

（7）某企业将净水器产品的价格定得较低，而配套的滤芯价格较高，这种定价方法是（　　）。

A. 折扣定价　　B. 组合定价　　C. 心理定价　　D. 招徕定价

（8）下列不属于企业经营期间筹资方式的是（　　）。

A. 发行股票　　B. 发行汇票　　C. 发行债券　　D. 利用留存收益

（9）差别定价是指对同一种产品或服务采用差异化的价格，利用消费者的比较心理，吸引"自以为得利"的消费者，该定价策略不包括（　　）。

A. 时段差别定价　　　　　　　　B. 消费者差别定价

C. 时间差别定价   D. 声望定价

（10）企业管理中，企业发展方向、目标、任务的判断、评估和制订，以及企业战略和决策的制订属于（   ）。

A. 制度文化管理   B. 战略决策管理

C. 人力资源管理   D. 创新管理

4. 多选题

（1）企业的银行存款结算账户包括（   ）。

A. 基本存款账户   B. 一般存款账户

C. 临时存款账户   D. 临时存款账户

（2）薪酬定位的策略包括（   ）。

A. 市场领先策略   B. 市场跟随策略

C. 市场滞后策略   D. 混合策略

（3）产品营销策略包括（   ）。

A. 增加产品组合的宽度、长度及深度

B. 降低产品组合的宽度、长度及深度

C. 在已有产品档次的基础上增加高档产品或低档产品

D. 对产品线实施现代化改造，如设备更新等，将先进技术应用到产品生产过程中

（4）对于新创企业而言，有效的产品促销方式主要包括（   ）。

A. 人员推销   B. 广告促销   C. 销售促进   D. 公共关系促销

（5）企业公章一旦遗失，应立即采取的相应措施是（   ）。

A. 报案   B. 登报声明   C. 补办公章   D. 刻章

CHAPTER 10

项目十

新创企业风险应对

💬**学**习目标

- 了解企业风险的来源和类型。
- 掌握新创企业风险的识别和评估方法。
- 掌握风险管理的方法。

💬**学**习重点与难点

- 企业风险评估。
- 企业风险管理。

新创企业风险识别

▶▶▶ 【名人名言】

真正的风险来自你不知道自己正在做什么。

——沃伦·巴菲特（Warren E. Buffett，著名投资家）

一、企业风险的含义与来源

风险是指可能带来损失或无法取得预期获利的情况。广义上讲，只要一件事情的发生存在两种或两种以上的可能性，那么该事件就存在风险。企业经营过程中存在很多不确定因素，因此企业面临着巨大的风险。企业风险又称经营风险，《中央企业全面风险管理指引》对企业风险的定义是："未来的不确定性对企业实现其经营目标的影响"。企业风险往往直接来源于企业本身的一些缺口。

（一）融资缺口

融资缺口是新创企业中非常常见的缺口。在开发创业项目的过程中，融资缺口往往会给创业带来一定的风险。融资缺口带来的风险具体表现在以下 3 个方面。

（1）资金不足。资金不足是企业面临的最显性的风险。启动资金不足则项目无法开展，项目中途资金链断裂则项目无法继续，资金不足会严重影响企业经营。

（2）负债过高。大学生创业者普遍自身资金积累不多，在吸引到股权投资之前，主要依靠债权融资开展业务，甚至"以贷养贷"。一旦经营不如预期，企业无法及时还款，就会引发连锁反应，导致资金链断裂。

（3）丧失控制权。一些新创企业为引入股权投资，对投资者的让步过大，导致投资者能够直接干预企业决策，甚至获得企业的主导权。这样的话，大学生创业者对企业的控制力就会减弱，甚至丧失对企业的控制权。

（二）研究缺口

企业要想发展壮大，就需要不断改良技术、改进产品，并推出新产品。然而，技术研发是一项投入大、周期长、风险高的业务，会对企业的正常经营造成很大压力。如果技术落伍或一味从外部引进技术，没有自身的技术研究积淀，企业就会慢慢丧失竞争力，被市场淘汰。

（三）资源缺口

企业经营的基本过程就是将资源（原材料、技术、人工等）转化为产品，再转化为价值（售出产品）的过程。如果缺乏必备的外在或内在资源，企业经营就会受到影响。资源缺口一般包括原材料不足、设备老旧、运输能力不足、仓储空间不足，以及社会关系局限、消息闭塞等。

（四）管理缺口

新创企业由于员工人数少、业务构成简单、制度不健全，往往在管理上比较粗放，这就可能导致管理缺位，产生风险。例如，生产安全管理不到位导致生产故障，财务管理不到位导致账目不符等。

同时，企业在发展过程中可能会经历多次组织变革、制度更新、资源重组，这些管理上的变动也可能会引发企业风险。

（五）信息和信任缺口

企业的经营通常需要多种角色的参与，若信息交流不畅或互不信任，就会带来风险。例如，创业者、技术人员、投资者这 3 个企业经营的重要角色因为出发点不同，出现矛盾。这种矛盾如果处理不好，就会影响企业的正常运营。

（1）创业者。创业者往往要对创业项目进行长期的、全盘的考量，但也会有一些大胆的、新奇的想法。同时，创业者承担着更大的责任和压力，对于创业项目有更高的期待和要求。

（2）技术人员。技术人员只用考虑技术，不对企业财务问题负责，通常希望能够生产出尽可能完美的产品，因而会占用更多的资源和时间。而创业者有时会给技术人员安排"不可能的任务"且要求"又快又好"，令技术人员承受很大的压力。

（3）投资者。投资者的目的是获取利润，往往执着于降低成本、减少支出、缩短盈利周期，因而经常被其他人认为是"杀鸡取卵""短视"等。

二、企业风险的基本特征

企业风险来源众多，原因和表现方式各不相同，因此各有特征。但究其本质，企业风险具有 5 个基本特征，如图 10-1 所示。

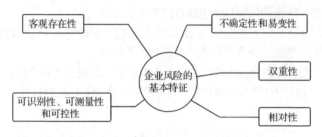

图 10-1　企业风险的基本特征

（一）客观存在性

客观存在性是企业风险的首要特征。企业风险由非主观存在的自然环境和社会现象所引起，不会因为人的思想而发生改变。一方面，自然环境如洪涝灾害、地震等会对一部分企业产生影响；另一方面，社会现象如产业升级、经济危机等是不可避免的。这些客观存在的状况会引发企业风险，因而企业风险具有客观存在性。

（二）不确定性和易变性

企业风险的不确定性在很大程度上取决于它所处外部环境的易变性。外部环境处在不断的动态变化中，导致企业不能确定风险的分布范围和状态，从而使企业风险具有不确定性。企业风险虽然存在于经营过程的方方面面，但是具体在何时发生、会造成怎样的后果、产生多大的影响等，都是动态变化的，因此企业风险具有易变性。

（三）可识别性、可测量性和可控性

企业风险的可识别性是指企业管理者能够利用自己的知识和相关资料，经过理性的思考，在企业经营过程中发现、识别并划分风险的类别。

企业风险的可测量性和可控性是指在认知和了解企业风险的基础之上，可对风险会产生的损失或带来的影响做出估算，进而采取一定的措施将风险控制在一定范围内，尽量规避风险或减少风险可能对企业产生的影响。

需要注意的是，大学生创业者等企业管理者的知识和能力往往是有限的，对企业风险的识别、测量和控制也是有限的。

（四）双重性

企业风险具有双重性，既代表着危机，又代表着机会，两者同时存在，不可分割。大学生创业者利用机会谋取利益时一定会有风险，而战胜风险后则会获得收益。从经济学的角度来说，利润和风险是正相关的。

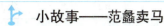

小故事——范蠡卖马

　　史料记载，春秋时期著名的经济学家和实业家范蠡在初出茅庐尚未谋得一官半职时，曾转化风险，顺利取得人生的"第一桶金"。时值诸侯割据、战事不断，范蠡发现：吴越一带需要大量战马，而北方多牧场，马匹廉价又剽悍。假如能将北方的马匹低本钱、高效率地运到吴越，一定可以获利。可问题是：买马不难，卖马也不难，就是运马难。人马住宿费用高昂且不说，要命的是当时正值兵荒马乱之际，沿途常有匪徒出没，贸然前往吴越一带的风险极高。

　　经过一番调查，范蠡打听到北方有一个经常贩运麻布到吴越的巨商姜子盾。姜子盾因常年贩运麻布，早已用金银打通了沿途匪徒。于是，范蠡把目标放在了姜子盾身上。在获知姜子盾将要经过城门时，范蠡写了一张告示张贴在城门口，大意是：范蠡新组建了一支马队，开业酬宾，可免费帮人向吴越运送货物。果然，姜子盾看了告示之后主动找到范蠡，求运麻布，范蠡自然满口答应。就这样，范蠡与姜子盾一路同行，将贩卖马匹和麻布关联在一起，形成战略协作关系，巧妙地避免了行程中的种种风险。马队平安抵达吴越，范蠡将马匹很快卖出，因而获得了巨大的商业利益。

　　故事感悟：危机会导致企业发展存在风险，但如果有能力加以控制，就有可能将危机化为发展的机遇。

（五）相对性

　　因为企业风险会随着创业环境的动态变化而不断改变，所以在不同的环境中创业效果也会完全不同。此外，由于创业者的知识、经历、性格等因素不同，企业风险对不同的创业主体来说也会有较大差异。

三、企业风险的类型

　　企业风险具有多种表现形式。根据不同的判定方法，企业风险可以划分为多种不同的类型，如表 10-1 所示。

表 10-1　企业风险的类型

划分依据	风险类型	含义
风险形成的原因	主观风险	由于非客观因素的影响，如认识不足所构成的风险
	客观风险	由于非主观因素的影响，如市场变动、政策变化所构成的风险
风险的内容	技术风险	由技术方面的因素及其变化的不确定性导致的风险
	市场风险	由市场情况的不确定性导致的风险
	政治风险	由战争、国际关系变化或有关国家政策改变而造成的风险
	管理风险	因企业管理不善而产生的风险
	生产风险	企业提供的产品或服务在从小批试制到大批生产的过程中产生的风险
	经济风险	宏观经济环境发生大幅变化或调整所造成的风险

划分依据	风险类型	含义
风险对资金的影响	安全性风险	不但预期收益有损失的可能，而且企业自身投入的其他财产也可能蒙受损失，即亏本的风险
	收益性风险	企业其他财产不会蒙受损失，但预期收益可能有损失的风险
	流动性风险	企业其他财产及预期收益不会蒙受损失，但资金有可能无法按期转移或支付，造成资金运营停滞的风险
风险的范围	局部性风险	某一部分存在但未波及整体的风险
	全局性风险	在一个整体内危害到全体的风险
风险控制的程度	可控制风险	企业对风险有一定程度的认识，了解风险产生的原因以及应对风险的措施，能有效控制其规模和影响的风险
	不可控制风险	企业无法判断风险产生的原因，没有应对风险的策略，或者虽了解风险产生的原因和应对策略，但措施中存在一些不可抗力，导致无法控制的风险

大学生创业者常遇到的创业风险

大学生创业者是一类比较特殊的群体，其在创业活动中，常常会遇到以下风险。

（1）项目选择太盲目。大学生创业时如果不能进行深入的市场调研和充分的论证，只是凭借着自己的爱好和一时冲动，单单靠想象就来决定投资方向，那么一定会血本无归。普遍来说，大学生创业者启动资金较少，最好从一些资金需求量不高、人员配备不多的行业开始创业。

（2）缺乏创业技能。部分大学生创业者在创业时会出现好高骛远的情况，在前期规划时不联系实际，也不考虑自己解决问题的能力，这样的创业就很容易失败。大学生可以利用假期或课余时间去企业实习，锻炼自己在营销和管理方面的能力，也可以在校内积极参加各种创业培训，储备创业知识，接受专业指导，这样才能大幅度提高创业的成功率。

（3）资金风险。资金风险会始终伴随创业者，尤其是在创业初期。资金是否足够创办企业，将是大学生创业者遇到的第一个问题。在成功创办企业之后，还要思考现有的资金是否能够满足企业的日常运转。对于大学生创业者来说，如果在创业初期或在中期运营阶段出现企业资金流中断或几个月的收入不抵开支等资金匮乏情况，企业就会丧失很多发展机会，甚至面临倒闭的风险。解决资金风险的渠道其实很多，如寻找合适的公司融资等。当然，传统的银行贷款、自筹资金等也都是很好的解决资金风险的办法。

（4）社会资源贫乏。大学生创业者的人脉积累不会很广，而创立的企业在开拓市场、推销产品时需要调动人脉，这时大学生创业者会比较吃力。因此，大学生创业者应当扩大社交范围，为自己积累人脉。

（5）管理风险。很多大学生创业者拥有令人称赞的专业知识或前沿技术，但在管理方面欠缺经验，最终导致创业失败。因此，大学生创业者必须学会管理。创业者可以从合伙创业或开设网上店铺等做起，锻炼自己的管理能力；也可以聘用一个信赖的职业经理人管理公司，从而降低自身管理经验不足带来的风险。

四、新创企业风险识别的方法

识别企业风险是正确应对企业风险的基础和前提。如果大学生创业者在危机爆发前能准确感知并分析风险，就能够为后续应对风险赢得时间。新创企业风险识别的方法主要有头脑风暴法和德尔菲法两种。

（一）头脑风暴法

头脑风暴法又称智力激励法、自由思考法等，它是由美国创造学家亚历克斯·奥斯本提出的一种激发思维的方法。头脑风暴法主要是通过小型会议的形式，让所有与会人员在畅所欲言的气氛中，自由交换想法或点子，最终建立对讨论主题的全面认识。头脑风暴法是一个横向思维的过程，其目的是通过多人讨论，互相激发思维，全面认识问题。

1. 头脑风暴法的开展过程

大学生创业者对当前企业风险的认识可通过头脑风暴法识别，具体流程如下。

（1）选取参与者。大学生创业者可以选取 5～10 人作为头脑风暴会议的参与者。与会人员要具备头脑风暴法的相关基础知识，并对"可能存在的企业风险"这一议题进行准备。

（2）确定会议的主持人和记录员。主持人要熟悉有关头脑风暴法的一切细节，掌握头脑风暴法的基本原则和操作要点；记录员要认真记录，方便会后总结。

（3）畅谈。畅谈是头脑风暴的关键阶段。该阶段的主要进程如下：由主持人引导与会人员围绕"可能存在的企业风险"自由发言，提出各种设想，使彼此相互启发、相互补充，真正做到知无不言，言无不尽；直到与会人员都无法再提出构想时，结束会议。

（4）得出结论。讨论结束后，主持人和记录员共同回忆会议过程，仔细对发言内容进行整理与归纳。最后将所有信息进行对比和筛选，确定企业当前或接下来需要面对哪些风险。如果无法得到有效结论，则需要再次进行会议（可以变更参与者、主持人等）。

2. 头脑风暴法的运用原则

为了更好地运用头脑风暴法，使与会人员的思维活动真正起到互激效应，与会人员必须严格遵循以下原则。

（1）自由畅想。在头脑风暴的过程中，与会人员需要集中注意力，就会议的中心议题各抒己见。主持人应营造一种自由、活跃的气氛，激发与会人员提出各种不同的设想，使与会人员的思想彻底解放，这是头脑风暴法的关键。

（2）以量求质。会议上需要大量的创意或设想，创意越多，产生有效创意的可能性就越大。

（3）见解无专利。会议中，与会人员除了提出自己的创意外，还可以鼓励其他与会人员对自己

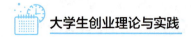

提出的创意进行补充、完善，从而产生新的创意。不要怕别人占用自己的创意，创意加上创意便可产生新的创意。

（4）延迟评判。与会人员不能随意评判会议中提出的各种意见、方案。在头脑风暴过程中产生的任何想法都是有价值的，与会人员要认真对待会议中提出的任何一种设想，而不管其是否适当或可行，否则很可能影响他人的思绪，从而导致会议失败。

（二）德尔菲法

德尔菲法也称专家调查法，1946年由美国兰德公司首创，其本质是一种反馈匿名函询法。在实施德尔菲法的整个过程中，各个专家彼此间没有联系，有效避免了专家间的互相影响。

1. 德尔菲法的实施流程

德尔菲法简便易行，具有一定的科学性和实用性，其实施流程如下。

（1）选择并邀请专家。根据待解决问题的特点，选择并邀请相关领域或有相关经验的专家参与德尔菲调查。

（2）独立发表意见。将所有与讨论议题相关的信息分别提供给每位专家，请他们各自独立发表自己的意见。

（3）综合反馈意见。收集并归纳专家们的意见后，对所有意见进行统计分析，形成一份综合意见。将综合意见反馈给各位专家，请他们再次发表意见。如果各专家分歧很大，必要时也可以开会集中讨论。

（4）反复论证意见。多次反复论证，最后形成一份代表专家组意见的方案。

2. 德尔菲法的实施原则

为保证德尔菲法的实施效果，大学生创业者在实施德尔菲法时需遵循以下原则。

（1）选择的专家应有一定的代表性、权威性。

（2）设计的问题应该措辞准确，不能有歧义；征询的问题一次不宜太多，不要问与预测目的无关的问题，列入征询的问题不应相互交叉；所提的问题应是专家都能答复的问题，而且应尽可能保证所有专家都能从同一角度理解。

（3）进行统计分析时，应该区别对待不同的问题；对于不同专家的权威性应给予不同权重，不能一概而论。

（4）提供的信息应该尽量充分，以便专家作出判断。

（5）问题要集中，有针对性，不要过于分散；问题要先简单后复杂，先综合后局部，这样容易激发专家回答问题的兴趣。

（6）避免组合事件。每次向专家提出的问题应该是独立的，不要拼凑成一系列事件的组合。

新创企业风险评估

▶▶▶ 【名人名言】

风险承受能力因人而异，但判断今天市场价格走向的方法，与同一世纪前或更早年代相比，我看并没有什么区别。我们评估财产的方式、人们价值观的变化方式会影响我们的经济，其规则与我们先辈所经历的如出一辙。

——艾伦·格林斯潘（Alan Greenspan，经济学家）

一、企业风险评估的定义和主要任务

风险时刻存在，甚至多项风险同时存在，且风险处于不断变化之中。面对这样的情况，新创企业必须判断各个风险的威胁，将风险分出轻重缓急，才能有针对性地解决。要实现这一目的，就需要进行风险评估。

（一）企业风险评估的定义

企业风险评估是指在风险事件还未发生时，就风险事件对企业的资产、经营秩序、对外形象等各个方面带来的影响或损失的可能性进行量化估计。企业风险评估的定义包括以下 3 个方面。

（1）对风险本身的界定。其包括风险发生的可能性、风险强度、风险持续时间、风险发生的区域及关键风险点。

（2）对风险作用方式的界定。其包括对企业产生的影响（包括直接影响和间接影响）、是否会引发其他的相关风险、风险对企业的作用范围等。

（3）对风险后果的界定。若风险发生，企业应该预估风险事件可能对企业造成的亏损值；如果可以避免或降低风险，那么企业将付出多大的代价，或者得到哪些益处。

（二）企业风险评估的主要任务

企业风险评估主要有以下 4 项任务。

（1）识别企业面临的各种风险。

（2）评估风险概率及负面影响。

（3）确定组织承受风险的能力。

（4）根据风险等级和风险可能被控制的优先级，推荐降低风险的策略。

🛫 小故事——魏文王问扁鹊

魏文王问名医扁鹊：“你们家兄弟 3 人，都精于医术，到底哪一位医术最好呢？”扁鹊答说：“长兄最好，二哥次之，我最差。”魏文王又问：“明明你名气最大，为何说你的长兄医术最好呢？”

扁鹊回答：“我长兄治病，是治病于病情发作之前。由于一般人不知道他事先能铲除病因，所以他的名气无法传出去，只有我们家的人才知道。我二哥治病，是治病于病情初起之时。一般人以为他只能治轻微的小病，所以他的名气只及于本乡里。而我扁鹊治病，是治病于病情严重之时。一般人看到我都是在经脉上穿针放血、在皮肤上敷药做手术，以为我的医术高明，所以我的名气响遍全国。”

故事感悟：最好的医术是“治未病”，最好的风险评估则是在危机显现之前发现危险因素。

二、评估新创企业风险

风险评估是企业风险管理的前提，准确、全面的风险评估能够帮助企业全面认识自身的风险状况，将风险控制在可以接受的范围之内。要做好风险评估，大学生创业者需要了解以下知识。

（一）风险评估过程要点

为实现科学全面的风险评估，大学生创业者应该掌握以下要点。

（1）确定保护对象（或资产）的身份，衡量它的直接和间接价值。

（2）及时发现对象（或资产）在未来可能面临的风险，随时分析风险产生的原因和发生的可能性。

（3）分析对象（或资产）的弱点及弱点被利用的程度。

（4）分析企业遭受的损失和产生的负面影响。

（5）分析企业采取何种有效措施，可以将企业因风险而产生的损失降到最低。

（二）风险评估的方法

科学的方法是风险评估工作有效完成的保证。在进行具体的风险评估工作时，新创企业可以选择以下几种方法。

1. 定性评估法

定性评估法是目前运用最为广泛的一种方法，带有很强的主观性，往往需要主持风险评估的人凭借经验，或者根据业界的标准和惯例，为企业资产价值、风险发生的可能性、企业弱点被利用的容易度、企业现有控制措施的效力等定性分级。例如，某企业对自己的流动资产风险进行定性：流动资产大于 100 万元，风险低；流动资产 50 万~ 100 万元，风险中等；流动资产少于 50 万元，风险高。

定性评估法的具体操作方式多种多样，大学生创业者可采取小组讨论、检查列表、调查问卷、人员访谈等方式对风险进行评估。定性评估法操作起来相对容易，但可能因为操作者经验和直觉的偏差而使分析结果失准。

2. 基线评估法

新创企业的商业运作往往并不复杂，因此可以采用基线评估法简单、直接地对风险进行评估。基线评估法的操作流程如下。

（1）综合分析企业自身情况，如所处行业、营销环境、生产能力、工艺水平等。

（2）为各个风险可能发生的环节设立基线，如设立"原材料储备应满足 5 天的生产需求"。基线的设计可以参考国家规范、行业惯例、行业内领先企业的标准等。

（3）将企业实际情况与基线进行对比，偏离基线越多，相关风险越高。例如，"原材料储备只能满足 3 天的生产需求"，其风险就高于"原材料储备只能满足 4 天的生产需求"。

基线评估法的优点是需要的资源少、周期短、操作简单，其缺点在于基线水平的高低难以设定，如果基线本身不科学，则评估结果也不准确。同时，如果企业的商业运作流程比较复杂，各要素之间互相影响的程度较大，则基线评估法会失去高效率这一优势，且准确度也会下降。

3. 矩阵评估法

矩阵评估法是综合风险发生的概率和风险造成的危害两方面因素来评估风险的严重程度，计算公式为"风险发生的可能性 × 风险的危害性 = 风险值"。风险值越大，该风险的严重程度就越高。某企业的风险评估矩阵如表 10-2 所示。

表 10-2 风险评估矩阵

风险因素	风险发生的后果	风险可能性	风险危害性	风险值
极端天气	延误工期、费用增加、户外资产受损	0.15	60	9
资金不足	原材料供应停滞、被迫停工、资金链断裂	0.3	90	27
产品质量不合格	退款、被投诉、企业形象受损	0.3	50	15
设备损坏	生产停滞、原材料积压、无法按时完成订单	0.2	30	6
产品备货不足	无法满足订单需要、销售停滞	0.5	50	25
……	……	……	……	……
合计				100

任务三
新创企业风险管理

▶▶▶【名人名言】

风险就是商业的本质，企业的基本职能就是承担和追逐风险。

——彼得·德鲁克

一、新创企业风险管理策略

企业风险管理是对企业内可能产生的各种风险进行识别、衡量、分析、评价，并适时采取及时有效的方法进行防范和控制，用最经济合理的方法来综合处理风险，以实现最大安全保障的一种科学管理方法。新创企业在风险管理上可采用以下策略。

（一）构建风险管理体系

企业所面临的风险是全面的、系统性的，如果以"头痛医头，脚痛医脚"的思路进行风险管理，就难以取得满意的效果。因此，新创企业需要在建立之初，就建立自己的风险管理体系，系统地应对各种风险。新创企业的风险管理体系，如图 10-2 所示。

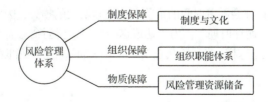

图 10-2 风险管理体系

（1）制度与文化。新创企业需要在正式运营之初就建立起与企业风险相关的制度，如生产安全管理制度、财务审核制度、运输安全制度等。同时，企业还要建立"重视风险"的企业文化，通过宣传手段使员工树立起风险意识。

（2）组织职能体系。组织职能体系主要包括规范的公司法人治理结构、风险管理职能部门、内部审计部门和法律事务部门以及其他有关职能部门、业务单位等。新创企业应建立综合风险管理体系，使各部门职责分明、沟通顺畅。

（3）风险管理资源储备。企业要防患于未然，就要在风险未发生时准备好应对风险的物资。若等到风险发生才准备物资，就会错过挽回损失的"黄金时间"。例如，为了防范暴雨、洪涝灾害，企业仓库应提前准备防洪沙袋；为了防范火灾，企业应配置灭火器和安装喷淋系统等。

（二）树立全面风险管理意识

全面风险管理是指企业围绕总体经营目标，通过在企业管理的各个环节和经营过程中执行风险管理的基本流程，培育良好的风险管理文化，建立健全风险管理策略，从而为实现风险管理的总体目标提供合理保证的过程和方法。新创企业虽然难以实施全面风险管理，但是应该树立起全面风险管理意识。全面风险管理意识具体包括以下几点。

（1）全面收集风险信息。全面收集企业经营期间产生的各类信息，以尽可能识别风险。全面收集外部可靠信息，判断行业发展趋势。

（2）全面落实员工责任。为企业的每个成员划分风险管理责任，使其承担与自己行为相关的风险管理责任。例如，基层员工应该"发现风险立即上报"，管理人员应该"妥善处理风险事项"，企业高层应该"综合考量企业状况，做出风险决策"。

（3）全面排查风险隐患。新创企业应该对自身的风险隐患进行全面排查，如排查车间生产安全保护设施、排查财务账目、排查仪器设备运行状况等，以掌握各个风险因素的状况，制订有针对性的应对计划。

（三）加强风险监控

风险监控是指在决策主体的运行过程中，对风险的发展与变化情况进行全程监督的行为。风险监控有其必要性，因为风险会随着内外部环境的变化而变化，有可能在经营活动的推进过程中增大、衰退或消失，也有可能由于环境的变化生成新的风险。例如，原材料储量受到生产消耗量和供应量的双重影响而时刻变化，可能出现消耗量太大、储备不足的风险，也可能出现供应量太大、储备过剩的风险。这就需要企业长期监控原材料储量，储量低则增加购买量或要求供应商提前发货，储量高则减少购买量或要求供应商延迟发货。企业对原材料储量的监控越密切，就越能及时应对风险。

因此，新创企业要加强风险监控，时刻跟踪已有风险的变化情况，并关注新风险的产生。

（四）制订风险预案

企业风险一旦爆发，往往会随着时间的推移造成逐渐增大的损失，因此企业需要抢占"黄金时间"，努力将风险扑灭于"萌芽时期"。为了达成这一效果，新创企业需要事先制订风险预案，有条件的还可以组织专项演习。这样，当风险真正发生时，各部门就能够按部就班，迅速处理风险事件，减少损失。

二、新创企业的风险控制

企业面临的风险是复杂且多变的，因此企业风险的控制要因地制宜、讲究方法。风险控制的方法有风险转移、风险回避、风险保留、风险防范和风险损失控制 5 种类型。

（一）风险转移

风险转移是指企业通过合同或非合同的方式将风险转移到个人或另一家公司的处理方式。通常情况下，风险转移的具体方法包括保险转移风险法、分散转移风险法和对冲转移风险法 3 种。

1. 保险转移风险法

企业采取购买保险的方式进行风险转移，可以减少企业亏损。例如，某企业为生产车间投保 500 万元保额的财产险，当生产车间受到自然灾害或发生意外事故造成损失后，企业就可以要求保险公司赔付，相当于用保费将风险转移给了保险公司。

但是，保险转移风险法本身要求企业付出代价（保费），如果风险没有发生，则保费没有发挥作用，相当于通过一个固定的损失来换取风险转移。

2. 分散转移风险法

分散转移风险法的实质是利用企业联营、多种经营及对外投资多元化的方法，来减少非系统性的风险。例如，企业可以通过与其他企业共同投资、共享收益，共担风险较大的投资项目，从而避免因独家经营而产生的各项问题，尤其是重大财务风险。

需要注意的是，采取分散转移风险法后，企业的收益要与其他企业共享，因此收益水平可能会降低。

3. 对冲转移风险法

风险对冲是通过投资或购买与标的资产收益波动负相关的某种资产或衍生产品，来冲销标的资产潜在的风险损失的一种风险管理策略。风险对冲不仅能够管理风险，而且能够根据投资者的风险承受能力和个人偏好，通过调节对冲比率使得风险降低到预期水平。例如，企业在生产经营和材料采购过程中，可以利用数量相对、盈亏相抵的方法来转移风险。

（二）风险回避

风险回避是最常见、最有效的应对风险的手段，是指放弃、停止或拒绝进行具有风险的行为，如中止交易、缩小交易规模、离开市场、拒绝合作等。企业如果发现项目风险发生的概率很高，可能的损失也很大，而收益有限，或者没有其他有效的对策来降低风险时，应采取放弃项目、放弃原有计划或改变目标等方法，使风险不发生或不进一步恶化，从而避免可能产生的潜在损失。

风险回避具有简单易行、全面彻底的优点，能将风险的概率降低到零，但是，风险回避同时也放弃了潜在的利益。

（三）风险保留

风险保留也称为风险承担，是指企业以其内部资源来弥补损失，即企业在明确风险存在后不特别应对，自行承担风险。该方法适用于风险既无法转移又无法规避的情况，可以在风险低、潜在损失小、潜在收益高的项目上采用。

需要注意的是，风险保留并非完全忽视风险而硬干、蛮干，在行动中仍需注意风险的变化发展状况。

（四）风险防范

风险防范是利用某种措施来防范有风险事件的发生，通常是指企业在日常生产与经营过程中，进行风险预测评估后采取的风险控制方法。企业可以有目的地通过计划、组织、控制和监察等活动来进行风险防范。例如，对于财务风险，企业可以通过完善财务制度、制订科学的财务管理组织体系、加强对账目的审查、加强内部监督等方式进行防范。

（五）风险损失控制

风险损失控制是指企业不降低风险发生的概率，而是选择降低风险发生后的危害，如将风险资产与企业剥离、设置修理或重建基金等。

控制损失通常只有在损失大且风险无法避免或转嫁的情况下使用。例如，企业面对洪涝灾害，无法整体搬迁，就只能通过加强防水、转移重要设备和文件等方式来减轻损失。

👁 案例10-1——万达集团"断臂求生"

万达集团是我国房地产行业的头部企业，在2015年时即拥有6 300多亿元的总资产。在国内大获成功后，万达集团即开始了"全球购"模式，花费26亿美元收购全美第二大院线AMC，3.2亿英镑收购英国圣汐游艇公司，2.6亿欧元买下西班牙马德里地标建筑西班牙大厦……据报道，万达集团的海外投资额达到惊人的100亿美元。

但两年后，万达集团陷入了危机。2017年6月22日，万达股价暴跌9.87%，同期多只万达债券跌幅超过2%，市场一片哗然。2017年，万达集团累计负债4 000亿元，其中一半即将到期。同时，万达集团的海外投资大量失败。例如，AMC严重亏损，几乎到了破产边缘。

在危急时刻，万达集团决定"断臂求生"。2018年1月，万达集团以340亿元的价格出售万达商业14%的股份；同年2月，万达影业引入78亿元股权投资……2017—2018年两年时间，万达集团虽然解决了短期债务，但资产缩水1 700亿元。与此同时，万达集团也开始了"轻资产计划"。

2018年后，万达集团将经营重心从商业管理和地产转移到文化和金融，其成果在2020年显现。2020年，万达集团租金收入同比增长8.1%，万达影业全国票房市场占有率达到15.4%，上座率为全国平均值的1.5倍，单银幕产出是全国平均值的1.9倍，集团初步转型成功。

万达集团能够在危机之下转型成功，就在于其对风险资产的成功处理，将文化旅游项目、酒店等高风险的资产一一出售，及时"止血"；同时积极地为万达商业和万达影业等有潜力的子公司引入新的、有实力的股东，在文化和金融领域取得了成功。

课堂思考与讨论

（1）万达集团面对风险，选择了什么样的风险管理方法？

（2）万达集团的风险管理案例对你有什么启发？

📘 实践训练 ●·●·●·●·●·●·●·●·●·●·●·●·●·●·●·●·●·●·

1. 企业风险归类

以下罗列了8项具体的企业风险，请将其分别划分到不同的类别。

示例：现金不足，偿还到期债务后不足以开展下一轮生产。（主观风险、经济风险、流动性风险、局部性风险、可控制风险）

（1）生产设备损坏，工厂被迫停工。

（2）突发暴雨导致交通中断，货物无法如约发给经销商。

（3）投资者决定撤资，企业资金链断裂。

（4）生产的产品被政府发文禁售。

（5）新技术研发受阻，未能于预定时间应用。

（6）经销商拖欠货款一个月。

（7）股东产生分歧，企业决策机制失灵。

（8）主要原材料紧缺，价格翻倍，为完成订单，企业被迫亏本生产。

2. 企业风险识别与评估

分小组讨论，每组 4 ～ 6 人。

（1）小组成员通过头脑风暴的方式，尽可能列举能够想到的企业风险。

（2）将所想到的企业风险依次罗列，小组成员进行讨论，确定各个风险发生的可能性（0 ～ 1）和危害性（1 ～ 100），通过风险评估矩阵计算其风险值。

（3）将所有企业风险按照严重程度（风险值）从高到低排列。

课后练习

1. 名词解释

企业风险　　企业风险评估　　企业风险管理　　风险转移　　风险回避

2. 判断题

（1）风险是指可能带来损失的情况。　　　　　　　　　　　　　　　（　　）

（2）不确定性和易变性是指风险不会因为人的思想、想法而发生改变。　（　　）

（3）技术风险指由于技术方面的因素及其变化的不确定性导致的风险。　（　　）

（4）头脑风暴法能有效避免专家间的互相影响。　　　　　　　　　　（　　）

（5）企业风险评估包括评估风险概率及风险的负面影响。　　　　　　（　　）

（6）定性评估法操作起来相对容易，但可能因为操作者经验和直觉的偏差而使分析结果失准。

　　　　　　　　　　　　　　　　　　　　　　　　　　　　　　　（　　）

（7）风险回避是指企业自己非理性或理性地主动承担风险。　　　　　（　　）

（8）新创企业要加强风险监控，时刻跟踪已有风险的变化情况。　　　（　　）

（9）风险防范是利用某种措施来防范有风险事件的发生。　　　　　　（　　）

（10）风险保留适用于风险既无法转移又无法规避的情况。　　　　　（　　）

3. 单选题

（1）下列关于企业风险来源的说法，前后两项对应不正确的是（　　）。

A. 资金不足→融资缺口　　　　　　　　B. 技术落伍→研究缺口

C. 设备老旧→资源缺口　　　　　　　　D. 交流不畅→管理缺口

（2）下列说法中，关于新创企业风险的基本特征描述不正确的是（　　）。

A. 客观存在性是企业风险的首要特征，所以企业无法对风险加以控制。

B. 企业风险具体在何时发生、会造成怎样的后果、产生多大的影响等，都是动态变化的

C. 大学生创业者等企业管理者的知识和能力往往是有限的，对企业风险的识别、测量和控制也是有限的

D. 企业风险既代表着危机，又代表着机会，两者同时存在

（3）根据风险形成的原因，企业风险可以分为（　　　）。

A. 技术风险、市场风险、政治风险、管理风险、生产风险和经济风险

B. 安全性风险、收益性风险和流动性风险

C. 主观风险和客观风险

D. 局部性风险和全局性风险

（4）大学生创业者实施德尔菲法时，需遵循的原则不包括（　　　）。

A. 选择的专家应有一定的代表性、权威性

B. 提供的信息应该尽量充分，以便专家作出判断

C. 及时向专家告知其他专家的看法

D. 避免组合事件

（5）企业风险评估的定义不包括（　　　）。

A. 对风险类别的界定　　　　　　　　B. 对风险本身的界定

C. 对风险作用方式的界定　　　　　　D. 对风险后果的界定

（6）下列关于企业风险评估方法的说法，错误的是（　　　）。

A. 定性评估法可能因为操作者经验和直觉的偏差而使分析结果失准

B. 基线评估法的缺点在于基线水平的高低难以设定

C. 矩阵评估法综合风险发生的概率和风险造成的危害两方面因素来评估风险的严重程度

D. 矩阵评估法是目前运用最为广泛的一种方法，操作很简单

（7）风险管理体系不包括（　　　）。

A. 制度与文化　　　　　　　　　　　B. 风险管理领导机构

C. 组织职能体系　　　　　　　　　　D. 风险管理资源储备

（8）下列关于新创企业风险控制的说法，错误的是（　　　）。

A. 风险转移是指企业通过合同或非合同的方式将风险转移到个人或另一家公司的处理方式

B. 风险回避是指避开具有风险的行为，只进行没有风险的行动

C. 风险保留也称为风险承担，是指企业自己主动承担风险

D. 风险损失控制是指企业不降低风险发生的概率，而是选择降低风险发生后的危害

（9）下列不属于风险转移方法的是（　　　）。

A. 保险转移风险法　　　　　　　　　B. 分散转移风险法

C. 对冲转移风险法　　　　　　　　　D. 回避转移风险法

（10）下列关于风险控制的说法，错误的是（　　　）。

A. 风险回避是最常见、最有效的应对风险的手段

B. 风险保留是指企业自己理性地主动承担风险

C. 风险防范是利用某种措施来防范有风险事件的发生

D. 风险损失控制是指企业不降低风险发生的概率，而是选择降低风险发生后的危害

4. 多选题

（1）企业风险评估的主要任务包括（　　　）。

A. 识别企业面临的各种风险

B. 评估风险概率及负面影响

C. 确定组织承受风险的能力

D. 根据风险等级和风险可能被控制的优先等级推荐降低风险的策略

（2）全面风险管理意识具体包括（　　　）。

A. 全面收集风险信息　　　　　　　B. 全面落实员工责任

C. 全面排查风险隐患　　　　　　　D. 全面建立风险管理体系

（3）风险控制的方法包括（　　　）。

A. 风险转移　　　　　　　　　　　B. 风险防范

C. 风险回避　　　　　　　　　　　D. 风险保留

（4）德尔菲法的实施流程包括（　　　）。

A. 选择并邀请专家　　　　　　　　B. 独立发表意见

C. 综合反馈意见　　　　　　　　　D. 反复多次

（5）企业风险的基本特征包括（　　　）。

A. 客观存在性　　　　　　　　　　B. 不确定性和易变性

C. 可识别性、可测量性和可控性　　D. 双重性和相对性

CHAPTER 11

项目十一

产品与企业生命周期管理

学习目标

- 熟悉产品生命周期理论。
- 熟悉企业生命周期理论。
- 掌握企业在不同生命周期阶段的战略规划。
- 了解企业生命周期的可持续创新。
- 能够正确认识并以积极的态度应对产品与企业生命周期的交替更迭。

学习重点与难点

- 产品和企业生命周期的识别。
- 企业在不同生命周期阶段的战略规划。

任务一

产品生命周期理论与管理

【名人名言】

万物在变,唯有变化不变。

——赫拉克利特（Herakleitus，古希腊哲学家）

一、产品生命周期理论

市场上没有长盛不衰的产品，一个产品必然要经历进入市场到退出市场这一完整的生命周期。通过对产品生命周期的了解，认识生命周期各阶段的特征及可能出现的问题，大学生创业者就可以识别产品目前所处的状态，提前预知可能出现的问题，并尽量在问题出现之前避免问题、解决潜在问题。

（一）产品生命周期理论的含义

产品生命周期（Product Life Cycle，PLC）概念用于描述产品的市场寿命，即一种新产品从开始进入市场到被市场淘汰的整个过程，是产品在市场运动中的经济寿命，也可以说是在市场流通过程中，消费者的需求变化以及影响市场的其他因素所造成的产品由盛转衰的周期。产品生命周期大致可分为4个阶段，如图11-1所示。

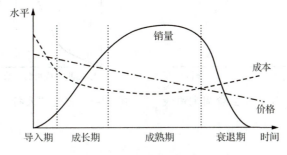

图 11-1　产品生命周期

（1）导入期。导入期又称为引入期，指产品引入市场、销售缓慢增长的时期。这一阶段，新产品难以被市场广泛接受，销量较低；产品引入市场需大量投入，成本较高，所以利润很低甚至为负利润。此时，产品的定价往往较高。

（2）成长期。在成长期，产品被市场迅速接受，销量迅速提高。同时，由于规模效应和生产熟练等因素，成本得到有效控制，利润大量增加。这一阶段，为吸引消费者，产品的价格可适度下降。

（3）成熟期。此时，产品已被大多数的潜在购买者所接受，销售增长缓慢。同时，为了对抗竞争，维持产品的地位，产品的价格继续回落，且营销费用日益增加，因此企业利润稳定或略有下降。

（4）衰退期。衰退期的产品已经无法和新兴产品或其他替代品竞争，价格虽继续下降但依然无法阻止销量迅速回落。同时，产品的成本提高，利润下降，直至企业放弃该产品。

（二）产品生命周期的模式

并非所有的产品都呈现完整的生命周期。一些产品进入市场后很快就会消失，另一些产品在成熟期要停留很久，还有一些产品在进入衰退期后，由于大规模的促销活动或重新定位，又回到成长期阶段。综合而言，产品的生命周期有以下4种模式。

1. 早期"流产"型

早期"流产"型的产品没能越过导入期就"流产"了，其生命周期曲线如图11-2所示。导入期决定了产品的命运，产品"流产"的原因通常是消费者不认可产品、产品定价过高、产品和目标消费者不匹配等。

早期"流产"型是一种常见的产品生命周期模式，因为市面上有非常多的成熟产品，也有很多新发布的产品，能受到消费者喜爱、在市场上站稳脚跟的产品始终是少数。若这种类型的产品过多，则说明企业的产品开发和营销能力有待提升。

2. 中途"夭折"型

中途"夭折"型的产品越过了导入期，但在成长期会很快步入衰退期，其生命周期曲线如图 11-3 所示。产品能进入成长期，表明产品获得了市场的初步认可，有很大部分的消费者愿意尝试产品。产品中途"夭折"最可能的原因是产品不能满足消费者的价值预期。

研究表明，消费者对产品的预期是不断提升的，企业提供的产品必须不断满足消费者的预期，并达到或超过最好可替代产品的水平，才能使消费者坚持使用并积极复购。企业如果不能满足这种要求，消费者会积极寻找更合适的同类产品，一旦发现更好的替代品，消费者就会转向其他产品。

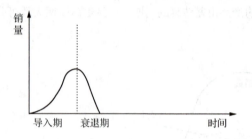

图 11-2　早期"流产"型产品生命周期曲线

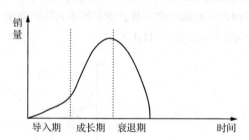

图 11-3　中途"夭折"型产品生命周期曲线

3. 提前退出型

提前退出指产品进入了成熟期但没能长久保持，在成熟期前期就开始衰退。提前退出型产品的生命周期曲线如图 11-4 所示。产品提前退出的原因有很多，如产品因高强度竞争而被快速替代、关键技术突破导致原有产品被迅速淘汰、其他同类产品大幅降价等。

4. 长久保持型

长久保持型产品的生命周期曲线如图 11-5 所示。很显然，长久保持型是企业期望实现的一种理想的产品生命周期模式，这种产品生命周期模式能给企业带来很高的利润。如果一个企业的大部分产品的产品生命周期模式都是长久保持型，那么该企业在市场竞争中必然处于优势地位，其利润也很有保障。

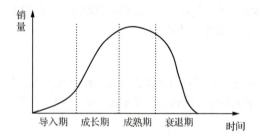

图 11-4　提前退出型产品生命周期曲线

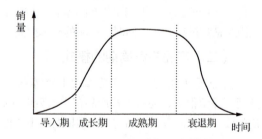

图 11-5　长久保持型产品生命周期曲线

二、产品生命周期管理

在生命周期的不同阶段，产品会呈现出不同的特点。企业需要根据产品的特点，因地制宜地进行产品生命周期管理，以延长产品寿命，获得更高的利润。

（一）导入期产品管理

导入期意味着产品还处于未被消费者接受的状态，此时销量较低，同时技术工艺等未达到规模效应，因此单位成本极高，二者叠加，导致利润为零甚至为负。销量低、单位成本高、利润低是企业面临的局面。

此时，企业应积极挖掘潜在消费者，通过营销活动激励消费者使用新产品，甚至给予一定补贴来促进消费者接受产品。同时，这一阶段市场上几乎没有竞争者，企业应在竞争者进入市场之前，建立开拓者优势，培养消费者使用产品的习惯和对产品的信赖性。这一切都要求企业进行大量的投入。

（二）成长期产品管理

进入成长期的产品，需要企业投入更多的宣传费用或促销费用来促进销量的迅速增长，尽量扩大消费者群体，形成规模效应，使产品的单位成本下降，从而获得可观的利润。

但这时，竞争者也开始涌入新产品市场，通过产品模仿或市场再细分来抢占市场。此时企业应力求保持竞争优势，不断为新产品开发新的特色，挖掘新市场。

（三）成熟期产品管理

在成熟期，产品的销量达到顶峰，单位成本进一步下降，企业利润达到峰值。竞争者的数量也趋于稳定，但是随着市场的饱和，产能将会过剩，从而导致竞争进一步加剧，直至力量薄弱的企业退出竞争，供求重新恢复平衡。此时，企业可以通过扩展品牌消费者的数量或提高消费者的产品使用率来延长产品成熟期。

在成熟期，企业可以利用现有产品的知名度和消费群体，引入同系列的新品，这样可以高效低价地帮助新产品度过导入期。

（四）衰退期产品管理

随着市场的萎缩，产品最终会进入衰退期，此时产品销量和利润会进一步下降，企业只能通过降低产品价格的方式维持市场，同时努力减少产品支出，艰难维持盈利。

衰退期产品有两种管理策略：一是停止生产，节约成本，低价清空库存，将资金与仓储资源投入新产品的开发；二是为该产品开发新的市场、新的用途，如果开发成功，产品将回到导入期，开始新一轮的生命周期。

🏃 小故事——煤气罐工厂的"起死回生"

孔德尧在2015年毕业后接手了家里的煤气罐工厂。当时，由于燃气管线的快速普及，液化气的市场已经越来越小，用于储存液化气的煤气罐进入了衰退期。孔德尧家的工厂陷入产品积压、销售无门的困局。

年轻的孔德尧没有坐以待毙，他努力为煤气罐寻找其他市场，最终将煤气罐引入中东市场。原来，由于局势动荡，中东很多地区无法稳定供应燃气，只能使用液化气，但又没有生产煤气罐的能力，因此煤气罐的需求很旺盛。孔德尧的煤气罐在中东地区大受欢迎，2020年，孔德尧的工厂向也门出口500个集装箱的煤气罐，其产品占据也门煤气罐市场的九成。

故事感悟：处在衰退期的产品并非无药可救，新的市场能让其重获新生。

👁 **案例 11-1 ——长寿的蜡笔**

在过去的 100 年里，宾尼与史密斯（Binney and Smith）公司的克雷奥拉蜡笔在很多国家已经成为不可缺少的家庭日常用品。一盒新打开的克雷奥拉蜡笔的芳香不仅让孩子们感到激动，还可以让无数成年人重温美好的童年时光。

从某些方面来看，克雷奥拉蜡笔自 1903 年以来就没有多大变化，但是进一步观察就会发现宾尼与史密斯公司已做了许多调整。多年来，公司一直持续地增加新颜色、新形状、新型号和新包装。以颜色为例，克雷奥拉蜡笔的颜色从最初的 8 种（红、黄、蓝、绿、橙、黑、褐和白）发展到了 120 多种。

宾尼与史密斯公司在开发克雷奥拉蜡笔的同时，还把品牌延伸到其他市场，如克雷奥拉记号笔、剪刀、主题印花、贴纸，以及活动工具箱等。另外，公司还增设活动和服务来加强与克雷奥拉用户的联系。例如，克雷奥拉儿童杂志及网站中不仅有孩子们喜欢的娱乐内容，还有帮助父母培养儿童阅读能力和创造能力的专家建议。

1990 年，宾尼与史密斯公司选择 8 种历史悠久的颜色——深棕土色、柠檬黄色、玉米黄色、蓝灰色、橘黄色、橘红色、蓝绿色和紫蓝色，让它们"光荣退休"，并将其陈列到克雷奥拉的"荣誉厅"里。但是，这一举动引来了克雷奥拉忠诚用户的强烈抗议，这让公司的高级管理人员目瞪口呆。一位发言人说："我们知道用户对克雷奥拉蜡笔的忠诚和留恋，但是没料到会引来这么大的风波。"之后，宾尼与史密斯公司重新推出了"退休"老蜡笔，并以特殊的收藏罐为包装，结果生产的 250 万罐蜡笔全都卖光了。

就这样，宾尼与史密斯公司的克雷奥拉蜡笔持续畅销了上百年。

课堂思考与讨论

（1）克雷奥拉蜡笔为什么能够保持长久的生命力，没有进入衰退期？

（2）宾尼与史密斯公司在产品生命周期管理上做出了哪些努力？

任务二

企业生命周期管理与战略规划

▶▶ 【名人名言】

规律既然是客观存在着的，那么，人们就无法任意改变它。只能认识了它之后，很好地掌握住它，才能做好一切要做的事情，才能达到预期的目的。

——沈尹默（教育家）

一、企业生命周期理论

企业生命周期是指企业发展与成长的动态轨迹。美国管理学家伊查克·爱迪思（Ichak Adizes）曾用二十多年的时间研究企业的发展、老化和衰亡，提出了企业生命周期理论，他在《企业生命周期》一书将企业生命周期分为 10 个阶段：孕育期、婴儿期、学步期、青春期、壮年期、稳定期、贵族期、官僚化早期、官僚期、死亡期，如图 11-6 所示。

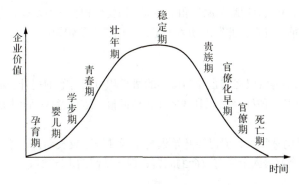

图 11-6　企业生命周期

企业生命周期理论准确生动地概括了企业生命不同阶段的特征，并提出了相应的对策，指示了企业生命周期的基本规律，提示了企业生存过程中基本发展与制约的关系。

（一）孕育期

处于孕育期的企业，其创业者往往会很兴奋、充满激情，向身边的每个人"推销"他的想法，孜孜不倦地谈论并制订改变市场或创造市场地位的计划。

孕育期的企业，对产品、技术或人员的选择往往是基于创业者自身的经验及认知能力。创业者需要积极寻找外部资源，并勇于承担风险，借由富有创造力的想法和行动力来创造价值和财富。

孕育期的企业必须以市场需求和产品为导向。对市场需求过于乐观、对利润过度追求都会扼杀新的企业。此外，创业者如果不敢承担风险，就会让企业流于空想。

（二）婴儿期

企业一旦真正意义上诞生，就需要资金来支付各种费用以维持运转。因此，处于婴儿期的企业往往对销售收入极为关注。婴儿期的企业一般没有制度、流程或绩效，企业中几乎每个人都有许多事情要做，创业者通常要应对一个接一个的危机。

婴儿期的企业通常高度集权化，决策权往往掌握在创始人手中。此时企业既没有经验，又没有以往先例可参考，只能依靠高度集权化来保证高效率决策。婴儿期的企业，不论是企业组织还是资金链都十分脆弱，很容易就会"夭折"。

（三）学步期

处于学步期的企业一般已在业内占有一定的市场地位，其生存有了保障。企业的高层领导者将注意力放在绩效的提升以及追求收入和利润的双重增长上，但企业内部管理仍不够规范。

学步期的企业需要处理婴儿期留下的"问题"：责任没有落实到个人、工作任务相互重叠、企业的组织管理不规范、工作没有严密计划等。这一阶段，企业高层领导会初步建立起业务流程和企业制度，结束企业的混乱状态。这一过程具有很大的不确定性，企业有可能破产。

（四）青春期

处于青春期的企业由于规模迅速扩张，往往会面临管理滞后的问题。因此，企业的首要任务是建立完善的业务管理机制、设计薪酬方案、重新定义角色和责任，并使一系列规则和政策制度化。同时，企业可以通过管理制度和流程的建立大胆地进行授权。

（五）壮年期

壮年期是企业生命周期的最佳阶段。此时，企业管理规范，有科学的业务计划和预算体系，组织灵活性和可控性均衡。企业有清晰的愿景和价值观，销售额和利润双增长，内外凝聚力、整合力强，但是可能会缺乏创新精神，导致企业发展动力不足，从而进入稳定期。

（六）稳定期

处于稳定期的企业不再仅仅追求企业销售额的增长和市场份额的提升，而是追求财务绩效，必要时会缩减市场预算和研究开发预算，以利润率和投资回报率进行考核；同时更加注重内部人际关系，巩固现有成果。

稳定期的企业虽然仍然强大，但已经开始远离市场并缺乏成长动力，整体倾向保守，创业精神日益消失。这一阶段的企业表面上没有致命的问题，但开始悄然走向衰败。

（七）贵族期

处于贵族期的企业有充足的现金储备，有良好的运作秩序，但正在失去市场份额，而且已不再有真正的长期目标和事业追求。

处于贵族期的企业财力比较雄厚，竞争力比较强，但创新精神不足。领导者普遍缺乏创新和风险承担能力，发展欲望降低，对于开拓新市场、新技术和开辟新领域兴趣不大，组织的灵活性下降。

（八）官僚化早期

官僚化的本质是企业的注意力开始从外部转向内部斗争，员工容易卷入人际关系冲突。企业原本的经营秩序因此受到冲击，有能力、想干事的人无法施展才能，只能选择离开或"得过且过"。

处于官僚化早期的企业由于无法抓住机会进行技术更新改造，会出现工艺落后、设备陈旧的情况。

"大企业病"在此时萌芽。企业机构臃肿不堪，部门众多，但是部门间的交流很少，信息沟通不畅，各自为政，由此也带来了决策流程众多、审批复杂、高层对信息的处理不及时等问题。

（九）官僚期

处于官僚期的企业，虽然制度繁多，但很少是为了提高工作效率；不以消费者为导向，且对消费者需求不敏感；管理僵化，工作效率低。

由于受产品老化、资源枯竭和"大企业病"等因素的影响，企业的生产出现萎缩，有的甚至出现负增长。同时，企业的效益降低，利润率下降，甚至发生严重亏损。这样的企业本质上已经接近死亡。

（十）死亡期

随着利润的下降、员工的流失，企业最终死亡。

企业生命周期的类型

企业不会严格按照理论上的生命周期运行，而会呈现出各自不同的发展轨迹。企业生命周期理论将企业的生命周期轨迹归纳为普通型、起落型和晦暗型3种，以上升期、高峰期、平稳期、低潮期4个阶段来分别表示企业状况，以12年为周期展示企业状况的变化。

（1）普通型。普通型企业生命周期的运行顺序为上升期（3年）→高峰期（3年）→平稳期（3年）→低潮期（3年）。普通型变化最为常见，这种生命周期的运行相对比较稳定，没有大起大落。属于普通型变化的企业，即使经营业绩平平，但只要在低潮期不出现大的投资失误，一般能比较顺利地通过4个阶段的循环。

（2）起落型。起落型企业生命周期的运行顺序为上升期（3年）→高峰期（3年）→低潮期（3年）→平稳期（3年）。起落型变化比较复杂，总体大起大落，运行轨迹在周期转换过程中突发剧变，直接从高峰落入低谷。创业者容易被眼前的企业状态所迷惑，错误估计形势，盲目乐观，忽略了风险管理，可能会引发企业危机。

（3）晦暗型。晦暗型企业生命周期的运行顺序为下落期（3年）→低潮期（3年）→高峰期（3年）→平稳期（3年）。这类企业有较长一段时间处于不景气的低迷状态。创业者面临严峻的考验，容易产生以下两种心态：一种是彻底悲观失望，对前途失去信心，任企业自生自灭；另一种是出于孤注一掷的赌徒心理，拼命扩大投资，采取破釜沉舟、背水一战的方式来挽救败局。

二、企业在不同生命周期阶段的战略规划

伊查克·爱迪思从产品（Product）、行政管理（Administration）、创业精神（Entrepreneurship）和整合（Integration）4个要素来界定企业不同生命周期的战略规划，并提出了"PAEI"框架，其中，字母大写表示对应的要素在这个阶段很重要，小写则表示不重要，0则代表消失或无意义。企业在不同生命周期阶段的战略规划如图11-7所示。

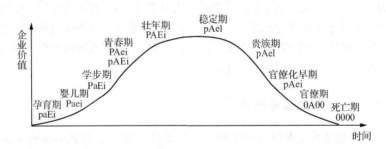

图11-7　企业在不同生命周期阶段的战略规划

（一）企业在孕育期的战略规划

在孕育期，创业精神"E"的作用最突出，所以"E"大写，而其他字母小写，表示为"paEi"。创业精神的本质就是"如何满足消费者，如何满足市场"。

处于孕育期的企业此时还是创业者头脑中的一个创业想法，但这个创业想法的来源非常重要，其需要解决"为什么创业"的问题。企业在孕育期的战略规划内容主要有以下两点。

（1）以市场为导向，预先进行产品设计，并确定盈利模式。

（2）做合格的领导者，增强创新精神，勇敢探索，寻找满足消费者需要并能得到市场认可的创业模式。

（二）企业在婴儿期的战略规划

婴儿期的企业，产品"P"的作用最突出，所以"P"大写，而其他字母小写，表示为"Paei"。

婴儿期的企业需要专心打磨产品，但需要注意的是，产品的打磨并非"闭门造车"，而是需要与消费者密切互动。企业在婴儿期的战略规划内容主要有以下两点。

（1）促进产品销售。产品要获得市场认可，成功实现销售，最好初步建立起销售组织、市场和目标消费者群体。

（2）寻求资金平衡。企业的资金状况岌岌可危，必须及早实现资金平衡，拥有"自我造血"的能力。

（三）企业在学步期的战略规划

企业在学步期需要把产品功能和消费者需求匹配起来，产品"P"和创业精神"E"的作用最突出，所以"P"和"E"两个字母大写，而其他字母小写，表示为"PaEi"。

企业在学步期的战略规划内容主要有以下3点。

（1）制订市场策略。根据对消费者需求、偏好的分析识别市场机会，并着手培养品牌，制订整体市场策略。

（2）增强控制力。强化销售控制、消费者信用控制、分销渠道控制、市场秩序控制、销售组织控制，使其能配合企业整体市场策略。

（3）探索业务范围。谨慎地进行多元化发展，尽快确定业务边界。此时确定的业务将成为企业长期的主营业务。

（四）企业在青春期的战略规划

青春期是企业快速成长的阶段。企业有两种不同的快速成长方式，一种是产品驱动，另一种是消费者需求驱动，分别用"PAei"和"pAEi"来表示。

无论是产品驱动还是消费者需求驱动，两种方式中字母"A"都是大写的，说明企业在进入青春期后，需要更加注重行政管理的规范性。此时，企业可能会引入更为规范的组织管理体系，强化创新部门建设，建立规范的管理制度与流程，引入职业经理人，建立授权体系。同时，企业也需要建立创新机制，加速新产品的开发和推广进程。

👁 **案例 11-2 ——飞鹤的战略规划**

权威调研机构尼尔森发布的数据显示，截至2021年7月，飞鹤奶粉的市场占有率进一步攀升至19.8%，继续保持行业第一。

四五年前，飞鹤在中国奶粉行业的市场占有率位列5名开外；短短几年，奶粉行业格局发生了翻天覆地的变化。飞鹤作为2008年少数没有检出三聚氰胺的乳企之一，背后是先人一步的产业集群建设，十几年来坚持投入精力、财力建设自有牧场，打造涵盖牧草种植、规模化奶牛养殖、奶粉加工、售后服务等各个环节的专属产业集群，实现了产业链全覆盖，从源头保障奶粉安全。正因为如此，飞鹤自有牧场鲜奶的品质远远高于欧盟标准。

在大量科研成果的支持下，飞鹤更是确立了"更适合中国宝宝体质"的战略定位，并通过系统化的线上、线下溯源活动，让消费者对生产环节放心，赢得家长们的信任。

课堂思考与讨论

当前阶段，飞鹤制订了何种战略规划？

（五）企业在壮年期的战略规划

对人而言，壮年期是个人状态和肌体功能最强的时候，对于企业也同样适用。壮年期的企业，其产品、行政管理、创业精神都很重要，所以"P""A""E"3个字母都是大写的，而此时企业在"整合"系统资源上还有所欠缺，因此"i"应该小写，整体表示为"PAEi"。

企业在壮年期的战略规划内容主要有以下两点。

（1）不断强调创新精神，甚至可以考虑收购具有创新精神的企业。同时，在内部积极培养创新人才，加强人才储备。

（2）加强业务组合管理，明确企业的业务类型。同时，制订业务单元发展策略，完善组织管理模式和体系。

（六）企业在稳定期的战略规划

当壮年期的企业丧失创业精神、远离客户时，就会结束壮年期，进入稳定期。在稳定期，创业精神减少，同时，企业的整合能力上升。这里的整合能力主要是企业在市场中整合资源的能力，是企业通过资源的获取和运用，以及竞争合作取得市场地位的能力。在稳定期，企业的产品、行政管理和整合比较重要，所以"P""A""I"3个字母大写，而字母"e"小写，合起来是"PAeI"。

在稳定期，企业应重视创新精神，引入和任用创新人才，同时对当前产品市场进行再评估，开发新的市场，寻求新的发展。企业应开展新一轮"授权"，给各个部门更大的自主权和决定权，激励创新。

◉ 案例 11-3 ——波司登的"组合拳"

在欧睿国际发布的2020年羽绒服行业统计数据中，波司登荣膺羽绒服销售额、销售量双料第一。被波司登超越的，是站在行业金字塔塔尖的国际知名品牌。

波司登关注用户，不断依靠用户需求反馈，倒逼消费品的敏捷开发。其研发出了全球首创专利空气自循环体系，采用弹力织带，结合复杂结构，让热气透过后背和领口排出，活动越剧烈，特殊弹力结构排热越快，极大地缓解了滑雪时由于体表迅速升温，而体外是低温环境的温差引起的不适。凭借着这套专利，2021年，波司登获得了德国慕尼黑ISPO Award 2021全球设计大奖。波司登不断实施战略变革，集中优势，升级产品、零售、供应链等，全方位推动转型升级。同时，波司登通过加入"品牌强国工程"，强力借势提高品牌传播的叠加覆盖，不断提升品牌势能。一套"组合拳"下来，波司登牢牢占据了市场地位。

课堂思考与讨论

波司登是如何寻求品牌新发展的？

（七）企业在贵族期的战略规划

随着企业生命周期的流逝，创业精神是最先衰减的，其他要素也会随着创业精神的衰减而变弱。在贵族期，企业首先减弱的是产品创新能力，因此用"pAeI"来表示。

企业在贵族期的战略规划分为两个方面。一方面，企业可以通过暴露潜在问题进行彻底的自我分析，包括员工离职原因分析、新产品开发成功率分析、财务状况分析等，来促进企业的再创新和发展；另一方面，企业需要以充分授权、鼓励创新和发展、改革业绩考评体系等方式鼓励各部门发挥主动性。

（八）企业在官僚化早期的战略规划

如果企业没能在贵族期成功自救，就会不可避免地进入官僚化早期。官僚化早期的企业除了维持庞大的组织，依然拥有强大的行政管理能力外，其他方面的能力都趋于衰退，因此用"pAei"来表示。

在官僚化早期，企业并非不可救药，只要高级管理层能够痛下决心，对企业进行改革，那么依靠强大的组织力和过往积累的资源，企业仍然能够恢复生机。

（九）企业在官僚期的战略规划

如果说企业在官僚化早期还能保持一定程度上的产品创新，那么进入官僚期的企业除行政管理能力外，其他能力几乎完全丧失或已经不具备竞争力了。如果用字母表示官僚期的企业，就仅剩下大写的"A"，其他3个字母都变成了"0"，即"0A00"。这样的企业已经无法在市场上立足，也难以依靠局部的变革来挽救，必须进行彻底的再造。官僚期企业的再造有3个方面。

（1）组织再造。重塑企业文化，对企业组织体系进行再设计。开展制度改革，并对人员进行大规模替换。

（2）流程再造。重新进行市场调查，设计新的业务管理流程。

（3）业务重组。重组产品结构，调整产品的布局，同时对业务运营模式和盈利模式进行再设计。

（十）企业在死亡期的战略规划

死亡期的企业已经无法存续，丧失了所有能力，因此用"0000"表示。死亡期的企业已经没有战略规划可言，要么宣布破产，要么进行资产重组（对企业资产的分布状态进行重新组合、调整、配置），被其他企业收购。

"PAEI"框架的其他情况

除了在官僚期和死亡期有些要素的作用基本或完全消失之外，在企业生命周期的其他阶段，每个要素都在发挥作用。如果某些要素在应当发挥作用的时候缺席，就可能导致企业破产。

在孕育期，"P""A""E""I"这4个要素应当表示为"paEi"。但如果仅有大写的"E"，而其他要素都变成了"0"（即"00E0"），那么孕育期的企业就会成为创业者的空想。同理，在婴儿期，产品的作用最大，换句话说，字母"P"是大写的，其他字母是小写的。如果其他要素都变成了"0"（即"P000"），那么婴儿期的企业就会早早"夭折"。

三、企业生命周期的可持续创新

企业在生命周期内可能会经历各种转折。转折阶段同时蕴含着风险和机会，也是企业突破生命周期、实现创新的最佳机会。

硅谷战略与创新咨询专家杰弗里·摩尔（Geoffrey A. Moore）在其著作《公司进化论》一书中就如何实现企业生命周期的可持续创新提出了"从外围提取资源重新应用于核心"的解决方案。他认为"核心竞争力"是企业能够长期获得竞争优势的能力，是企业所特有的、能够经得起时间考验的、具有延展性，并且是竞争对手难以模仿的能力。而外围是与核心相对应的概念，指为了实现企业的目标而做的大部分事情。核心与外围是动态变化的，如今的外围就是过去的核心所留下的"遗产"。当前的核心业务最终也会成为外围业务，进一步迫使企业去开发新的核心业务，每一个循环都会带来"水涨船高"的效果，这就是打破生命周期规律、实现战略创新的基础。

杰弗里·摩尔认为，从业务地位和业务方向两个维度，企业业务可以分为现有核心业务、现有外围业务、未来核心业务和未来外围业务4种类型。企业战略创新的基本资源分配逻辑是从现有外围业务中提取资源，用于现有核心业务的加强，以及未来核心业务的发展，如图11-8所示。

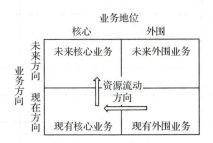

图 11-8　企业战略创新的基本资源分配逻辑

要完成企业战略创新，企业需要防止现有核心业务成为企业进一步发展的障碍，顺利转化为未来外围业务，同时聚集资源，提前布局未来核心业务。

在资源转移中，最重要的因素就是人。企业的员工往往受到现有业务的限制，没有能力直接应对未来核心业务的工作，因此企业的资源流动并非直接是"现有业务→未来核心业务"，而是"现有外围业务→现有核心业务→未来核心业务"；让"现有外围业务"的人来做"现有核心业务"的工作，让"现有核心业务"的人去做"未来核心业务"的工作，确保工作能力强的成熟团队负责核心业务。

案例 11-4 ——诚品书店的战略创新

诚品书店（Eslite Bookstore）创办于1989年，在建立之初，它只是一家以建筑、艺术书籍为主的书店。在网络营销、电子图书的冲击下，传统书店集体遇冷，诚品书店也陷入了发展停滞甚至亏损的困局。

为了走出困境，诚品书店另辟蹊径，开辟了体验式消费。有些门店图书销售区域的面积只占总经营面积的20%～30%，其他销售区域引进了服装、箱包、文具、家具、化妆品、手工艺品、玩具、亲子乐园、艺术培训等多种业态。这些业态的引进，不仅增加了诚品书店的租金收入，还大大提升了诚品书店的服务功能，让到店的消费者有更多的选择，提升了诚品书店的集客能力。

诚品书店的成功转型践行了"以书籍为核心转变为从动态的、多元的文化活动外围提取资源重新应用于核心"的战略。

课堂思考与讨论

（1）在战略创新前后，诚品书店各属于企业生命周期的哪一个阶段？

（2）在案例中，诚品书店的现有核心业务是什么？未来核心业务是什么？

实践训练

1. 企业生命周期管理归纳

通过整理、总结和理解企业生命周期管理的相关知识，完成表 11-1。

表 11-1　企业生命周期管理归纳

企业生命周期阶段	特点	战略规划

2. 衰退期产品生命周期管理策略

（1）分小组活动，全班共分为 6 组。

（2）共有 6 种处于衰退期的产品：胶卷照相机与胶卷、传统糕点、非智能手机、普通电风扇、光盘播放机与光盘、解放鞋，每组抽取（或选择）其中一种。

（3）各组针对所抽取（或选择）的产品，设计相应的管理策略，如重新市场定位、改良、营销等，帮助其"重获新生"。

课后练习

1. 名词解释

产品生命周期　　企业生命周期　　"PAEI"框架　　战略转折点　　核心竞争力

2. 判断题

（1）导入期又称为引入期，指产品引入市场，销售缓慢成长的时期。　　　　（　　）

（2）在衰退期，产品已经无法和新兴产品或其他替代品竞争，价格虽继续下降但依然无法阻止销量迅速回落。　　　　（　　）

（3）企业生命周期阶段包括孕育期、婴儿期、学步期、青春期、壮年期、稳定期、贵族期、官僚期、死亡期。（　　）

（4）在导入期，企业应该利用现有产品的知名度和消费群体，引入同系列的新品。（　　）

（5）衰退期的产品只能慢慢消亡。（　　）

（6）"PAEI"框架中的"A"代表"行政管理"。（　　）

（7）处于青春期的企业有两种不同的快速成长方式，一种是产品驱动，另一种是消费者需求驱动。（　　）

（8）为实现企业战略创新，大学生创业者应该将"现有外围业务"的人力直接投入"未来核心业务"。（　　）

（9）在资源转移中，最重要的因素是资金。（　　）

（10）当壮年期的企业丧失创业精神、远离客户时，就会结束壮年期，进入官僚期。（　　）

3. 单选题

（1）提前退出型产品的生命周期曲线是（　　）。

（2）企业期望实现的理想产品生命周期模式是（　　）。

A. 长久保持型　　　　　　　　B. 提前退出型

C. 中途"夭折"型　　　　　　　D. 早期"流产"型

（3）下列说法中，属于衰退期产品管理的是（　　）。

A. 通过营销鼓励消费者使用新产品

B. 力求保持竞争优势，不断为新产品开发新的特色，挖掘新市场

C. 通过现有产品的知名度和消费群体，引入同系列的新品

D. 为该产品开发新的市场、新的用途

（4）处于官僚化早期阶段的企业，具备的特点是（　　）。

A. 内部人力关系斗争大大牵扯员工的注意力和精力，企业原本的经营秩序因此受到冲击

B. 正在失去市场份额，不再有真正的长期目标和事业追求

C. 企业的效益降低，利润率下降，甚至发生严重亏损

D. 由于规模的迅速膨胀，往往会面临管理滞后的问题

（5）下列选项中，企业生命周期阶段与"PAEI"框架对应不正确的是（　　）。

A. 孕育期——"paEi"　　　　　　B. 学步期——"PaEi"

C. 壮年期——"PAei"　　　　　　D. 稳定期——"PAeI"

（6）企业在官僚期的再造，不包括（   ）。

A. 组织再造　　　　　　　　　　B. 资产重组

C. 流程再造　　　　　　　　　　D. 业务重组

（7）企业战略创新的基本资源分配逻辑是（   ）。

A. 从未来外围业务中提取资源，用于现有核心业务的加强，以及未来外围业务的发展

B. 从现有外围业务中提取资源，用于现有外围业务的加强，以及未来核心业务的发展

C. 从未来外围业务中提取资源，用于现有核心业务的加强，以及现有外围业务的发展

D. 从现有外围业务中提取资源，用于现有核心业务的加强，以及未来核心业务的发展

（8）战略创新下，企业的资源流动方向是（   ）。

A. "现有业务→未来核心业务"

B. "外围业务→核心业务"

C. "现有核心业务→未来外围业务→未来核心业务"

D. "现有外围业务→现有核心业务→未来核心业务"

（9）企业在孕育期的战略规划用"PAEI"框架表示为（   ）。

A. paEi　　　　　B. PAeI　　　　　C. PaEi　　　　　D. PAei

（10）"某产品被市场迅速接受，销量迅速提高。同时，由于规模效应和生产熟练等因素，成本得到有效控制，利润大量增加。"该产品正处于（   ）。

A. 导入期　　　　B. 成长期　　　　C. 成熟期　　　　D. 衰退期

4. 多选题

（1）产品生命周期的阶段包括（   ）。

A. 导入期　　　　B. 成长期　　　　C. 成熟期　　　　D. 衰退期

（2）企业在学步期的战略规划包括（   ）。

A. 寻求资金平衡　　　　　　　　B. 制订市场策略

C. 增强控制力　　　　　　　　　D. 探索业务范围

（3）从业务地位和业务方向两个维度，企业业务可以分为（   ）。

A. 现有核心业务　　　　　　　　B. 现有外围业务

C. 未来核心业务　　　　　　　　D. 未来外围业务

（4）产品生命周期的模式包括（   ）。

A. 早期"流产"型　　　　　　　　B. 中途"夭折"型

C. 提前退出型　　　　　　　　　D. 长久保持型

（5）企业在婴儿期的战略规划内容不包括（   ）。

A. 促进产品销售　　　　　　　　B. 寻求资金平衡

C. 业务重组　　　　　　　　　　D. 流程再造

参考文献

［1］余林. 大学生创业与创业管理［M］. 北京：人民邮电出版社，2021.

［2］王便芳，罗旭. 大学生创业营销基础［M］. 北京：人民邮电出版社，2021.

［3］杨京智. 大学生创新创业基础（大赛案例版）［M］. 北京：人民邮电出版社，2020.

［4］朱建良，李光明. 大学生创新创业教程（慕课版）［M］. 北京：人民邮电出版社，2018.

［5］李肖鸣，朱建新. 大学生创业基础［M］. 2 版. 北京：清华大学出版社，2013.

［6］王振杰，刘彩琴，刘莲花等. 大学生创新创业基础［M］. 北京：高等教育出版社，2018.

［7］王晓红. 大学生创业准备的指导策略［J］. 湖北社会科学，2011（03）.

［8］白涛. 大学生就业指导与创业教育［M］. 哈尔滨：哈尔滨工程大学出版社，2010.

［9］庞开山. 大学生就业与创业法律实务［M］. 合肥：中国科学技术大学出版社，2011.

［10］苏文平. 大学生职业生涯规划与就业创业指导［M］. 北京：中国人民大学出版社，2018.

［11］王宝生. 大学生就业与创业指导教程［M］. 3 版. 北京：机械工业出版社，2017.

［12］李绍勋，范建荣. 大学生职业生涯规划与创业就业指导［M］. 北京：人民邮电出版社，2015.